U0090346

民國歷史與文化研究

二 編

第 9 冊

從「自由的馬克思主義」到「新自由主義」
——胡秋原思想研究（下）

霍 賀 著

花木蘭文化出版社

國家圖書館出版品預行編目資料

從「自由的馬克思主義」到「新自由主義」——胡秋原思想
研究（下）／霍賀 著 — 初版 — 新北市：花木蘭文化出版社，
2015〔民 104〕
目 4+188 面；19×26 公分
（民國歷史與文化研究 二編；第 9 冊）
ISBN 978-986-404-277-7（精裝）
1. 胡秋原 2. 學術思想 3. 馬克斯主義 4. 新自由主義
628.08   104012461

ISBN- 978-986-404-277-7

9 789864 042777

民國歷史與文化研究
二 編 第九 冊   ISBN：978-986-404-277-7

從「自由的馬克思主義」到「新自由主義」
——胡秋原思想研究（下）

作　　者　霍　賀
總 編 輯　杜潔祥
副總編輯　楊嘉樂
編　　輯　許郁翎
出　　版　花木蘭文化出版社
社　　長　高小娟
聯絡地址　235 新北市中和區中安街七二號十三樓
　　　　　電話：02-2923-1455／傳眞：02-2923-1452
網　　址　http://www.huamulan.tw 信箱 hml810518@gmail.com
印　　刷　普羅文化出版廣告事業
初　　版　2015 年 9 月
全書字數　455001 字
定　　價　二編 24 冊（精裝）台幣 45,000 元

版權所有·請勿翻印

從「自由的馬克思主義」到「新自由主義」

——胡秋原思想研究(下)

霍 賀 著

目次

第四章　比較中西文化
——自創「文化史觀」

　　「閩變」失敗後，胡秋原逃往香港，原本重操舊業賣文度日，但又因被懷疑爲「共產黨」遭遇到突如其來的牢獄之災。繼而，本打算避難半年的旅行，卻又變成被迫進行長達四年的流亡歐美之路。理想與現實的巨大反差，使處於迷惘中的胡秋原再次陷入困惑。他苦苦求索中國的出路在哪裏？此時，在國內由於日本不斷擴大對華侵略，國家命運也到了生死存亡的危急關頭。於是，被迫流亡在外的胡秋原，一方面以民族主義口號相號召，積極參與和推進全歐華僑抗日會的活動，爲救亡盡微薄之力；另一方面利用旅居海外的便利，將中國放在世界變動的大背景中，重新思考和比較研究中西文化，試圖尋求中國的出路究竟走向何方？是民主還是獨裁？是全盤西化還是中國本位化，抑或是俄化？帶著這些疑問，在流亡歐美期間，近距離觀察、思考和研究西方資本主義、蘇俄革命的社會主義，並與中國文化進行比較。可以說，這一時期的胡秋原，由於有了以往的經歷和教訓，又通過對中、西、俄不同地區和國家不同發展路徑的觀察和思考，在思考國家出路時，開始自覺擺脫原先不是「西化」就是「俄化」的思維方式，思想有了明顯昇華。1937年，胡秋原從美國歸來，先後在武漢和重慶創辦或主持《時代日報》、《祖國》、《外交季刊》和《民主政治》等雜誌，呼籲全民抗日，實行民主政治。在《中西文化與文化復興》、《歷史哲學概論》、《新自由主義論》、《抗戰建國之根本問題》等專著中系統闡述其思想，在學術思想上放棄了「自由主義的馬克思主義」，進入了他構建的「新自由主義的文化史觀」時期。

第一節　比較中西文化思考中國出路

　　自西學東漸以來，中國逐漸步入學習西方文化的征途中。鴉片戰爭的爆發，將中國納入世界資本主義體系中，中國的根本問題變成「如何應付西方列強的壓迫和侵略，以謀國家之生存」。〔註 1〕晚清的有志之士先後提出「師夷長技以制夷」、「中學為體，西學為用」等變革方針，學習西方科學技術使中國富強起來，但均以失敗而告終。民國成立後，特別是新文化運動以來，許多知識分子認為中國傳統文化已不能適應世界壓力，中國文化陷入危機中，不能承擔起挽救民族危亡的重任。隨著「科學」、「民主」理念的廣泛傳播，將向西方學習的潮流推向高潮。為求民族獨立，求出路於「西化」。此時，世界形勢和思想變得更為複雜。蘇俄十月革命勝利後，以反對西方帝國主義為己任，以建設社會主義理想國的藍圖自命。與此同時，一些西方資本主義國家卻因面對歐戰危機，素手無策而深陷戰後政治、經濟和社會文化的多重危機之中。這種態勢使包括西方國家在內的很多知識分子對資本主義深感失望，轉而對蘇俄的社會主義充滿嚮往和期待。巴黎和會上西方犧牲中國利益和蘇俄對華友好宣言，形成強烈的對比，使中國知識分子因失望於「西化」而轉向「俄化」道路。在這種背景下，胡秋原也對社會主義的蘇俄充滿憧憬，然而大革命中的經歷，使他思考從蘇俄傳播到中國的革命理論是否符合馬克思主義的本質？進而赴日留學對馬克思主義作追根溯源的研究，「九‧一八」後留在上海思想上主自由，政治上主抗日。先後參與「文藝自由論辯」、「中國社會史論戰」和「閩變」，在此過程中，不僅使他的思想日漸趨於成熟，也對「中國向何處去」問題的思考予以深化。在流亡歐美期間，博採西方文化和哲學思想，抗戰全面爆發回國後，分析國內外政治大勢，深入思考和研究中國傳統文化，在比較中西文化的基礎上，對近代中國的各種主流思潮進行辨析，提煉出新自由主義和民族主義，回應中國文化前進的道路和中國向何處的時代問題。

一、基於民族主義的立場辨析西方文化的價值

　　1934 年 3 月，胡秋原離開香港，經新加坡、印度、埃及、意大利等地，5

〔註 1〕 胡秋原：《近百年來中外關係‧臺灣版自序》，臺北：海峽學術出版社，2004年，第 16 頁。

月到達英國。新加坡僑胞得知「社會主義者」的胡秋原路經當地，其抗日主張引起了他們的共鳴，因而對其抱有敬意。華僑的愛國心，促進了他的民族主義信念，並決心竭盡所能促使同胞齊心協力，實現抗日救國的願望。而在印度，目睹以自由民主相標榜的英國實行的殖民地文化，以及當地的土著文化，讓他體會到東西方文化的差異。西方國家所謂自由僅限於白人，這種自由是虛偽的、不徹底的。又目睹當地人不事生產與閒散，與中國人的吃苦耐勞和勤奮努力不可同日而語。印度此時正值甘地領導的非暴力不合作運動蓬勃發展之際，這正與胡秋原主張的非暴力的、和平的革命運動，以及人道主義思想不謀而合。「在各國旅行中，處處表現民族主義是各國立國第一義」。〔註2〕西方人對中國人的輕視，引發他的思考，中國人聰明才智不遜於西方人，何以中西差距如此之大？這使他決心從文化層面探討中國出路，也由此更加堅定其民族主義立場。

　　西行途中，胡秋原一面體驗、觀察東西方文明的差異，一面深入思考，思想上日益集中到兩大問題，中國和世界的出路。他看到不同國家發展路向的不同選擇中，文化差異至為巨大的作用，從而引發他對歷史哲學的濃烈興趣。之前他曾通過瞭解和鑽研歷史哲學，思考和探索過歷史變動的原理。故而學術興趣也由文藝理論轉向對社會史研究的關切。並開始對曾經認同的的唯物史觀的若干原理和結論進行商榷和修正。而今，他進一步欲從文化比較入手，也即在比較中西文化的基礎上，對不同國家在發展路徑上不同選擇進行深入探尋，以獲得一個更堅實中肯的歷史哲學的答案。通過對歐洲歷史遺蹟的考察，促使他思考西方文化是否會步羅馬帝國的後塵，變為社會主義，或者是當時的蘇俄？在古代領先於西方的中國為何近代以來遠遠落後於西方？東方文明古國印度、埃及的衰敗，與歐洲現代文明國家的興盛形成的強烈反差，讓他感到震撼的同時，思考其中的原因。對歷史文物和藝術的重視，對不同政見的包容，表明西方國家的興盛是建立在文化和學術基礎之上的。文藝復興以來，先後是意大利、西班牙、法國、英國時代，實際上是各國文化相互競爭、領導權轉移的問題。而第一次世界大戰的爆發，宣告西方文化陷入危機之中。繼而俄、美、日的興起，希特勒稱雄，西方向何處去？與中國向何處去密切相關。

〔註 2〕 胡秋原：《八十年來——我的思想之來源與若干心得》，《中華雜誌》1990 年 7
　　　月號。

　　帶著這些疑問，1934 年 5 月，胡秋原在倫敦大英博物館深入研讀西方文化哲學，試圖從中尋求答案。康德、亞里士多德、斯賓諾莎、洛克、黑格爾和穆勒、斯賓塞的著述都是他閱讀的對象，他對當時世界流行的新自由主義思潮產生興趣，尤其是新自由主義對「公平、正義」等若干原則的強調，引發其強烈共鳴。在之前中國社會性質和社會史討論的基礎上，他較之其他一些自由主義的人文學者更多具備史學、人類學和社會學的學養。因此在看待和分析現實問題時，也更自覺地具備某種歷史哲學的關懷。德國文化社會學家繆勒利爾（Muller-Lyer）的《家族論》特別引起他的興趣，在該書中，繆氏指出在原始社會之後，分為狩獵、農耕、資本主義三個時期，西方由古代到中世紀的封建社會，是退化而非進步，日耳曼人也未經過奴隸社會。王禮錫在胡秋原的推薦下，閱讀此書後贊同其觀點，他們將《家族論》合譯出來，介紹到中國學界。〔註3〕又閱讀維爾納・桑巴特（Werner Sombart）的《現代資本主義》，該書將資本主義分為早中晚三期，這與胡秋原在中國社會史論戰中提出的專制主義，在經濟上即是早期資本主義時期的觀點不謀而合。中國社會史論戰中，他曾提出不能套用馬克思有關社會發展階段的公式解釋中國歷史，因而開始修正唯物史觀，繆勒利爾和桑巴特的著作更加降低其對唯物史觀的興趣，同時也增強他對中國社會史的認識，這也成為他畢生堅持認為中國沒有經過奴隸社會的原因之一。

　　在倫敦期間，胡秋原還常到著名的海德公園傾聽各種演講，以自由自豪於世的英國卻在中國租界的公園掛著「華人與狗不得入內」的招牌，在他看來，這是帝國主義政策，這種自由是不徹底的。他也參加了由多國學者聚集在一起的討論，其中也有馬克思主義的信奉者，但不是蘇俄革命的馬克思主義。有人引用奧地利馬克思主義者列納爾（K.Renner）《社會帝國主義論》的觀點，認為「社會主義如果沒有民主的基礎，那就是最獨佔的資本主義。所以，這種社會主義要比資本主義更容易走向戰爭」。〔註 4〕這種觀點引起胡秋原的共鳴，深以為然。這實際上是批判列寧謂資本主義趨於獨佔變為帝國主義的觀點。參與討論的印度學者一致譴責英國號稱自由民主，卻不讓印度人

〔註3〕〔德〕繆勒利爾（Muller-Lyer）著，王禮錫、胡東野（胡秋原）譯：《家族論》，上海：商務印書館，1935 年。1990 年由北京商務印書館再版。
〔註4〕張漱菡：《胡秋原傳──直心巨筆一書生》，臺北：皇冠出版社，1988 年，第673 頁。

自治，不給其自由民主，連自稱是社會主義者的工黨和麥克唐納首相
（MacDonald）也是殖民地主義者。這些討論加深了胡秋原對西方文化本質的
認識。此前他以「自由主義的馬克思主義」自喜，在研讀西方文化哲學之後，
對馬克思主義興趣大減。他認爲唯物辯證法難以成立，在本體論上，唯物論
是對的，物質在人類之前即已存在；在知識論上，觀念論是對的，先有神經
與心靈，認識才成爲可能。

　　西行以來的體驗和觀察，使他認識到英國雖以自由民主相標榜，但英國
的自由黨執政時發動鴉片戰爭，將中國拖入殖民地體系之中，當時的社會主
義者麥克唐納政府卻又不承認印度獨立的自由。西方自由主義在法國大革命
中大放異彩，然而法國也只是給予歐洲人的自由，而決不放棄其所屬的殖民
地，更談不上給予自由。儘管胡秋原承認西方近代文明和道德水準高於東方
民族，但西方國家「對殖民地、次殖民地沒有道德觀念。西方道德只是行於
國內的，強國對於弱國，就不看重人權，不看重其自由平等了」。〔註 5〕由此
他認爲歐洲人的自由主義是狹隘的、不徹底的、自私的、虛僞的、背棄了自
由的原則。這是他信奉新自由主義的根本原因。在此期間，胡秋原曾拜訪英
國提倡社會民主主義和政治多元主義的思想家拉斯基（Laski），拉斯基認爲「社
會主義是自由主義的發展」。〔註 6〕這與他認爲社會主義不能否認自由的思想
極爲相同，由於筆者學識所限，查閱胡秋原留下的資料，還未發現其多大程
度上受到拉斯基思想的影響。事實上，早在日本留學期間在編著《唯物史觀
藝術論》時，他曾翻譯德國女革命家柴特金的《藝術與無產階級》，柴氏也指
出「社會主義是自由主義之當然的發展和變型」。〔註 7〕在「文藝自由論辯」
時，答覆左翼的攻擊時，引用這種思想予以反駁。〔註 8〕筆者以爲，拉斯基的
這種思想爲胡秋原對「社會主義是自由主義的發展」的認識提供了理論支撐。

　　通過對西方歷史的研究，胡秋原認爲中西文化無根本不同。新文化運動

〔註 5〕　胡秋原：《中西文化論》，胡秋原：《中西文化與文化復興》，重慶：時代日報
　　　　出版社，1943 年，第 29 頁。
〔註 6〕　張漱菡：《胡秋原傳——直心巨筆一書生》，臺北：皇冠出版社，1988 年，第
　　　　685 頁。
〔註 7〕　〔德〕Klara Zetkin（柴特金）著，胡秋原譯：《藝術與無產階級》，胡秋原：《唯
　　　　物史觀藝術論——樸列漢諾夫及其藝術理論之研究》附錄二，上海：神州國
　　　　光社，1932 年，第 706 頁。
〔註 8〕　胡秋原：《浪費的論爭——對於批判者的若干答辯》，《現代》第 2 卷第 2 期，
　　　　1932 年 12 月。

以來，西化派傳統派高談中西文化之差異。實際上西方文化的本質，是工業社會和工業文化，英國是典型的工業國家，恰恰正是被馬克思當作代表性所批判的對象。英國除了經濟工業化、工具機械化之外，對於傳統文化的保護，人與人之間的「仁義禮智信」，與中國先賢所說相同，遠較中國認真。同時他也體會到西方社會誠如馬克思所觀察的，有階級區別和階級鬥爭，使他對馬克思主義和西方社會有更深的理解。西行之後的觀察和思考，也使他的民族主義觀念日漸增強。因此，胡秋原對西方文化的解析是基於民族主義的立場上的。而其考察西方文化的目的，在於尋求自己民族文化的發展方向，確立前進的道路。

他對西方文化的認識與五四前後的中國學者不同。在近現代學術思想史上，有些學者將西方文化視為「動」的文化，其長處在於物質文明。胡秋原認為這種認識是對西方文化的誤解，並不符合事實。西方文化並非重物質輕精神，而是雙重並進，在物質文明和精神文明上都有優秀的傳統和成果。在比較中西文化之後，他指出：「精神文化之中，最精神的部分可以數道德、文藝和哲學，中國過去在文藝上誠有很高的成就，但知道西方文學的人，一定瞭解西洋人之文藝，也決不劣於我們。哲學也一樣。先秦哲學水準並不超過希臘，而中國固有哲學，也決沒有超過培根、笛卡爾以後的水準，更不要說康德和斯賓塞了」。這表明，胡秋原對西方文化的解析更為理性客觀，克服了那種主觀片面的看法，深化了中西文化異同論的辨析和認識。

胡秋原比較中西文化，最有價值的內容是糾正了中國學界對於西方道德文化的誤解，較為準確地詮釋了西方道德文化的價值。他指出，中國學界對西方道德非難的論據主要在於：一是「個人主義」，二是「功利主義或所謂唯物主義」。將個人主義視為「自私自利」，功利主義視為「唯利是視」。這是一種誤讀，西方的個人主義和功利主義恰恰是西方道德文化的核心價值。在他看來，西方個人主義是指：「全體國民各盡其義務，各享其權利。現代西方人尊重個人權利，同時尊重個人責任。個人的自由與財產不容他人侵犯，然個人對於全體，必盡其應有義務」。胡秋原對西方個人主義的詮釋，是將權利、義務和責任統一起來，比較符合西方個人主義的內涵。這也是西方民族隨著社會的發展進步，在克服「家族主義、地方主義和教派主義」的基礎上形成的文化觀念。個人主義實際上是民族主義的另一面，「民族主義保護個人權利，個人對民族國家盡其義務」。實際上西方個人主義與國家、民族的觀念緊

密相連，與之相比，中國人過分強調家族集體的觀念用以否定個人主義，因此近代中國尚未形成超越西方個人主義的道德文化觀念。建立在這種認識基礎上，胡秋原認爲不能簡單否定西方的個人主義。「如果我們不否認中國家族主義在政治上發生極大流弊，而國家對人民之保護並更普遍而有效，我們就不要望文生義地反對個人主義」；「西方的個人主義愛國，除個人外，就是國家；而中國的非個人主義則愛家，因家對於個人主義最爲親切」。〔註 9〕由此可見，胡秋原對西方個人主義的詮釋，對中西文化的比較，是有其理論價值的。

　　在近代中國學術思想史上，中國學界對西方功利主義也同樣存在誤解，特別是將功利主義簡單地視爲「唯利是視」。事實上，功利主義是理想主義的另一面，既尊重個人利益，又尊重社會利益。在他們看來，「沒有共同利益，也就沒有個人利益」。在現實生活中，如果人人尊重個人利益，國家也保護個人利益，「損人利己」也就不可能了。「功利主義尊重個人幸福，但尊重個人幸福以不侵犯全體幸福爲條件，在個人利益與全體利益不調之時，更要犧牲個人利益」。基於這種理解，胡秋原指出「功利主義的眞精神是求最大多數之最大幸福」，「功利主義誠以誤解而生流弊，然他提高了人格觀念，推廣了社會福利制度，是不可否認的功勞」。他駁斥對個人主義和功利主義的誤解，認爲「個人主義提高了人格觀念，消滅了主奴觀念。功利主義提高了職務精神，增進了人生福利，而因人權之提高，使壓迫他人爲非法。這在社會生活及政治上便是群己權界，權利義務之分明，於是而有法治的有組織的國家，並使人事弊端貪污並向減少到最低限度」。「最大多數之最大幸福」、「人格」、「人權」、「法治國家」等觀念正是中國社會文化中所欠缺的。「西方道德的眞精神在人權觀念與責任觀念。因爲前者，就沒有法律以上的特權身份，因爲後者，就沒有敷衍苟且的下等作風」。從這個意義上來說，「現代西方精神文化與道德水準決不低於我們，而甚至高於我們」。胡秋原利用同期比較法，比較中西文化的異同，並與不同的民族社會歷史聯繫起來，他對中西文化差異的理解和做出的判斷較爲合理。由此得出中西文化的差異，既不能簡單的以「物質」與「精神」來劃分，又不能以「進取」、「法治」、「征服自然」、「向前」與「保守」、「人治」、「調和自然」、「持中」來劃分。中西文化的根本區別只是「文

〔註 9〕 胡秋原：《中西文化論》，胡秋原：《中西文化與文化復興》，重慶：時代日報
　　　　出版社，1943 年，第 29、30 頁。

化進化階段之不同。古代中國文化與中古的歐洲文化，縱有地方色彩和國民色彩之差異，但大體相似；而今日中西文化之不同，只是西方現代化了，而我們尚未現代化之故」。換言之，近代中國衰落的根本原因是人類文明進入工業時代，我們在技術上落後於歐洲，因而受到強敵侵略，引起經濟政治上的崩潰，精神文化的頹廢和物質文化之衰落。因而當前欲求民族復興，必然走向工業化，爲抗戰建國奠定基礎。

作爲現代形態的西方文化，其「根本精神是理性精神或合理精神」，「個性觀念和法則觀念」是最主要的兩個要素。前者要求「獨立自尊觀念」，後者要求「科學方法與態度」。現代文明的各種成就，都表現爲「個性精神與法則觀念」，「合理精神」；而應用到政治上，即培養「健全的國民」、「建立法治的國家」、「實現國家的獨立」和「維護國際秩序」。這便是民族主義的本義。「人民權利有充分保障，而人民對國家有不可逃的義務，這便是民主政治的根據」。從胡秋原對中西文化的理解中，不難發現，他將合理與合法看作現代西方文化的根本精神，也同時將「合理與合法」視爲「我們今天檢討自己和改進自己的一個標準」。〔註10〕實際上透露出他所理解的現代中國文化的前進方向。沿著這個方向向前邁進，使中國工業化，建立中國自己的現代文化與文明，這便是我們的建國目標和歷史任務。從他對西方現代文化價值的辨析中，可以清晰地看到他秉持的民族主義立場。

他不僅從學理上客觀地辨析西方現代文化的價值，而且指出了西方現代文化的危機。早在日本留學期間，其學術思想由文化史轉向唯物史觀，研讀有關歷史哲學與文化問題時，就對西方文化危機有所認識。19世紀70年代西方資本主義從自由競爭進入壟斷階段後，自文藝復興以來形成的政治經濟自由、個人主義、理性主義和科學主義等西方文化傳統開始出現危機。當時歐美資產階級哲學家承認西方文化與精神存在「危機」，第一次世界大戰的爆發，以及由此帶來的災難性後果，將西方文化和社會中固有弊端完全暴露出來。德國歷史哲學家斯本格勒（Oswald Spengler）《西方的沒落》一書的出版，使西方人普遍感受到西方文化的沒落或衰敗。在日本留學的胡秋原從西方哲學著作中自然也瞭解這一點。

〔註10〕 胡秋原：《中西文化論》，胡秋原：《中西文化與文化復興》，重慶：時代日報出版社，1943年，第32、33、34、35頁。

　　馬克思主義派則認爲「西洋藝術上種種主義，和哲學上種種論爭，都是資本主義危機之反映，而以階級觀點加以分析，並以馬克斯主義爲解決這一切危機之萬應藥」。〔註11〕因受普列漢諾夫的影響，胡秋原不贊成機械而單調的階級分析。他認爲「自由主義之失敗，主要由於自由主義支持者（布爾喬亞）不忠於自由主義的原則。歐洲資本主義之發展，原與殖民主義不可分。殖民主義使東西資本主義發展更不平衡，且造成西方之帝國主義政策。70 年代起，德國加入帝國主義角逐。如是 70 年代起，西方資本帝國主義發展爲獨佔資本主義和經濟的帝國主義。這在國內在國際，都使自由只成爲『獨佔自由』和『白人自由』。這是勢利主義，寄生主義，西方文化之庸俗與危機由此而來」。〔註12〕西方文化危機源於近代西方哲學認識論上陷入了困境，主要表現在精神和實際兩個方面。精神方面，「西方人在生活與精神之矛盾與苦惱挫折之中，對他們的文明的傳統價值標準，自基督教起，直到理性、自由、民主、進步乃至他們由科學研究而來的觀念，無論是有道理的，或者是『神話』，逐步由懷疑而否定，否定以後又無新的東西代替，便表現爲虛無主義」。實際方面，「西方人國內的社會革命（階級的，垂直的），國際的鬥爭與戰爭（國民間的，集團的，水平的），日益加深擴大，終於變爲世界革命、世界恐慌、世界戰爭」。這兩種危機並非始於 20 世紀，只不過是在 20 世紀相互作用，充分暴露而已。在胡秋原看來，馬克思是西洋文明自我否定最早之人，馬克思認爲西方文明「只是布爾喬亞的階級文明，並主張用無產階級的共產主義來代替它。他的論據是古典的，即理性主義的，亦即不完全否定西方傳統，只是指出其階級性，不足代表人類」。〔註13〕通過對中西文化的比較研究，胡秋原指出：「西方帝國主義由東方落後，即世界文化發展不平衡而來。政治的學術的帝國主義結合起來便造成勢利主義，蔑視道德和人的價值，此即虛無主義」。這也是西方文化危機的本質。「馬克斯主義可以說是西方文化危機之產物，也可以說是克服西方文化危機之嘗試，但他帶有西方文化之病原（虛無主義），故一變而爲布塞維克主義，再反彈而爲法西斯主義、納粹主義，都是

〔註11〕　胡秋原：《由現象學論當代科玄之戰》，《民主潮》第 11 卷第 7 期，1961 年 4 月。

〔註12〕　胡秋原：《西方政治經濟新趨勢與殖民主義獨權主義之克服》（上），《民主潮》第 12 卷第 8 期，1962 年 4 月。

〔註13〕　胡秋原：《西方文化新動向與虛無主義及西方中心主義之克服》，《民主潮》第 12 卷第 17 期，1962 年 9 月。

野蠻，更粗暴的虛無主義，亦即西方文化病象惡化至極的表現」。〔註14〕

第一次世界大戰後，西方社會和文化陷入危機之中，社會主義日趨勃興成為最時髦的社會思潮。包括無政府主義、基爾特社會主義、民主社會主義在內的各種社會主義，對西方民主政治發起挑戰。尤其是蘇俄將批判西歐資本主義社會的馬克思主義加以改造，「變為布爾塞維克的共產主義，根本否定西方民主」。〔註15〕1930年代前後西方爆發的經濟恐慌，將西方文化危機推向高潮。蘇俄宣稱建立公平正義的社會主義理想國，先為東西方思想界所歡呼，後又演變為世界性的暴力革命；民族主義也在戰敗國變為血族復仇，這一切最終結晶為獨裁主義政治。他們利用西方文化之物質成就，發展科學，集中資本，向戰勝國挑戰，西方文化精神成就之個人尊嚴、理性觀念和民主政治自然受到衝擊。於是西方便由「精神危機」，「文化危機」變為全面政治經濟危機，最終走向第二次世界大戰。西方文化中的思想、制度、帝國主義、民族主義、資本主義、社會主義、獨裁主義、領袖崇拜等，也隨西方文化危機在全世界產生模仿和反擊。中國作為世界文化中的一環，且中國受西方列強侵略，遭遇到自身文化危機的同時，又受到西方文化危機的影響，因此尋求中國出路就變得更為複雜。據胡秋原自述，「當1930年左右西方思想危機發展時，也是我開始有系統的研究西方思想史之時，而這也是我一生心力之所在」。〔註16〕

無論是對西方文化價值的肯定，還是對西方文化危機的揭露和思考，胡秋原都是為了讓中國學界對西方文化有更理性客觀的認識。同時也是對全盤西化派片面的西方文化觀念的一種糾偏，他試圖站在超脫的中間立場對中西文化的衝突和激盪進行思考，並將中國文化放置在世界近代文化發展的大背景中，反思中西文化危機，尋求中國文化復興與現代社會的轉型，最終為中國探索出一條走向現代化強國之路。這表明他不僅具有世界文化視野，而且具有現代學人的文化自省。

〔註14〕 胡秋原：《論西方文化危機、馬克思主義危機與中國》，《中華雜誌》1990年2月號。

〔註15〕 胡秋原：《一百三十年來中國思想史綱》，臺北：學術出版社，1983年，第40頁。

〔註16〕 胡秋原：《西方文化新動向與虛無主義及西方中心主義之克服》，《民主潮》第12卷第18期，1962年9月。

二、對蘇俄革命的馬克思主義的認識與批判

俄國十月革命後，建立起世界第一個社會主義政權，引起世界震撼。西方思想界的許多知名學者都紛紛親自前往俄國考察其社會主義。對蘇俄的觀察，有以英國哲學家羅素（Russell）、法國作家羅曼‧羅蘭（Romain Rolland）與紀德（Gide）為代表的三種類型。羅素是一位著名的社會主義者，同時也是一位具有人文主義精神的自由主義思想家。由於蘇俄十月革命後，建立的是一個集權主義的政權，故此羅素對十月革命後誕生的世界上第一個社會主義國家並不抱好感。他認為俄共不贊成民主，「此為俄與歐西各國不能融洽的一大原因」，雖然相信共產主義是「一種好學說」和「文化的進步」，但「須用循次漸進的方法來實行這主義」，「不必用強硬手段壓迫他們」。〔註17〕除羅素外，著名左翼作家羅曼‧羅蘭也頗嚮往社會主義，親自赴蘇聯考察後，將其觀感寫進生前不願公開批評的《莫斯科日記》。既是自由主義者，又多年苦讀馬克思主義的紀德訪蘇歸來後極為失望，公開批判蘇聯的社會主義。這三種類型的知識分子與西方主流媒體敵視蘇聯的態度根本不同，其主張富有學理性。

中國知識分子最早對蘇俄革命產生興趣、并加以格外關注的，除李大釗、陳獨秀等領軍人物外，在青年知識分子中大致也可分為三種不同類型：一派是瞿秋白、胡愈之為代表的接受了馬克思主義的左翼知識分子，帶有朝聖的心情赴俄考察，瞿秋白撰寫的《俄鄉紀程》和胡愈之的《蘇聯印象記》，反映了其觀點。另一派是以胡適、蔣廷黻、丁文江為代表的對英美民主政治有深入體驗的自由主義者，對蘇俄抱有極大興趣，親自前往考察後亦未否定甚至懷有相當同情。第三派是1930年代以「自由人」著稱的胡秋原為代表，既受自由主義影響，又對馬克思主義有深入研究，對蘇俄也懷有很大興趣，但一開始就持批判態度。與上述兩派相比，胡秋原的蘇俄之行，在思想上的變化更大，政治見解也作了一些調整。

1934年11月，胡秋原與王禮錫一起赴蘇俄考察，對這個被丘吉爾稱為「謎中之謎」的國家一探究竟。途中王禮錫生病連克里姆林宮的御醫都未查出病症，還是在德國醫治好的。在蘇俄，胡秋原瞻仰了心儀的被譽為「俄國馬克思主義之父」的普列漢諾夫的遺物，對普氏長期流亡國外，最後客死他鄉的

〔註17〕羅素：《布爾什維克與世界政治》，《民國日報》（上海）1920年11月3日。

悲劇表示同情。這次蘇俄之行，儘管是走馬觀花的觀察，但也證實了他們對
蘇俄在科學上、工業上、經濟上遠比西歐落後的判斷。事實上，胡秋原對蘇
俄的研究並非始於這次短暫考察，早在大革命時，因受時代思潮影響，和當
時許多知識青年一樣，對社會主義前景充滿理想主義色彩。因不滿現狀嚮往
革命，在武大期間曾聆聽鮑羅廷等人的革命演講。當時國共兩黨在「以俄為
師」的旗幟下進行革命，由此，他萌發對蘇俄革命的嚮往。在大革命中目睹
並體驗到各種激進的暴力行為，引發他對蘇俄革命的思考，開始懷疑蘇俄暴
力革命的經驗是否適合中國，認為真正的馬克思主義並不是以暴力來實行共
產主義的。帶著這種疑問，對馬克思主義作追根溯源的研究，在研究普列漢
諾夫時，也對蘇俄歷史文化尤其是蘇俄社會主義革命進行考察，由此加深對
蘇俄革命的認識和質疑。在「文藝自由論辯」時，他也注意到蘇俄黨中央的
文藝政策，「左翼作家之得勢與發展，同路人只是階級之動搖與苦悶，以及批
評界文藝底政論的擡頭」。換言之，「就是更『左些』了」。對當時蘇俄要求更
加徹底的布爾什維克化，提出質疑「何以在喜沉思好自由的俄國民族藝術上
專制主義的氣味這麼濃厚呢」？〔註 18〕對於世界上幾個大文豪接踵遊歷蘇
俄，對蘇俄表示無限的同情，胡秋原認為有些出人意料。他認為：「然而謳歌
東方文化的泰戈耳翁，實驗主義者的杜威，以及社會民主主義者的蕭（伯納
Bernard Shaw），也對蘇聯表示非常的好意與讚美，不得不令人有點意外之感
了。蕭伯納當著蘇俄文壇很多領導人的面說：「我明白共產主義，研究社會主
義也有五十年。然而，來到這裏的，是要觀察：以如何方法實現社會主義，
以及，諸位正確理解馬克思主義到何種程度，而且，有如何的謬誤」。〔註 19〕

　　通過研究，胡秋原對蘇俄革命的認識，主要體現在兩方面：首先，不贊
同列寧暴力革命學說，更傾向於普列漢諾夫議會鬥爭方式進行社會主義革
命。在研讀《馬恩全集》後，他認識到馬克思所談的鬥爭，並非蹂躪人權的
暴力行為。雖然馬恩曾主張通過階級鬥爭進行無產階級專政，但晚年實際上
已經放棄暴力革命，轉向通過議會和平鬥爭的手段實現社會主義革命。據他
自述，「我的馬克斯主義由樸列漢諾夫而來，我從未接受列寧、史達林的馬克

〔註 18〕荻原（胡秋原）：《最近世界各國文壇之主潮・蘇俄》（三），《讀書雜誌》第 1
　　　　卷第 6 期，1931 年 10 月。
〔註 19〕秋（胡秋原）：《著述界消息（一）・訪問蘇聯之伯納蕭》，《讀書雜誌》第 1 卷
　　　　第 6 期，1931 年 10 月。

斯主義」。〔註20〕他瞭解的蘇俄暴力革命，與其認識的馬克思主義相差甚遠，經過對普列漢諾夫的研究，使他瞭解「近代俄國社會思想與運動的歷史，共產黨的由來，乃至俄共在馬克斯主義中的眞正地位」。〔註21〕與當時大多數不求甚解、生吞活剝或囫圇吞棗式接受馬克思主義的激進知識青年相比，胡秋原要理性得多，其態度也更值得提倡。

其次，他認爲蘇俄革命違背了馬克思主義的人道主義理念，否定了自由民主思想。留學期間閱讀許多西方文化、哲學與經濟名著，尤其是《馬恩全集》爲其用力最多者，使他視野開闊，瞭解到西方學界對馬克思主義、蘇俄革命的評論。聯繫到在大革命中「以俄爲師」的各種非人道見聞，認爲蘇俄革命中缺乏人道主義，不承認自由民主思想。由於這種認識，胡秋原指出，「我們中國人所知道的馬克思主義，只是蘇俄的一套東西，所以才會有種種不合理的現象，不值得人們信服、遵奉」。「眞正的馬克思主義，其實是人道的，而且應該是自由的」。「社會主義原是自由、平等、博愛觀念的發展」。〔註22〕他之所以在理論上孜孜探求，著書立說，闡述其思考和認識，目的在於讓國人充分瞭解蘇俄革命理論和實踐並不符合馬克思主義。

客觀而言，在 1930 年代的中國知識分子中，像他這樣執著於馬克思主義理論研究的人爲數不多，這正是其可貴之處。中共早期馬克思主義理論家瞿秋白坦誠：「我的一點馬克思主義理論的常識，差不多都是從報章雜誌上的零星論文和列寧幾本小冊子上得來的」。〔註23〕「左聯」領導人之一的馮雪峰對胡秋原說：「我們都承認馬恩文獻，你讀得比我們多，我們無人比得上你」。〔註24〕周揚後來回憶說：「我們有革命熱情而缺少社會歷史知識，對馬克思列寧主義沒有眞正弄懂」。〔註25〕甚至到 1985 年鄧小平還坦承：「我們總結了幾十年

〔註20〕 胡秋原：《哲學與思想·自序》，臺北：東大圖書股份有限公司，1994 年，第 12 頁。

〔註21〕 胡秋原：《「自由主義的馬克斯主義」之形成》，《民主潮》第 10 卷第 13 期，1960 年 7 月。

〔註22〕 張漱菡：《胡秋原傳——直心巨筆一書生》，臺北：皇冠出版社，1988 年，第 341～342 頁。

〔註23〕 瞿秋白：《多餘的話》，瞿秋白：《赤都心史》，桂林：廣西師範大學出版社，2004 年，第 176 頁。

〔註24〕 胡秋原：《在唐三藏與浮士德之間》，胡秋原：《〈在唐三藏與浮士德之間〉及其他》，臺北：胡秋原自刊本，1962 年，第 12 頁。

〔註25〕 周揚：《學習魯迅，沿著魯迅的戰鬥方向繼續前進》，《人民日報》1980 年 2 月 27 日第 5 版。

搞社會主義的經驗。社會主義是什麼，馬克思主義是什麼，過去我們並沒有完全搞清楚」。「社會主義究竟是什麼樣子，蘇聯搞了很多年，也並沒有完全搞清楚」。〔註26〕當時左翼「只是看了基本馬克斯、列寧的著作譯本」，〔註27〕而「幾乎沒有人好好研究俄國歷史，好好研究馬克斯主義」。〔註28〕對於「究竟什麼是社會主義，馬克斯主義、列寧主義之同異，同樣是迷迷糊糊的」。〔註29〕相對而言，胡秋原比當時許多左翼理論家對馬克思主義的理解要深一些，與當時盛行的把馬克思主義教條化不同，他並未陷入這種盲目崇信的潮流中，從學理上初步釐清了馬克思主義在蘇俄的流變。據他自述，「蘇俄的馬克斯主義乃是拒絕自由主義的，所以我的馬克斯主義自然與他們不同，甚至相反」。〔註30〕「當時認真相信」，他的「馬克斯才是真馬克斯」。〔註31〕經歷「中國社會史論戰」和「閩變」後，他認為中國問題是民族鬥爭，而不是階級鬥爭，中國出路「由抗日而實現獨立，民主化、工業化」；〔註32〕「先發展民族資本，然後進入社會主義」。〔註33〕上述對蘇聯革命和中國前途的認識是從理論研究中得出的，1934～1936年在蘇俄一年半的見聞使他更堅信這些認識。

　　1930年代，儘管當時中外對蘇俄革命好評如潮，胡秋原一度也有好感，隨著研究和認識的深入，對蘇俄態度逐漸轉為保留，甚至批判，但也抱有很大興趣。因蘇俄是第一個社會主義國家，對當時世界和中國都極具神秘感和吸引力，他想瞭解蘇俄社會主義的實踐與官方宣傳是否一致？更想印證自己理論上的質疑，對蘇俄研究是否有價值？與左翼理論家分歧為何如此之大？究竟誰更符合馬克思主義？蘇聯經驗是否為中國仿傚？帶著這些疑問，自

〔註26〕鄧小平：《改革是中國發展生產力的必有之路》（1985年8月28日），《鄧小平文選》第3卷，北京：人民出版社，1993年，第137、139頁。

〔註27〕胡秋原：《歷史學如何才能研究中國之命運》，胡秋原：《胡秋原演講集》，臺北：學術出版社，1973年，第374頁。

〔註28〕胡秋原：《論馬克斯主義與中國問題》，《中華雜誌》1987年12月號。

〔註29〕胡秋原：《真文化與偽文化》，胡秋原：《文化復興與超越前進論》，臺北：學術出版社，1980年，第1260頁。

〔註30〕胡秋原：《兩個談政治的朋友》，《民主潮》第11卷第4期，1961年2月。

〔註31〕胡秋原：《談我自己的思想》，胡秋原：《世紀中文錄》，臺北：今日大陸社，1955年，第602頁。

〔註32〕胡秋原：《在唐三藏與浮士德之間》，胡秋原：《〈在唐三藏與浮士德之間〉及其他》，臺北：胡秋原自刊本，1962年，第18頁。

〔註33〕胡秋原：《哲學與思想·自序》，臺北：東大圖書股份有限公司，1994年，第13頁。

1934 年 11 月起，在蘇聯一年多，對其社會主義眞相進行更深入的考察和體驗。
1934 年赴俄之前，胡秋原對蘇聯的認識，是在共產國際指導下的中國革命實踐過程中的見聞構建起來的，對其質疑更多的是源於理論上對普列漢諾夫和馬克思主義的研究；在蘇俄的實地考察，從實踐上證實了這些認識和質疑。「影響胡秋原一生生活與思想最大的，第一是日本九一八侵華，第二便是歐洲和蘇俄之行」。〔註 34〕他在蘇俄的經歷，可以說改變了其人生和思想軌跡。

　　受共產國際建立反法西斯聯合戰線的影響，中共也提出建立國共聯合抗日的統一戰線。在此背景下，1934 年 11 月，中共駐共產國際代表團邀請胡秋原赴莫斯科鼓吹抗日。據負責聯繫胡秋原的中國作家胡蘭畦回憶，邀請胡秋原來蘇聯「主要是爲了完成建立聯合戰線的任務」。〔註 35〕在得到「自由出入」、「不受政治的約束」的保證後，他於 12 月底赴俄。據他自述，他們「知道我是反日的，並通日本文，希望我能幫助他們作全民抗戰的運動」。當時中共「只說『民族抗戰』，『全民』二字是我提出的，共（產）黨採用」。〔註 36〕「他們正要發動所謂反法西斯統一戰線，對中國主張國共合作抗日，希望我與他們一道鼓吹抗日，這件事情。我贊成，便在中共最危急之時，做了他們的朋友」。〔註 37〕「他們拿出種種秘密和公開文件證明誠意。這與我本意相符。我即提出，我願在全民族抗戰的原則下，略盡所能，但這不涉及我個人此外的思想言論之自由」。〔註 38〕雖然在「文藝自由論辯」和「中國社會史論戰」時，胡秋原與中共的觀點不盡相同，甚至可以說是論敵，但在全民抗日問題上是一致的，這是他接受邀請並盡力幫忙的原因。但他依舊堅守「自由人」的本色，強調思想言論自由不得干涉的立場，這也是他後來婉拒王明邀請加入中共的原因。

〔註 34〕《中華雜誌》編輯部：《胡秋原先生之學問思想及其意義》，《中華雜誌》編輯部編著：《胡秋原先生之生平與著作》，臺北：學術出版社，1981 年，第 327 頁。

〔註 35〕胡蘭畦：《胡蘭畦回憶錄（1901～1949）》，成都：四川人民出版社，1985 年，第 283 頁。

〔註 36〕胡秋原：《在唐三藏與浮士德之間》，胡秋原：《〈在唐三藏與浮士德之間〉及其他》，臺北：胡秋原自刊本，1962 年，第 18 頁。

〔註 37〕胡秋原：《我的生活》，胡秋原：《世紀中文錄》，臺北：今日大陸社，1955 年，第 783 頁。

〔註 38〕胡秋原：《在唐三藏與浮士德之間》，胡秋原：《〈在唐三藏與浮士德之間〉及其他》，臺北：胡秋原自刊本，1962 年，第 18 頁。

在莫斯科一年半時間，協作中共編輯《救國時報》和《全民月刊》，鼓吹全民抗日。《全民月刊》這個名稱是胡秋原的建議，其寓意是放棄階級觀念和內爭，以全民族的利益為依歸。除譯述日本侵華資料、分析日本侵華政策、撰寫抗日文章和批評國民黨的政策外，胡秋原也研究蘇俄歷史文化、馬克思主義在蘇俄實行的真相、人民的生活狀況，以及對外尤其是對華政策等。研究愈深，愈加證實他此前的質疑，發現蘇俄馬克思主義的真相。同時對蘇俄印象日漸惡劣，也開始懷疑其中國政策，甚至對其同情中國抗日運動也帶有戒心。據他自述：「蘇俄在經濟上比西方落後不足奇，使我驚奇者，是斯大林崇拜，莫斯科大審」。〔註 39〕1935 年，曾是列寧左右手、共產國際首任主席的季諾維也夫（Zinoviev）與曾任國防會議主席的加美涅夫（Kameneva），被控「叛國」，以及隨後的「布哈林叛國案」，幾乎所有列寧時代的老布爾什維克皆以叛國罪被處死。令他「極為驚異和懷疑」，〔註 40〕更難以置信的是，這些全世界共產黨都尊敬的蘇俄革命大功臣，在法庭上居然為免一死，拼命自我否定，還當眾稱頌「斯大林同志英明偉大」！史氏通過「莫斯科大審」進行大清洗，搞個人崇拜。知識分子受到羞辱，沒有尊嚴和人權。這些見聞引發他的思考，這不正是韓愈嘲諷的「天王聖明罪臣當誅」嗎？如果這些革命功臣真有罪，蘇俄革命豈不是小人所為？如果是欲加之罪、並非事實，斯大林和蘇俄政治制度則太可怕了。如這些在中國重演，將是知識界災難性的悲劇。不幸的是，歷史的發展證實了他的擔心。1956 年，赫魯曉夫在蘇共二十大的報告中，揭露這些都是斯大林一手製造的冤獄，在臺北的胡秋原立即將這個報告翻譯出版，〔註 41〕在海峽兩岸學界也是較早翻譯者之一。

他還觀察到蘇共黨內特權階層不僅享受專供，而且體會到「共幹的專橫與對人民態度之惡劣」；民眾「買東西動輒要排長龍不知浪費了多少時間」，社會的貧富和工資差距比資本主義國家還要大，既無平等，又無自由。與中國有關的幾件事使他看出蘇俄之可怕。據他自述：「特別使我反感者，是在紅軍博物館中外蒙古已在蘇俄版圖。又他為了中東路，竟妙想天開，以歡迎梅

〔註 39〕胡秋原：《哲學與思想・自序》，臺北：東大圖書股份有限公司，1994 年，第 14 頁。

〔註 40〕胡秋原：《答謝之詞》，李敏生主編：《胡秋原學術思想研究》，北京：社會科學文獻出版社，1996 年，第 36 頁。

〔註 41〕胡秋原譯：《赫魯曉夫秘密演說全文》，臺北：自由世界出版社，1956 年。

蘭芳、胡蝶至俄以塞國人之口」。〔註42〕他表示蘇俄的社會主義實況「是比資本主義更大的病，不是治療」，「使我警覺其爲帝國主義者」。〔註43〕在莫斯科，與王明等中共要人相處融洽，據他自述：「除食行薪水稿費外，我也受到很禮貌的待遇。他們甚至在一次集會上高呼『胡秋原萬歲』」。〔註44〕此外，與普通中共黨員交往時瞭解到他們本來相信國際主義，但卻發現大俄羅斯的民族成見比歐洲人更甚。他們向胡秋原訴說遭受到的欺侮，感覺到「無意中流露俄人的優越感」，希望全民團結抗日使中國強盛起來。

　　爲感謝胡秋原的幫助，王明委託當時在莫斯科的中國作家蕭三和蘇聯作家協會聯繫，爲其辦理到該協會專用避暑勝地黑海的手續，黑海的克里米亞半島曾是沙皇和貴族避暑之地。胡秋原在爲期一個月的遊歷中，不僅體驗到蘇俄幹部免費享受的特權，也乘機對蘇俄進行考察。在黑海，「遇到許多韃靼人（蒙古後裔）表示對俄人不平等待遇的憤慨」，他們在教育、就業等方面受到歧視，在農業集體化中，幾百人被殺。對此，胡秋原表示懷疑，後經史大林的談話證實，事實上被殺者達數千人之多。這讓他感到震驚的同時，也瞭解到蘇俄民族政策的眞相。在此地，他還瞭解到歐亞大陸游牧民族遷移對世界歷史的影響。他認爲亞歷山大的東征，驅使匈奴東進，即秦漢間侵略中國的背景。漢武帝大敗匈奴，又造成匈奴西遷，不僅使鮮卑等民族繼之塡補了匈奴西遷後的地區，也影響到南俄的民族遷徙，使東羅馬帝國滅亡。由此他認爲「在歷史的大潮流中，民族團體和戰爭攻守的力量，要比階級與經濟的力量或更爲重要，這也是唯物史觀不能說明歷史的證明！」〔註45〕這次遊歷的觀察和體驗蘇聯社會主義在各地的眞相，引發他更深入的思考，認爲「蘇俄所行的不是馬克思主義」。〔註46〕

　　發生在他身上的兩件小事，讓他對蘇聯社會主義有更深刻的體會。幾乎跑遍莫斯科也未買到寫稿的紙張，託王禮錫從英國寄的稿紙被吞沒；其父寄

〔註42〕　胡秋原：《哲學與思想・自序》，臺北：東大圖書股份有限公司，1994年，第15頁。

〔註43〕　胡秋原：《六十年來我的重要著作和主張》（上），《中華雜誌》1990年12月號。

〔註44〕　胡秋原：《在唐三藏與浮士德之間》，胡秋原：《〈在唐三藏與浮士德之間〉及其他》，臺北：胡秋原自刊本，1962年，第18頁。

〔註45〕　張漱菡：《胡秋原傳──直心巨筆一書生》，臺北：皇冠出版社，1988年，第783頁。

〔註46〕　胡秋原：《哲學與思想・自序》，臺北：東大圖書股份有限公司，1994年，第15頁。

給他的家鄉臘肉也被郵局據為己有。從某種程度上說明蘇聯社會經濟落後，社會道德敗壞的事實，這樣的社會主義能為中國傚仿嗎？時值蘇聯實行五年計劃之際，但技術落後，缺乏資本，又無外資可以利用，為迅速集中資本，通過暴力和強制，以「集體和國營農場」來實現馬克思所說的「原始蓄積」。為了迅速實現工業化，「乃變農奴制度為集體農場」，胡秋原認為這是「更有效的科學的國內殖民主義」。〔註47〕民眾生活水平並未得到根本改善，生活在無自由的專政枷鎖之下，這是新式專制政體。由此他想到馬克思所說的社會主義，須建立在高度資本主義的基礎上是正確的論斷。他回憶這段經歷時說，看到的是「一個黨，一個領袖，一種言論。不斷坦白、清黨、肅軍。從前革命領袖變成間諜。為了實行集體農場，幾百萬人入獄和餓死。他們說這最『民主』。」〔註48〕他也認識到蘇聯對文化和意識形態控制甚嚴，斯大林壟斷了馬克思主義的解釋權，知識分子已成為革命職業家之婢女，斯大林治下的社會主義，是「一種獨佔的國家資本主義」，「近於法西斯蒂之極權」。〔註49〕「國家統制一切人民的精神與行動，而達到極權主義，即以國家之名全盤統制一國政治經濟與精神」。蘇俄的馬克思主義是「20世紀極權主義之先驅」，〔註50〕「馬克斯主義和民粹主義之混血兒」，〔註51〕在他看來，斯大林將沙皇時代的專制獨裁、奴役制度、清算征服的暴力政治傳統發展到極端，這種社會主義建設模式違反人性，背離了馬克思所說的人的自由發展，「不是馬克斯的社會主義」。〔註52〕對那些迷信蘇俄革命的人，胡秋原抱有同情之理解，因為他們對蘇俄研究不足，獲得的知識多是淺顯的。

根據馬克思所說社會主義以高度資本主義發展為條件的理論，胡秋原指出落後的俄國沒有實行社會主義的基礎，蘇俄「在生產力不足的情況下，用暴力補充」；黨成為「革命職業家之團體，以軍事機密方式進行革命」。〔註53〕

〔註47〕 胡秋原：《一百三十年來中國思想史綱》，臺北：學術出版社，1983年，第210～212頁。

〔註48〕 胡秋原：《論中西文化、共產主義和新自由主義》，胡秋原：《文化復興與超越前進論》，臺北：學術出版社，1980年，第307頁。

〔註49〕 胡秋原：《論馬克斯主義與中國問題》（上），《中華雜誌》1987年3月號。

〔註50〕 胡秋原：《馬列主義與中國問題》，胡秋原：《哲學與思想》，臺北：東大圖書股份有限公司，1994年，第260～261頁。

〔註51〕 胡秋原：《中國之悲劇》，胡秋原：《文化復興與超越前進論》臺北：學術出版社，1980年，第251頁。

〔註52〕 胡秋原：《文學藝術論集》，臺北：學術出版社，1979年，第1037頁。

〔註53〕 胡秋原：《論馬克斯主義與中國問題》（上），《中華雜誌》1987年3月號。

「又由於俄國無產階級力量之薄弱，應該鞏固工農聯盟」。「實行一黨專政和獨裁，沒收一切財產」。蘇俄革命宣稱以馬克思主義爲指導，實際上有悖馬克思本人的意願。1923 年在德國社會民主黨總部，發現馬克思 1881 年給俄國女革命家查素利奇（Zasaoulich）的信中說：「資本主義制度之歷史必然性只限於西歐國家」。1894 年馬克思曾說根本無意使唯物史觀成爲「普遍的歷史哲學」。〔註 54〕馬克思還表示，其「學說不能應用於西歐以外，不能應用於俄國，他也不曾主張蘇維埃」。〔註 55〕事實上，馬恩晚年放棄暴力革命，主張通過議會和平方式實現社會主義，「有人問恩格斯何謂無產階級專政，答覆是看巴黎公社好了。巴黎公社實行的是民主的多黨制度，而且有言論自由」。「馬克斯主義在政治上實即社會民主主義，而這是從事和平合法鬥爭的」。〔註 56〕這就與左翼宣傳中過分強調馬克思的階級鬥爭理論和無產階級專政學說區別開來，從學術理路上初步理清了馬克思主義原典思想的本來面目，可見胡秋原對馬克思主義的理解更接近第二國際的思想。

　　值得注意的是，胡秋原是中國知識分子中較早將馬克思主義與馬列主義進行區分的學者。在《馬列主義之將來》一文中，他說：「馬克斯生時已有馬克斯主義之名。列寧生時沒有列寧主義這個名詞，他只能說他是眞正的革命的馬克斯主義者。列寧死後，斯大林才在『馬克斯——列寧主義』之間加一連字符，變爲一個復合名詞。這是欺詐，是魚龍混珠」。「第一個馬列主義者就是斯大林」。〔註 57〕斯大林將列寧主義視爲馬克斯主義之發展，是「二十世紀的馬克斯主義」。此舉意欲「自命他才是眞馬列主義者，馬列主義即斯大林主義」，「斯大林的確發展了列寧主義的極權主義」，「斯大林的一國社會主義實爲新奴隸制度與新帝國主義」。〔註 58〕波蘭哲學家科拉科夫斯基（Leszek Kolakowski）所

〔註 54〕　胡秋原：《馬克斯主義、共產主義的總批評》，《幼獅學誌》（臺北）第 7 卷第 1 期，1968 年 1 月；馬克思：《給〈祖國紀事〉雜誌編輯部的信》，《馬克思恩格斯全集》第 19 卷，北京：人民出版社，1995 年，第 130、131 頁。

〔註 55〕　胡秋原：《答謝之詞》，李敏生主編：《胡秋原學術思想研究》，北京：社會科學文獻出版社，1996 年，第 37 頁。

〔註 56〕　胡秋原：《馬列主義與中國問題》，胡秋原：《哲學與思想》，臺北：東大圖書股份有限公司，1994 年，第 255、256 頁。

〔註 57〕　胡秋原：《馬列主義之將來》，胡秋原：《西方文化危機與二十世紀思潮》（下），臺北：學術出版社，1981 年，第 1058 頁。

〔註 58〕　胡秋原：《馬列主義與中國問題》，胡秋原：《哲學與思想》，臺北：東大圖書股份有限公司，1994 年，第 262 頁。

著的《馬克思主義主流》，以及其他西方馬克思主義者的著作中區別馬克思主義與馬列主義的觀點，〔註59〕證實了胡秋原這種認識的思想價值。

胡秋原不但認爲「馬克思主義」不能等同於「馬列主義」，也對馬克思主義與列寧主義進行區分。究竟二者有何不同？他贊同考茨基批判列寧一黨專政、否認自由民主的主張，與馬恩在巴黎公社所強調的民主的多黨政治相矛盾，是對馬克思主義歪曲的觀點。還引用普列漢諾夫批評列寧是「布朗契主義」（Blanquist）來說明何以「馬克思主義」不能等同於「列寧主義」。儘管他也承認「列寧之機智、勇敢、堅毅是無疑的，本人亦無世俗之享受虛榮」，但「他的基本思想是認爲組織革命職業家，使用暴力、策略，即可奪取政權」。「馬克斯認爲革命主力是生產力，他（列寧）則認爲是暴力」。〔註60〕他又指出，「馬克斯的目的是經濟之發展和分配之公平，鬥爭、獨裁只是手段；而列寧則以獨裁權力爲目的，暴力爲手段」；「如果西方文明是貪利的文明，發展爲商品拜物教和暴力的帝國主義，則蘇俄共產主義是一種貪權的文明，開始就表現爲恐怖主義，爲權力崇拜、人身崇拜。馬克斯的科學社會主義原想治療西方文明之病，但到俄國變爲極權主義，即科學的奴役制度與帝國主義」。〔註61〕「列寧主義只是三分馬克斯主義，三分沙皇主義，四分民粹主義。到了斯大林，乾脆變爲新沙皇主義了」。〔註62〕因此「東西歐馬克斯派從來不相信」，〔註63〕這便是馬克思主義與列寧主義的不同。

第三國際首任主席的季諾維也夫認爲列寧主義是「俄國的馬克斯主義」，斯大林將列寧主義界定爲「帝國主義與無產階級革命時代的馬克斯主義」，胡

〔註59〕 〔波蘭〕科拉科夫斯基（1927～2009），波蘭哲學家。1978 年出版三卷本《馬克思主義主流》（《Main currents of Marxism》），他斷言哲學人類學是馬克思主義的出發點，馬克思是人道主義者。列寧違背馬克思本人的思想，斯大林是馬克思主義走向衰落的開始，是馬克思主義的終結。1980 年代後公開否認馬克思主義。參見 Leszek Kolakowski: Main currents of Marxism, Oxford: Clarendon Press, 1978.

〔註60〕 胡秋原：《西方文化危机與二十世紀思潮》（下），臺北：學術出版社，1981 年，第 1063 頁。

〔註61〕 胡秋原：《歷史學如何才能研究中國之命運》，胡秋原：《胡秋原演講集》，臺北：學術出版社，1973 年，第 411 頁。

〔註62〕 胡秋原：《爲祖國，爲眞理，爲人道而工作！》，胡秋原：《文化復興與超越前進論》，臺北：學術出版社，1980 年，第 326 頁。

〔註63〕 胡秋原：《答謝之詞》，李敏生主編：《胡秋原學術思想研究》，北京：社會科學文獻出版社，1996 年，第 37 頁。

秋原則認爲列寧主義是「馬克思主義與虛無主義的混合物」。〔註64〕多年後，他根據其對馬克思主義與蘇俄的研究，對馬克思主義的分化進行系統梳理，給我們提供了馬克思主義與馬列主義關係的答案。

馬克思主義先後分化爲：

1. 修正主義（以德國的伯恩斯坦 Eduard Bernstein 爲代表）；

2. 正統主義（以德國的考茨基 Karl Kautsky 爲代表）；

3. 馬列主義（以俄國列寧爲代表）；

4. 青年馬克斯或人文（人道主義）馬克斯（主義）（以德國的柯爾施 Karl Korsch、匈牙利的盧卡奇 Gyorgy lukacs 爲代表）；

5. 與其他學派的結合（以德國法蘭克福學派爲代表）

馬列主義也分化爲：

1. 蘇俄共產主義——中共之馬克斯主義

2. 東歐共產主義

3. 西歐共產主義〔註65〕

胡秋原對蘇俄的認識是否合理？從同期中外知識分子在蘇俄的觀感可印證其觀點。此時在莫斯科的中國作家胡蘭畦感受到蘇俄，「輕工業生產很一般」，日用品和食品「也不豐裕」，「科技水平比先進國家落後幾十年」。〔註66〕俄國哲學家貝爾查也夫（Berdyaev）認爲，「斯大林主義，正在逐漸轉變爲特種的俄國法西斯主義。蘇維埃政府染著殘暴與不人道的污點，它是浸於血泊中」。〔註67〕德國馬克思主義者考茨基指出蘇維埃政權「以專制統治代替了民主政治」，以犧牲「民主和歷史唯物主義的原則」，「不顧俄國的落後狀況」，「採用恐怖手段」，「建立了以『無產階級專政』爲名的獨裁統治」，是「韃靼式的社會主義」。〔註68〕德國共產黨創始人盧森堡（Luxemburg）認爲蘇俄實行的

〔註64〕 胡秋原：《西方文化危机與二十世紀思潮》（下），臺北：學術出版社，1981年，第 1064 頁。

〔註65〕 胡秋原：《論馬克斯主義與中國問題》（上、中），《中華雜誌》1987 年 3、9 月號。

〔註66〕 胡蘭畦：《胡蘭畦回憶錄（1901～1949）》，成都：四川人民出版社，1985 年，第 275、283 頁。

〔註67〕 〔蘇〕貝爾查也夫著，鄭學稼譯：《俄羅斯共產主義之本源》，臺北：黎明文化事業股份有限公司，1978 年，第 178 頁。

〔註68〕 〔德〕卡爾‧考茨基著，馬清槐譯：《恐怖主義和共產主義》，北京：生活‧讀書‧新知三聯書店，1963 年，第 151、157、173 頁。

「是一小撮政治家的專政」,「把專政和民主對立起來」,「離眞正的社會主義政治很遠」。〔註 69〕自 1917 年以來,西方馬克思主義者不承認列寧主義是馬克思主義,視爲「亞洲的馬克斯主義」,但「亞洲是孔子佛陀之國」,不是列寧主義。〔註 70〕

　　事實上,胡秋原對蘇俄革命的馬克思主義批判的依據,還是馬克思主義。他認爲「如馬克斯所說,他的理論只適用於西歐。他的主義因在俄國無實行之條件,即無夠資格專政之無產階級,列寧乃自我作古,生吞活剝,牽強附會,而以所謂布塞維克黨代替無產階級,進行人工革命,實行獨裁,結果,是極權主義,不是社會主義」。蘇俄的「馬列主義」以來,西方三代馬克斯主義者皆斥責其爲極權主義、是僞馬克斯主義——第一代的考茨基、盧森堡,第二代的葛蘭西、盧卡奇,第三代的阿多諾(Adorno)、哈貝馬斯(Habermas)等法蘭克福學派。1950 年代以來,東西歐共產黨統治的國家先後放棄列寧主義與無產階級專政,致力於「經濟上的自由化,哲學上批判列寧主義,主張思想創作自由,政治上民主化,走向多黨政治」。〔註 71〕東西歐社會主義國家歷史的發展,以及西方馬克思主義者的觀點都爲胡秋原的這種評述提供了最好的注解。

　　正是建立在對蘇俄社會主義實踐考察基礎上,胡秋原認爲蘇俄式的社會主義不是中國立國前途。於是告別蘇俄,赴歐參加世界和平運動與全歐華僑抗日聯合會。1936 年赴美提倡抗日,盧溝橋事變後立即回國,投入到抗日救亡之中。在蘇俄一年半的觀察和體驗,成爲胡秋原對蘇俄革命的馬克思主義剖析和批判的實踐基礎。與同期自由主義者,又多年苦讀馬克思主義的法國作家紀德,訪蘇歸來的失望殊途同歸。他認識到如以暴力實現黨派階級之利益,「不僅是有背於馬克斯主義的,而且是瘋狂和罪惡的」。〔註 72〕蘇俄的馬列主義並非眞正的馬克思主義,並以此提醒中國當局和崇拜蘇俄的知識分子,蘇俄帝國主義心態,終將不利於中國。陳獨秀晚年對蘇俄革命模式的否

〔註 69〕〔德〕羅莎・盧森堡著,殷敘彝等譯:《論俄國革命・書信集》,貴陽:貴州人民出版社,2001 年,第 31~32、34 頁。

〔註 70〕胡秋原:《馬克斯主義、共產主義的總批評》,《幼獅學誌》第 7 卷第 1 期,1968 年 1 月。

〔註 71〕胡秋原:《論馬克斯主義與中國問題》(中),《中華雜誌》1987 年 9 月號。

〔註 72〕胡秋原:《西方文化危机與二十世紀思潮》(上),臺北:學術出版社,1981 年,第 23 頁。

定，也證實胡秋原對蘇俄式社會主義思考的價值。與中外知識分子相比，早在 1930 年代，他對蘇聯革命的馬克思主義的認識有相當程度的合理性，遺憾的是這種聲音不僅在當時未能廣爲人知，更遑論對青年思想的影響，而且多年來被斥爲「異端」，埋沒在歷史冰山下鮮有人問津。

三、對中國近代文化危機的思考

近代以來中國在西方列強的侵略下走向沉淪，中國文化發展遭遇到前所未有的嚴重危機。西方帝國主義的船艦利炮打開古老中國的大門之後，不斷地割地賠款，簽訂一系列不平等條約，中國傳統制度和社會不斷地破型、解體，難以爲繼。近代以來的仁人志士爲挽救民族危機，對傳統文化與西方文化進行比較，相繼經歷了從器物到政治制度再到思想文化的深層結構的反思。在新文化運動的沐浴下成長起來的胡秋原，將近代以來中國文化的遭遇概述爲「二重文化危機」或「雙重文化危機」，即中西文化各自都遭受到危機。隨著近代工業文明的發展和科學技術的進步，西方文化獲得了飛躍發展，但工業文明帶來巨大物質基礎的同時，也導致人欲橫流與道德倫理價值淪喪種種社會弊端的出現。西方科學技術的發展也推動了其對落後地區的侵略，從而引發了東西方文化體系的衝突與碰撞。在此背景下，中國文化不可避免地捲入了世界文化的激蕩之中。

胡秋原認爲「中國近代的歷史，是一個墮落、衰頹、腐敗的歷史」。他將墮落的根本原因歸結爲「技術及武備的落後」，「政治失修與民族精神的消失」，〔註73〕並將中國文化出現危機追溯到明末清初，認爲十六世紀中西學問水準大體相似，之後則漸行漸遠。根本原因在於中國八股文禁錮了自由思想，海禁閉關也成爲溝通中西文化交流的障礙，中國從此由開放走向保守，成爲幾百年來受到西方國家侵略而落後的思想根源。西方自文藝復興以來發展迅速，成爲此後幾百年來整個世界文明的中心。「前者乃自由思想之魔鬼，後者則爲自由思想之先驅。人類文明必賴自由精神，而八股則毀滅知識之桎梏」。在中國學問大多是代聖賢立言和謀高官厚祿，而在西方則是爲社會大眾謀福利。「自此以後，西方人智日益前進，而中國始終在八股和考據中作繭自縛，

〔註73〕胡秋原：《中國文化復興論》，胡秋原：《中西文化與文化復興》，重慶：時代日報出版社，1943 年，第 48～49 頁。

人智幾垂垂已盡」。〔註74〕在他看來,清初統治者希望用「性理、八股和鴻博、考據,麻木了中國人的神經」,文字獄則更是「摧殘思想」。這種反動政策,「阻礙了中國現代文化的運動」。〔註75〕中國的現代文化運動,不得不遲至鴉片戰爭以後。鴉片戰爭後隨著西方列強的入侵,又使中國問題變為,「在傳統文化不能保持之後,中國應走什麼道路?中國應當在當代世界中建立一個如何形態的國家,才能適合中國的需要,保障生存、發展和榮譽?我們的一切痛苦和憂患之由來,就是沒有對此題目做出正當的答案,而世界則不顧我們的遲鈍而不斷迅速的變化」。〔註76〕換言之,即「整個中國民族之獨立的生存與生活已失去保障問題,是傳統的文化學術及立國治國之道、已經不如、不敵西洋,中國人立國何去何從,如何在世界上保持自由平等的問題」。〔註77〕胡秋原認為從鴉片戰爭至五四時期,中國現代文化運動沒有繼續進步的原因有三:「一是政治上的內爭,二是經濟上工業家力量的薄弱,三是忘卻中國文化之真精神,反而為許多末學所絆住」。五四運動之所以沒有完成民族運動的歷史任務,「主要原因是現代產業的幼稚,而多年來馬克斯主義之流行,主要由於民族之內爭,使煩悶的知識分子只好在馬克斯主義中尋其安慰」。此外,執政黨的領導集團無真知定見,也是無可諱言的。「這一切的不幸,結果不僅是民族的虛無主義,而且是文化與民族的需要脫離,形成文化貧血,社會無知。一個有深長文化傳統的民族竟逐漸喪失其理智信心和創造力,是何等的可悲?」〔註78〕由此,他呼籲在復興民族的抗日救亡戰爭中,也要復興民族文化!

胡秋原對中西文化危機的認識是建立在中西近代史的比較研究,以及對歐美蘇考察的基礎之上。他認為:「到了整個文化發生危機,那也便是整個思想和政治經濟制度有改變之必要」。〔註79〕在整個人類文化史中,中西文化皆

〔註74〕 胡秋原:《思想·道德·政治》,南京:新中國出版社,1948年,第16頁。

〔註75〕 胡秋原:《中國文化復興論》,胡秋原:《中西文化與文化復興》,重慶:時代日報出版社,1943年,第55頁。

〔註76〕 胡秋原:《一百三十年來中國思想史綱》,臺北:學術出版社,1983年,第2頁。

〔註77〕 胡秋原:《論馬克斯主義與中國問題》,《中華雜誌》1987年12月號。

〔註78〕 胡秋原:《中國文化復興論》,胡秋原:《中西文化與文化復興》,重慶:時代日報出版社,1943年,第55頁。

〔註79〕 胡秋原:《西方文化危機與二十世紀思潮·前記》(上),臺北:學術出版社,1981年,第3頁。

發生過危機，中國春秋戰國時期，西方文藝復興，乃至馬克思主義的誕生都是應對文化危機之舉。新文化運動是中國文化危機之頂點，是中國人自鴉片戰爭以來自知文化不足，求出路於西化的高潮。與不少學人將新文化運動與五四運動合二爲一的闡釋不同，胡秋原將新文化運動和五四運動進行了區分，他認爲「新文化運動是一思想運動……五四運動是一政治運動」。二者既有區別又有聯繫，是「一整個運動，即鴉片戰爭以來，中國應付現代世界的一種民族的，國民的建國運動」。但新文化運動並沒有「形成一個更新的思想運動」，「來鞏固和推進國民運動，求國家統一、獨立和實業之發達」。〔註80〕即實現「使中國成爲一個現代世界中一個富強而文明的新的國家」的目標。〔註81〕這是中國文化發展的方向，理應是各派共同致力的奮鬥目標，在這種意義上，胡秋原以新文化運動的繼承者自居，但他並不認同激烈否定傳統文化的做法。

　　胡秋原在思考中國文化的發展路向時，不僅從大歷史的角度總結中國文化危機產生的原因，而且明確提出中國文化前進的方向——創造中國新文化。他將應對文化危機的不同文化取向劃分爲西化派、傳統派、折衷派和俄化派，並對其思想脈絡進行考辯，分析其利弊得失。西化派是中西文化衝突和激蕩中最先登場的，胡秋原根據時局的發展變化和思想演變的脈絡，將其分爲五個時期：鴉片戰爭至甲午戰爭時期——師夷長技以制夷；甲午戰敗至辛亥革命時期——變法與革命；新文化運動與五四運動時期；《新青年》分裂後西化派的分化與轉化（主要指胡適派學人群和張君勱等人）；變種西化論（法西斯主義）與全盤西化論時期。胡秋原認爲《新青年》成爲中共理論刊物，標誌著「八十年來整個西化運動之失敗」。與梁啓超認爲思想界「五十年來誠然是進化了」的觀點不同，胡秋原認爲「並不盡然」，「每一時期皆知其一不知其二，而且亦皆所見甚淺」，後一期的人並不比前一期「更爲知『本』」。「第一期的人只知器物；第二期的人過重制度，未免爲器物忽視；第三期的人過重文化或文學，對器物、制度皆未免忽視」。更重要的是「多無見於中國根本問題在工業化及其方法」。西化運動開啓了中國近代文化向現代工業文明的發

〔註80〕　胡秋原：《一百三十年來中國思想史綱》，臺北：學術出版社，1983年，第42頁。

〔註81〕　胡秋原：《西方文化危機與二十世紀思潮》（下），臺北：學術出版社，1981年，第1032、1033頁。

展方向，對於擺脫以天朝上國自居的心態，提高國人的世界意識具有篳路藍縷之功。西化派對於西方現代民主政治文明的介紹，以及與其他各派的辯論激發了中國思想文化界的活力，這些都是胡秋原所肯定的。值得注意的是他對西化派否定傳統文化的做法，尤其是主張獨裁的法西斯主義的西化派和全盤西化派提出了強烈的批判。前者主張獨裁、後者主張以全盤西化來創造中國新文化，解決中國面臨的問題。在胡秋原看來，法西斯主義西化派是受當時德意法西斯所呈現出來的強勢，對中國知識界和思想界產生的衝擊，國民政府也有效法德意政體以救國的意圖；而全盤西化論者只看到西方文化的長處，並未認識到其內容和精神及其危機與弊端，也忽視了文化創造者自身的創造才能。中國傳統文化尤其自身存在的價值，並非西化派喧囂的一無是處。由此他認爲「全盤西化與創造新文化不是一回事」，〔註82〕但同時承認「如果西化指工業化現代化機械化」，〔註83〕他也表示贊同，因爲工業化和現代化與他對中國出路探索中的思想訴求相一致。

　　與西化派對立的當屬傳統派，這種對立是中西文化史上普遍的現象。在古代中國佛教東來引發三教論爭；拿破崙時代，德法民族主義的衝突，俄國「斯拉夫派」和「西化派」的對抗。從歷史邏輯上來看，傳統派與西化派本應對立而同時產生。但胡秋原認爲西方文化發生之前，反對西化的倭仁、徐銅、葉德輝等人只是「既得利益」的代表，抨擊西化多爲維護統治階級的利益，而不是從學術層面的論證，且當時西化尙未眞正觸及到深層次的思想文化層面。傳統派最早之人當屬辜鴻銘，繼而是「以極眞摯態度，深沉的思索，言之成理者，是梁漱溟先生」。此外，還有章太炎、錢穆、陳寅恪、王國維、梁啓超和學衡派等。胡秋原將傳統派分爲兩種類型：一種是梁漱溟代表的絕對傳統論，另一種是熊十力代表的具有折衷論色彩的傳統論，其他的傳統論者多在二者之間。前者將世界文化分爲三種類型，各有自身的發展路徑。中國「有其本來面目」，「有不變之傳統」，「中國根本不能工業化」，因此「不能歐化、俄化」。胡秋原認爲「人類文化無東西根本不同，而有易地則皆然者；各國傳統都是有發展的，非不變的」，「中國應該而亦可能以自己的方式進行

〔註82〕 胡秋原：《一百三十年來中國思想史綱》，臺北：學術出版社，1983年，第32頁。
〔註83〕 胡秋原：《談四個口號》，胡秋原：《文化復興與超越前進論》，臺北：學術出版社，1980年，第125頁。

工業化」。後者「以爲必知自己本來面目，而後可以外化；意謂科學、民主、社會主義早已開端於六經，故溫故可以和會新知」。在他看來，「後者忽於學問之功在繼續創造，非以和會爲能事」。將近代西方文化中的科學、民主、社會主義等新事物昭示於六經之中，「並無超勝之成就自見，又何以見六經之廣大精微耶？」〔註84〕胡秋原對傳統派抱有同情之理解，不僅認同他們對傳統文化精神的堅守，而且主張對傳統文化應採取揚棄的態度。但他也認爲把科技和學術看作天下之公器，進行中國現代化建設，最終走出擺脫文化危機的現實困境。

　　事實上，他對新儒家認爲傳統文化中有現代西方文化中的民主科學等價值理念的胚胎和萌芽，試圖從中「返本開新」的主張表示認可。他強調指出：「15世紀以前世界上的重大發明，出自中國者爲多」，只是中國的科學研究「並未超越伽利略、牛頓以後的水準」；「中國早有民主的理論與實行，只是沒有突破英國名譽革命與美法革命後的水準」。〔註85〕「儒家價值觀之核心在承認人類皆有人道與理性的根核，並教人不斷存養擴充之」。在他看來，時至今日儒家的核心價值觀念仍有重要意義。「我以爲，至少在東亞之國，可以將儒學核心加以發展，而幸而儒學是可以向前發展的」。〔註86〕從這一角度來審視，胡秋原既「不是文化保守主義者，更不屬於現代新儒家人物，但他卻對儒學的現代意義與現代價值持積極肯定的態度」。〔註87〕

　　在中西、新舊之爭之間，折衷調和派的出現又是一種必然，胡秋原後來在反思自己的學術思想時，承認一度也有折衷派的傾向。他將折衷派分爲三個時期：「中體西用」論、孫中山的三民主義和「本位文化建設」論。在他看來，在中西文化的對抗與衝突中，「中體西用」論者沒有認識到中西文化皆有「綱常名教」，「西學西藝，也是中國可以創造的」，「體用之說，意義含糊，易於增加思想混亂」。〔註88〕將「中學」的綱常倫理與「西學」的科學技術進

〔註84〕胡秋原：《一百三十年來中國思想史綱》，臺北：學術出版社，1983年，第64、70頁。

〔註85〕胡秋原：《論中西文化異同與中國中國未能完成美法式革命之故》，胡秋原：《文學與歷史》，臺北：東大圖書股份有限公司，1994年，第337、339頁。

〔註86〕胡秋原：《亞洲前途：現代化？還是以自己的方式發展？》，胡秋原：《文學與歷史》，臺北：東大圖書股份有限公司，1994年，第403頁。

〔註87〕李維武：《胡秋原哲學思想的心學特徵》，《孔子研究》2011年第1期。

〔註88〕胡秋原：《談四個口號》，胡秋原：《文化復興與超越前進論》，臺北：學術出版社，1980年，第124頁。

行折衷，是「一種常識的態度，最易爲中國人所接受，也能雅俗共賞」。在政治上則呈現出「一種實用的態度」。折衷論的出發點也是尋求中國文化的出路，但容易集兩種文化糟粕於一身導致文化畸形，根源在於「折衷論的毛病在於缺乏創造的意義，不能眞正形成一種新文化」。而三民主義由於沒有具體實施的細化辦法，又由於國民黨的內爭，與中共的鬥爭和抗日救亡的民族鬥爭的壓力，三民主義只是「原則，而缺乏整個的條理和實行辦法；只有種種理論上政策上的折衷，沒有一個全新的文化理想」。〔註89〕胡秋原認同孫中山通過興辦實業來實現中國現代化的建國目標，這與他一直主張的經濟工業化是一致的。1935 年，由何炳松、陶西聖、薩孟武等十教授聯合發起的《中國本位文化建設宣言》，實際上代表當時國民黨的態度。胡秋原認爲《宣言》用意是在思想紛亂之際，「提供一種反省態度，不無功勞」。〔註 90〕「提出一個思想方向作爲建設方針」。既不贊成「全盤西化」，也不贊成「德意的法西斯主義和蘇俄共產主義」。但該宣言「論點不確」、「意義不明」，〔註 91〕未能明確指出中國當時之急需，「忽略了創造」，「無創造即無建設」，實際上是忽視中國文化的創造力。「中國之特殊性何在，何者當吸收何者不當吸收，該宣言也未指出」。〔註 92〕「不免忽於治本，忽於長期目標」。由於當時抗日救亡成爲治本之計，一切治標都成爲治本的一個環節，這是「本位文化」建設論者所欠缺的。而當時的批評「亦趨於支離浮泛，依然變爲新舊、中西之爭之重版之故」。〔註 93〕這種忽視本民族文化創造力的文化理論，很難在民族危機深重之際，對當時現實的文化建設發揮有價值的指導作用，所以其在隨後全面抗戰中偃旗息鼓也就很自然了。不可否認本位文化論者實際上提出了中國文化如何從「世界化」轉向「中國化」的路向轉變，具有不可忽視的思想史意義。

〔註89〕 胡秋原：《一百三十年來中國思想史綱》，臺北：學術出版社，1983 年，第 24、77 頁。

〔註90〕 胡秋原：《談四個口號》，胡秋原：《文化復興與超越前進論》，臺北：學術出版社，1980 年，第 126 頁。

〔註91〕 胡秋原：《一百三十年來中國思想史綱》，臺北：學術出版社，1983 年，第 144、145、146 頁。

〔註92〕 胡秋原：《談四個口號》，胡秋原：《文化復興與超越前進論》，臺北：學術出版社，1980 年，第 126 頁。

〔註93〕 胡秋原：《一百三十年來中國思想史綱》，臺北：學術出版社，1983 年，第 144、145、146 頁。

　　「俄化」是指傾向蘇俄革命的馬克思主義派，發端於《新青年》同仁的分裂，《新青年》成爲俄式革命的馬克思主義宣傳陣地。近代以來，爲挽救民族文化危亡相繼而起的西化派、傳統派和折衷派提出的救國方案接連失敗，作爲批判西方文化危機應運而生的馬克思主義，在蘇俄的勝利更容易成爲急切救亡的國人傚仿。胡秋原在時代思潮的影響下，一度醉心於馬克思主義，認爲「唯物史觀是理解社會、文化、藝術起源變化的唯一正確方法」。〔註94〕由於大革命中的經歷，使他對蘇俄革命的馬克思主義產生懷疑，決心對馬克思主義作追根溯源的研究。他發現蘇俄革命的馬克思主義與馬克思本人的思想體系有差別，於是在「文藝自由論辯」和「中國社會史論戰」時，駁斥信奉蘇俄革命的馬克思主義者的主張，認爲他的馬克思主義才是眞正的馬克思主義。在他看來，「俄化派」以爲「西方資本主義文化已衰，唯蘇俄代表最新文化。唯有社會主義，唯物辯證法，以及蘇俄的一切，始爲最新潮流」。〔註95〕

　　此外，他還對當時提出的「學術中國化」文化建設理論提出批評。在中國現代學術史和思想史上，「學術中國化」與馬克思主義中國化問題時常緊密地聯繫在一起。學界對此問題已有一些研究成果，〔註96〕據張靜如考證，「中國化」的概念在20世紀20年代的中國學界即已出現。〔註97〕作爲20世紀30年代的一種文化思潮，「學術中國化」是李達、侯外盧、艾思奇、胡繩等左翼學人爲響應中共「馬克思主義中國化」的號召而提出來的。他們認爲「『學術中國化』，正確的瞭解是將世界學術理論的最新成果，應用於中國各種現實問題之解決，要使理論的研究與發展，適應於現在和將來的中國民族和社會的需要」。〔註98〕這種提倡學術研究要適應「中國民族和社會需要」的文化建設理論，在理論和實踐層面不無道理。

　　在胡秋原看來，「所謂學術中國化，乃將馬克斯主義中國化通俗化之意」。

〔註94〕　胡秋原：《文學藝術論集・前記》，臺北：學術出版社，1979年，第2頁。

〔註95〕　胡秋原：《論中西文化與創造中國新文化》，胡秋原：《文化復興與超越前進論》，臺北：學術出版社，1980年，第232～233頁。

〔註96〕　李方祥：《二十世紀三四十年代「學術中國化」與「馬克思主義中國化」的思潮互動》，《中共黨史研究》2008年，第2期。張世飛：《二十世紀二十年代「中國化」和「馬克思主義中國化」的思潮互動》，《中共黨史研究》2010年第2期。

〔註97〕　張靜如：《關於「中國化」》，《黨史研究與教學》2006年第5期。

〔註98〕　《理論與現實・創刊獻詞》第1卷第1期，1939年4月15日。

但是，「馬克斯主義不過是學術之一部分」，「馬克斯主義是歐洲發生的東西，今天中國人用不著，也就沒有法子『中國化』了」。馬克思主義中國化，「無非應用馬克斯主義於中國，而不悟其根本無法應用」。〔註99〕真正問題「不在其『中國化』與否」，而在是否合乎中國現實需要的「學術」。〔註100〕實際上，他將「馬克思主義中國化」視為「俄化」。由於他在理論上對馬克思主義、蘇俄革命的馬克思主義，即列寧、斯大林主義曾進行追根溯源的研究，1934～1936 年，蘇俄一年半的經歷，使他從實踐上對蘇俄的社會主義真相有過相當深入的思考、觀察和體驗。因此他認為蘇俄不是真正的馬克思主義，是帝國主義者。中國文化建設的「俄化」傾向，自然使他認為是「俄化」對中國文化的侵入，使中國步其後塵重蹈蘇俄的覆轍。他畢生都未改變這種看法，但歷史的發展應驗了他的憂慮。「學術中國化」是否等同於馬克思主義中國化，馬克思主義中國化又是否等同於「俄化」，值得討論。但他批評「學術中國化」，是站在民族主義立場，建立在對蘇俄革命的馬克思主義認識的基礎上，以求重估馬克思主義的價值。

在考辨中國現代學術史中的上述四派文化建設理論源流後，胡秋原指出他們從各自的視角比較中西文化的異同，在西方文化的衝擊下，呈現出普遍的自卑心理。「西化」和「俄化」兩派皆拋棄傳統文化，「傳統派」則認為傳統文化中有西方自由民主價值的胚胎。他們都有其自身的認識誤區、片面性和理論局限，其共同的缺點：「一是對於學術文化之內容妄分界限。二是不瞭解重要的問題要中國創造自己的新學術，適應世界的水準，能有益於中國之富強」。〔註101〕作為畢生思考中國文化建設和出路問題的思想家，胡秋原又是如何提出現代文化的出路呢？不同時期他的思考也有所不同，在抗戰建國時期，在批評各種文化建設理論之後，他提出學術的重點是「戰時化、深刻化和普遍化」。戰時化，即「一切學術要集中於抗戰建國之需要，這只是緩急輕重的調整之意」。深刻化，「即是專門化之意，專始能精。直至今日為止，我國所謂現代學術，較之同時代的國際水平，只是常識皮毛而已」。普遍化者，廣大民眾、「黨國要人以至『文化人』」都要學習研究。他還指出：

〔註99〕 胡秋原：《論中西文化與創造中國新文化》，胡秋原：《文化復興與超越前進論》，臺北：學術出版社，1980 年，第 233 頁。

〔註100〕 胡秋原：《所謂學術中國化》，《時代精神》創刊號，1939 年 8 月。

〔註101〕 胡秋原：《談四個口號》，胡秋原：《文化復興與超越前進論》，臺北：學術出版社，1980 年，第 130 頁。

「提高民族精神，科學精神，以加強抗戰建國力量及效率，使我們能達到現代水準，這是今日一般任務。政治經濟軍事都應如此，學術也應如此」。〔註102〕客觀而言，胡秋原在抗戰時期主張的「民族精神」、「科學精神」、對當時中國學術「現代水準」的認識，對學術研究的重心放在抗戰建國的任務上，以及對國人需要學習研究歷史和科學的呼籲，比較符合當時中國的實際。這可視爲他對中國現代文化建設方向與內容最基本的理解。雖然對「馬克思主義中國化」的批評不無偏頗，但他指出蘇俄的那一套不值得信奉的觀點，在當時蘇俄革命的馬克思主義成爲思想界時髦思潮之際，不僅呈現出他不盲從、不畏權勢的理論批判勇氣，而且其獨特的觀點在思想史上具有不可忽視的學術價值，中共早期的錯誤以及歷史的發展證實了胡秋原的思想價值。馬克思主義中國化絕非朝夕之間即可完成，而是一個需要長期探索的歷史過程。

值得注意的是，馬克思主義傳入中國之際，恰逢中國民族危機日漸嚴重之時。多數馬克思主義信奉者將馬克思主義的階級鬥爭理論，以及無產階級專政學說視爲挽救民族危亡的理論武器。而胡秋原與那些激進的知識青年不同，他一開始就秉持人道主義精神、自由主義理念，對以「階級鬥爭爲綱」和蘇俄革命的馬克思主義指導下的暴力革命始終排斥。故此，從1928年的「普羅文學運動」開始，他一直批判早期馬克思主義者爲蘇俄馬首是瞻的教條主義態度，以及學術政治化的做法，呼籲回到民族主義的立場上來思辨、比較中西文化的價值，從而尋求中國文化與民族的出路。

如何創造中國新文化，並走向現代化之路呢？胡秋原認爲中國革命的目的是建設現代化的中國，抗戰是爲了打破現代化的障礙，建國是建設現代化的中國。爲此我們必須恢復民族自信心，廢除種種不平等條約之束縛，戰勝日寇的侵略後，建設自由中國進行自由創造。從文化意義上來說，抗戰建國也是「精神之大解放運動，恢復中國固有才能智力再造中國新文明的運動」。〔註103〕在文化建設理論上，他主張「超越論」，「會通超勝」，即通過民族文化的復興和創造，「由手工業文化發展到工業文化」，「清算專制主義和威權主義，發展民主主義理性主義的文化」，來實現中國現代文化的建設，「這是我

〔註102〕 胡秋原：《所謂學術中國化》，《時代精神》創刊號，1939年8月。
〔註103〕 胡秋原：《新中國之文化》，胡秋原：《文化復興與超越前進論》，臺北：學術出版社，1980年，第116頁。

們歷史的道路，也是我們建國的目標」。〔註104〕他指出：「所謂現代化不是別的，就是工業化，機械化的意思，就是民族工業化的意思。中國必須現代化，才能生存於現代國際環境中，才能洗刷我們的落後和污穢，淺薄和玄虛。而現代化也是中國自然前途」。中國建設的現代文化，「在形式是民族的，在內容上是科學的」。民族獨立和科學發達以後，建設的新文明是「由中國創造，為中國之進步，表現中國之特點之現代文明」。這種文明既不是「舊文明的復活」，也不是「全盤西化或蘇維埃式的文明」。

這種認識使胡秋原堅信「鞏固統一、抗戰到底；樹立法治，發展工業」是建設現代文化的根本之道。就文化本身的意義來說，如何將抗戰建國與文化建設形成良性循環，彼此促進呢？他將「發揚民族主義」和「發展科學技術」作為現代文化建設必須堅持的方向，並就其基本內容提出自己的見解。值得注意的是在復興民族文化和建設現代文化時，他始終是基於民族立場，但同時又不是文化保守主義者。他認為「民族主義是今日抗戰建國之中心精神，也是我們文化運動的中心精神。我們要有為民族所有，為民族所造，為民族所用（of our nation, by our nation, for our nation）的文化」。又說：「許多人至今還在纏夾於民族主義與國際主義之間」；「個人平等，才有社會主義。真正的社會主義和真正的國際主義是一個東西。民族不能獨立，一切都是空談空想」。〔註105〕他強調要將發揚「民族主義」和「科學精神」變成現實，需要一個長期的過程，理應從當下做起。在創造民族新文化時，他認為既要擺脫自卑心理，又要以平和的心態與世界不同文化進行平等交流。「以自由思想和理性精神學習古今經驗，建設我們的民主和工業，這是建國任務，也是創造文明的道路」。〔註106〕由此可見，他對建設現代文化的內容和途徑，對當下仍有許多啟示，值得致力於民族文化復興之士以借鑒和思考。

對中國現代文化建設的思考，可以說在胡秋原的一生中一以貫之。不同時期他對中西文化價值的思辨也不盡相同，但審視他對中國現代文化建設的思想脈絡，民族主義和科學精神是其基本立場。不可否認的是，他對中西文

〔註104〕胡秋原：《論中西文化與創造中國新文化》，胡秋原：《文化復興與超越前進論》，臺北：學術出版社，1980年，第235頁。

〔註105〕胡秋原：《中國文化復興論》，胡秋原：《中西文化與文化復興》，重慶：時代日報出版社，1943年，第58、60頁。

〔註106〕胡秋原：《論中西文化與創造中國新文化》，胡秋原：《文化復興與超越前進論》，臺北：學術出版社，1980年，第239頁。

化的比較研究及其文化思想中也有其局限性和值得商榷之處。首先，胡秋原早年對馬克思主義的研究，始於對普列漢諾夫的文藝思想，進而對馬克思主義作追根溯源的研究。又通過對蘇俄歷史和社會主義思想運動的研究，並進行實地考察後，認爲列寧主義並不是眞正的馬克思主義，他是中國知識分子中最早從學理上，將馬克思主義與列寧主義進行區分的學者。普列漢諾夫能否完全代表馬克思主義，列寧主義是否符合馬克思主義？普列漢諾夫和列寧究竟誰更能代表馬克思主義的繼承和發展？時至今日仍是思想界激烈爭辯的問題，尤其是普列漢諾夫遺囑的發現，將這種爭辯推向高潮。胡秋原對馬克思主義批判集中表現在階級鬥爭理論和無產階級專政學說，這主要是針對當時早期馬克思主義者以蘇俄馬首是瞻，將蘇俄革命的馬克思主義視爲「放之四海而皆準」的眞理而發。儘管他持續研究馬克思主義長達 70 年，但由於身在臺灣，對國內馬克思主義的新發展及其學界的研究缺乏足夠的關注，因而其評述也難免有失之粗略之處。其次，在對中西文化危機的思考和比較研究中，將中國文化納入世界文化的發展體系之中，在民族危亡的嚴峻形勢下，批判誤解中西文化的各派，呼籲復興中國民族文化，恢復民族自信，尋求中國文化走向現代化的途徑。他在駁斥將中西文化物質與精神方面割裂的觀點時，認爲對西方文化在精神方面不在中國文化之下，但他對此方面並未進行深入的比較研究。最後，胡秋原吸收中西文化中的優秀思想，使他思想上呈現出開放多元的特點，但這種多元性也使他的思想呈現出矛盾之處，在批駁其他文化派別時難免出現偏頗。

第二節　對「新自由主義」的詮釋和「文化史觀」的構建

　　胡秋原從 1934 年 11 月到蘇俄遊歷、12 月底應邀赴莫斯科和中共一起鼓吹抗日救國的主張，到 1936 年 6 月離開莫斯科，在蘇俄一年半的經歷給他思想上極大的衝擊與震撼，蘇俄的眞相與他所相信的社會主義相差甚遠，加深了他對馬克思主義的懷疑。他每天都接觸整理評論 1935 年 6 月以來日本在華北侵略的消息，不斷思考中國的道路。復古？學西方？還是學蘇俄？民主政治還是獨裁政治？資本主義還是社會主義？中國各派學者名流對此儘管各有主張，但並非基於獨立的學術研究，而大都是根據外國人的意識形態宣傳而

已。多年來他以「自由主義的馬克思主義」自喜，兩者真能結合起來嗎？西方人實行的是自由主義嗎？蘇俄實行的是馬克思主義嗎？他日夜苦思這些問題，認為「中國問題首先是要工業化，中國尚無大規模工業，根本說不上社會主義」。戰勝日本之後，「中國將有一種資本主義和社會主義並存的新興經濟」。產業國有「如果在人民之手（真正民主），則資本主義也可以社會主義化。如在一黨之手，軍閥之手，則社會主義也是一黨或軍閥的獨佔資本主義。蘇俄的學校、出版機關、報紙雜誌都在黨與政府之手；知識分子已成為革命職業家之婢女了」。他瞭解到蘇俄的馬克思主義不是真正的馬克思主義，而是帝國主義。於是決定將馬克思主義與自由主義二元論消解，並與多年來迷戀的馬克思主義告別。當王明邀請他加入中共時，他認為：「中國最重要的，就是抗日，就是實行民族主義，任何黨都應明白這一點。所以我無意參加任何黨派」。又說：「我是個講自由主義，甚至講新自由主義的人，要比西方的自由還要徹底。」〔註107〕時值日本大舉侵略華北，策劃成立冀東防共自治政府的傀儡政權，國內外政治局勢演變的觸動，西行以來耳聞目睹西方資本主義世界和蘇俄社會主義的真相，又由於學術上對西方文化哲學與蘇俄社會主義之研究，最終放棄了「自由主義的馬克思主義」，思想上再次轉向，對「新自由主義」進行重新詮釋，且構建出獨到的「文化史觀」。

一、為何從「自由的馬克思主義」轉向「新自由主義」？

社會主義是西方工業國家的工人階級爭取自身權利的一種思潮，而馬克思主義又是歐洲社會主義思潮之一。誕生於西方工業發達國家的馬克思主義，成為揭露資本主義弊端，批判社會現實，指導工人階級爭取自身解放強有力的思想和理論武器。馬克思為人類描繪出來的美好社會藍圖，成為革命者推翻舊制度，建立自由、民主、公正社會的動力。馬克思主義隨著社會主義的風潮而興，最終取得社會主義領導權，成為 20 世紀世界的主流思潮之一。胡秋原指出：「在社會主義運動的歷史上，馬克斯無疑是影響最大之人。不論他的思想之正確與錯誤，他的博學深思，人格，決不庸俗，反對勢利，是無可否認的」。他還引用英國學者寇克普（Kirkup）的話：「馬克斯之採取革命事業絕非其過。……他毫不撓屈地服務於他認為是真理和人類最大利益者……

〔註107〕張漱菡：《胡秋原傳──直心巨筆一書生》，臺北：皇冠出版社，1988 年，第793、801～802 頁。

他鄙責專制與不學，在 40 年流亡中為無產者作學術研究。他兼博學、哲學敏
銳與文學才能於一身，在 19 世紀思想家中不遜於任何一人」。胡秋原將其學
說和事業總結為：「根本否定現代西方社會和文化；既認經濟是社會基礎，也
便由經濟方面對著社會做根本攻擊」；「他命定的與兩個運動有關」，即「國際
工人運動」和「德國社會民主黨運動」。〔註108〕可見，無論是對馬克思的思想
價值，還是其學說與事業，胡秋原都是站在學術的立場進行評論的，其評價
中肯，與西方學界的評論大體相符，絕非流於謾罵和政治批判。

　　在胡秋原看來，「馬克斯主張言論自由」，「資本主義因其內在矛盾」和「生
產力與生產關係之衝突」，必然走向「社會主義」；「人類也必須取消私有財產，
始能解放生產力，實現一個比資本主義更高生產力和更高人道的社會」；「資
本主義高度發展之國，才有實現社會主義的條件」。〔註109〕他認為馬克思主義
是西方文化危機的產物，「西方社會之階級鬥爭，在文化上亦增思想之危機與
彷徨」；「馬克斯主義之本身瑕瑜互見，但對西方現存制度是一個控訴，亦一
威脅」。〔註110〕他還指出馬克思主義哲學中「歷史唯物論」是其強處，「故考
茨基只談唯物史觀，樸列汗諾夫以史的唯物論概括馬克斯哲學」；「依照歷史
法則改變環境和歷史，此為馬克斯主義最精彩處」。不針對此點進行批評，都
是皮相之談。而馬克思主義又是極強思辨性的哲學，由歷史哲學和經濟學將
「社會主義予以必然性，是很嚴整的思索」。〔註111〕至此，社會主義到馬克思
這裏才有了「學理依據」，同時「也成為現代西方文明之有力批評與攻擊」的
理論武器。「西方的文化只是資產階級的意識形態，意識形態即不是科學真理
之意」。〔註112〕資本主義世界以今昔不同為防禦武器，是不能消解馬克思主義
的批判力的。馬克思主義的特色，「在據勞動價值說對現存社會提出批評，據
內在發展論對歷史將來提出一個遠景，此之為社會主義」。在道德上，馬克思
並非主張利己主義，恩格斯也說「個人利益與集體利益一致是一切道德的的
原則」。與資產階級社會之物質主義相比，有理想主義的色彩，宣稱通過社會

〔註108〕胡秋原：《馬克斯之生平與思想》，胡秋原：《西方文化危機與二十世紀思潮》
　　　　　（下），臺北：學術出版社，1981 年，第 1032 頁。
〔註109〕胡秋原：《馬列主義之將來》，《中華雜誌》1981 年 1 月號。
〔註110〕胡秋原：《現代文化之衰落與新生》，《時代生活》創刊號，1943 年 2 月。
〔註111〕胡秋原：《關於近代西洋哲學與馬克斯主義》（下），《民主潮》第 10 卷第 24
　　　　　期，1960 年 12 月。
〔註112〕胡秋原：《馬列主義之將來》，《中華雜誌》1981 年 1 月號。

主義來實現勞動階級呼喚的自由、民主和公平。「反抗心和正義感使馬克斯主義的社會主義運動在現代社會有一種『貴氣』。既有「理論價值」，又有「道德內容」，又「力主實踐，實行，革命和行動，應用於階級鬥爭」。列寧又將其用之於「民族革命，變成了一個世界性的變亂之政治方案」，這「容易使西方與東方不滿現狀的青年易於接受」，而「不滿於統治學派者，遂亦願以此自託或與其同盟」。

　　總之，馬克思主義是「由理論到實行的『世界觀』和革命方案」。就理論而言，馬克思主義哲學「是一種與科學合作的綜合哲學，一個綜合的哲學、史學和經濟學的系統，而且也可應用於人生問題」。由此，如果不能在「哲學史學經濟學三方面有所見，而以爲馬克斯主義可以一種學問或幾句話打倒，就是『不用心』，而不用心，怎麼能作思想之戰呢？」這便是胡秋原當初心醉馬克思主義之原因。馬克思主義的力量使「歐美知識分子亦入迷者，當亦由此而來」。對中國青年迷戀馬克思主義，他表示充分理解。據他自述，他們的「見聞不如我，不如歐美人者，其入迷更不足怪」；「我當時承認馬克斯主義之優越性，同時也肯定一大重要命題，即馬克斯主義必須和自由主義合作才有其價值性。此即必須不斷與科學之進步合拍，必須以全人類利益全人類自由爲目標。否則，馬克斯主義一定墮落」。「如果個人利益與社會利益一致是道德原則，則以一階級，一種族，一國，一黨，一人之利益爲普遍是非之標準，且以暴力實行之，則不僅有違馬克斯主義，而且是瘋狂和罪惡的」。〔註113〕這便是他 1930 年初以「自由主義的馬克思主義」自稱的原因。爲何他又放棄馬克思主義且傾向新自由主義呢？

　　他相信的馬克思主義不能與自由主義分離，且富於有人道主義精神，但蘇俄革命的馬克思主義既排斥自由，又缺乏人道，與他的思想理念發生衝突。新的見聞和思考也使他覺得馬克思主義有許多不通之處，在文藝自由論辯中，認爲「馬列書中，也不是沒有脆弱的東西」；〔註114〕到中國社會史論戰時，已開始修正馬克思主義的唯物史觀了。這種認識「發生積『漸』作用，而『頓』變則是看了蘇俄之後」。蘇俄一年半的見聞和考察，是促使他最終放棄馬克思主義的根本原因。他認爲「馬克斯主義或社會主義已被俄國人墮落」，「中國

〔註113〕胡秋原：《關於近代西洋哲學與馬克思主義》（下），《民主潮》第 10 卷第 24 期，1960 年 12 月。

〔註114〕胡秋原：《一年來文藝論爭書後》，《讀書雜誌》第 3 卷第 2 期，1933 年 2 月。

問題是全民族問題，與歐洲之階級問題不同」。隨著社會主義迷信的打破，在新的希望之下，引發了他對文化和哲學問題的重新思考，以便構建自己的主張。換言之，他認爲「現代人類根本問題，一切危機，起於文化發展不平衡或文化之分裂」。表現爲東西文化之爭，這爭戰有利於反省，但更重要的是從根本上克服分裂。「馬克斯主義者，乃是西方文化分裂後產物之一，同時對西方文化『革命』的」。既是西方文化危機的產物，與中國沒有多大關係。中國當務之急是抗戰建國，建立一個合乎「自己需要乃至世界需要的哲學、歷史、政治、經濟的理論，以爲行動之方針」。這需要瞭解包括馬克思主義在內的西方哲學思想，但不可「依賴西洋任何一系統或一家之言」。在許多方面，「馬克斯主義實已落伍」，且被蘇俄「濫用」。〔註115〕這裏他指出馬克思主義的「落伍」與「濫用」，主要是指其反對的「階級鬥爭」學說和「無產階級專政」理論。事實上，馬恩晚年不僅放棄這種暴力革命學說，而且主張走合法議會鬥爭爭取民主權利。蘇俄這種過時的理論違背了晚年馬克思的意願，並非眞正的馬克思主義。建立在這種認識基礎上，胡秋原決定放棄馬克思主義，構建自己的歷史哲學。

　　據他自述，我們要「區別眞馬克斯與僞馬克斯」，就「眞馬克斯思想中來判斷何者是活的，何者是死的」；「即在眞馬克斯思想中，也有早期、中期、晚期之不同。在其早期，他是一個急進的民主派。在其中期和晚期，他是社會主義者。但關於實現社會主義的方法，見解不同。在中期，他贊成暴力革命。他說暴力革命也是生產力」。1872 年，馬克思指出不可否認英美等國「工人可以和平方法達到目的」。1895 年，恩格斯承認「普選是一新的武器可供各國同志使用」，而「暴力革命是『錯誤思想』」。〔註116〕臺灣學者鄭學稼也認爲思想舞臺上有三個馬克思：即「異化說」的早年馬克思，因《1844 年經濟學哲學手稿》而「成爲廣大學者注目的人本主義者，他顯然反對布爾什維克主義即列寧主義和斯大林主義」。第二個馬克思的繼承者是列寧，「因爲列氏的馬克思主義，幾全引自這一階段的馬氏著作」。第三個馬克思的繼承者是考茨基們所領導的第二國際派，「他們主張階級合作、議會運動、和只在無產階級

〔註115〕胡秋原：《關於近代西洋哲學與馬克思主義》（下），《民主潮》第 10 卷第 24
　　　　期，1960 年 12 月。

〔註116〕胡秋原：《馬克思之生平與思想》，胡秋原：《西方文化危機與二十世紀思潮》
　　　　（下），臺北：學術出版社，1981 年，第 1033～1034 頁。

成熟後才會有社會主義革命」。〔註117〕鄭學稼的觀點證實了胡秋原將馬克思的思想劃分為三個時期的合理性。筆者以為胡秋原將馬克思的思想劃分為三個階段，比西方馬克思主義者分為青年馬克思和老年馬克思兩個時期更為準確。

　　經過歐洲和蘇俄的考察，胡秋原認為「自由主義在其故鄉或母國的西歐與英國，在布塞維克（布爾什維克）與法西斯蒂左右夾攻之下已經奄奄一息了」。〔註118〕歐洲自由主義本由經濟自由主義而起，他在歐洲目睹自由主義由三條路消逝。「一是英國自由黨已為社會主義之工黨取代；二是大恐慌後，凱因斯派之經濟學自稱新重商主義，主張國家干涉，此經濟自由主義之破產；三是 19 世紀以來，西方人在其國內講自由，但對亞洲人、非洲人卻否定其自由，乃有第一次大戰後亞非各民族之民族主義。西方人自背自由之原則，於是社會主義便以更高人道主義之旗幟，來代替自由主義了」。在他看來，社會主義本應以更高人道主義取代自由主義，但在歐洲變質為獨裁主義。蘇俄「利用東方民族為工具，使他成為唯一帝國主義者。而其國內制度是一黨獨裁，歌頌領袖，作個人崇拜，興黨獄殘害異己，立教條剝奪知識分子之思想與良心自由，此必阻礙學術文化進步。此不僅蘇俄為然，其他兩個歐洲國家意、德之社會主義亦然」。他質疑道：「何以以高度人道主義為目的的社會主義變為反人道主義？考茨基專以俄國資本主義之落後，無實行社會主義之條件來解釋列寧之恐怖主義」；「我以為經濟自由主義是富國中富人的經濟學，社會主義是富國中窮人的經濟學。在順境中，都講自由民主；在逆境時，就要獨裁暴力了」。〔註119〕既然「蘇俄所行的不是馬克斯主義」，又被「公認其為馬克斯主義」，那麼他決心「與馬克斯主義告別」。在他看來，「史達林的一國社會主義和希特勒的國家社會主義是一個東西，唯更缺乏效能，這是一種最獨佔的國家資本主義」。〔註120〕他想到民族先於階級，馬克思的「根本錯誤，尚非經濟決定論，而是以歷史是階級鬥爭史。實際上無民

〔註117〕轉引自姜新立：《鄭學稼先生對馬列主義的研究》，《中華雜誌》1984 年 8 月號；又見〔德〕考茨基著，鄭學稼譯：《論無產階級專政‧再版序》，臺北：黎明文化事業股份有限公司，1975 年。

〔註118〕胡秋原：《哲學與思想‧自序》，臺北：東大圖書股份有限公司，1994 年，第 14 頁。

〔註119〕胡秋原：《六十年來我的重要著作和主張》（上），《中華雜誌》1990 年 12 月號。

〔註120〕胡秋原：《哲學與思想‧自序》，臺北：東大圖書股份有限公司，1994 年，第 15 頁。

族即無階級。而中國當前問題是民族抗日問題，不是社會革命問題，也是共產國際所承認的」。〔註 121〕

　　基於這種認識，他將此前的「自由主義的馬克思主義」二元論消解，據他自述：「我放棄馬克斯主義之過程，同時即我自己思想系統成熟之過程，此即回到自由主義而擴充之──即我所謂『新自由主義』。此與宋明人所謂『出入釋老返求六經』者相似」。〔註 122〕由此，他以「新自由主義和文化史觀」作爲自己的歷史哲學。正如有學者評價道：「對於馬克斯主義，他有一個入乎其內而又出乎其外的過程，有一個不斷吸收不斷批判的過程，他廣搜精取，從中外古今一切學說中吸取精華，逐步形成自己的主張」。〔註 123〕就學術思想而言，他的「『新自由主義和文化史觀』的思想體系，正是在揚棄西方的自由主義和馬克思主義的基礎上，才得以形成的」。〔註 124〕當構建此思想時，他表示「生平之樂，無逾此時」。〔註 125〕雖在異國，因懷有「明道救世」思想，關心國事。目的在於尋求「自救自強之道，而爲自由中國，自由世界之謀」。〔註 126〕「余之所論，而爲國家生民求太平幸福之道」。換言之，「此新自由主義之歷史觀，在今日頑鈍錯亂之時會，應有匡述題正值作用」；「以創造中國在世界史上之地位，乃吾人爲學之大目的」。〔註 127〕

　　他認爲雖然自由主義在西方沒落，但「人類文化畢竟是以自由之增進爲目的」，「歷史與哲學，實學問之兩極，相輔相識」。〔註 128〕「歷史記述過去一切現象，哲學研究這一切現象之法則。所以一般說來，世界只有兩種相識的學問，即歷史與哲學，或歷史哲學與哲學歷史。人類靠這兩種學問，求其生存與進步」。〔註 129〕他準備將多年來涉獵文史的「一得之愚整爲統系，造爲二

〔註 121〕胡秋原：《六十年來我的重要著作和主張》（上），《中華雜誌》1990 年 12 月號。

〔註 122〕胡秋原：《在唐三藏與浮士德之間》，胡秋原：《〈在唐三藏與浮士德之間〉及其他》，臺北：胡秋原自刊本，1962 年，第 21 頁。

〔註 123〕李國權：《〈胡秋原傳〉讀後》，《中華雜誌》1990 年 5 月號。

〔註 124〕王樹人：《自由與超越的追求──對胡秋原先生思想人格的理解》，李敏生主編：《胡秋原學術思想研究》，北京：社會科學文獻出版社，1996 年，第 90 頁。

〔註 125〕胡秋原：《七十年來的見聞與思想》（上），《中華雜誌》1986 年 6 月號。

〔註 126〕胡秋原：《歷史哲學概論·全書舊序》，上海：商務印書館，1947 年，第 6 頁。

〔註 127〕胡秋原：《歷史哲學概論·再版序言》，上海：商務印書館，1947 年，第 1、2 頁。

〔註 128〕胡秋原：《歷史哲學概論·全書舊序》，上海：商務印書館，1947 年，第 2 頁。

〔註 129〕胡秋原：《歷史哲學概論》，上海：商務印書館，1947 年，第 3 頁。

書」，即《宇宙文法》（綜合世界觀之哲學）和《宇宙辭書》（比較世界文化史）。
〔註130〕以此系統闡述他的理論構想，前者「探討物質、生命和人類精神的活
動，是新自由主義的知識論、價值論以及政治、經濟之哲學」。後者是「文化
史觀的世界文化通史」。在莫斯科期間就已寫好《宇宙辭書》的序文，抗戰歸
國後撰寫的《歷史哲學概論》就是以此文為序的。他將其歷史見解應用於當
前的中國問題，撰寫了一篇《抗日就是一切，一切歸於抗日》的長文，刊載
於 1935 年末的《救國時報》上。在該文中，他闡釋自己的思想變化。「餘昔
嘗為自由主義之愛好者，亦馬克斯主義之愛好者。凡所為文，本斯二義。二
者皆吾之所喜，故曾為馬克斯主義的自由主義之說。西行以後，余信二者有
合作必要，但無合一可能。二者不可兼得，深思之餘，決捨馬克斯主義而取
自由主義。然余深信，倘無民族自由，則一切自由均為夢幻。故余今日僅為
一純民族主義者，或民族的自由主義者」。〔註131〕並以此新思想思考中國問
題，他主張新自由主義和資本主義，分析日本侵華的原因，中國全民持久抗
戰必勝之理由。他認為「中國的苦痛是資本主義不足，不是資本主義之過剩，
所以必須發展民族資本主義對抗日本帝國主義」。〔註132〕抗戰期間，中國必須
發展民族資本主義、民生主義。抗戰勝利後，中國要發展一種新型經濟，為
世界開闢新局面。回國後撰寫的《中國革命根本問題》和《抗戰建國根本問
題》，即是根據上述歷史哲學提出的對中國問題之政治主張。可以說《〈宇宙
辭書〉序文》和《抗日就是一切，一切歸於抗日》兩文，是胡秋原此後思想
的出發點。

他指出自由主義在歐洲雖已衰微，但中國人應使其復興。「近世中國文化
固已落伍，西方文化亦見枯衰。獨裁惡焰，由此而來。必有新的精神，始能
復興世界之文運。此新精神為何？曰，新自由主義」；「新自由主義者，乃別
於十八九世紀之舊自由主義而言。此舊自由主義之弊，首在其不徹底。一即
只知西方之自由，忽視東方之自由。二即重視少數人之自由，忽視全體人之
自由。凡不徹底之學說，必自矛盾，終陷支離。其受誤解，招濫用，亦非偶
然。而余所謂新自由主義者，則以祖國之自由為樞紐，外以爭人類自由，內

〔註130〕胡秋原：《歷史哲學概論・全書舊序》，上海：商務印書館，1947 年，第 2 頁。
〔註131〕胡秋原：《中國革命根本問題・自序》，武漢：時代日報社，1938 年，第 3～4
　　　　頁。
〔註132〕胡秋原：《六十年來我的重要著作和主張》（上），《中華雜誌》1990 年 12 月
　　　　號。

以保國民自由。於是此新自由主義，即是民族主義之靈魂，亦是民主主義之基礎」。〔註133〕胡秋原將自由主義與民族主義融合在一起，即自由的民族主義者。他的這種認識與其在歐美遊歷四年的經歷密不可分，目睹過法西斯主義的暴行，見證過蘇俄革命的社會主義的真實情況。新自由主義強調的公平正義等若干原則引起他的共鳴，思想上自然傾向自由民主體制，希望中國走民主憲政之路。

　　不僅如此，他還從中國傳統文化中尋求自由主義的思想資源。他認為：「整個中國文化傳統，即人文主義理性主義民主主義傳統。在這一點，中國文化與西方文化及一切人類優秀的創造，是方向完全相同，內容完全相通的」。通過研究中國歷史文化後，他指出：「中國實早有一個類似的自由獨立的精神。我們講『仁』講『恕』，講『四勿』，講『和而不同』，講『良知』，講『格物致知』，講『天理』，講『自然』，便是寬容與理性精神——而這實即今日科學與民主之根本」。〔註134〕他對自由的論述有著平衡個人自由與社會責任的中國傳統思想的烙印，傳統儒家文化中那種修齊治平的人生理想與關心國事民生的道義，在他的思想中得到反映。他既未像西化主義者對中國傳統文化束之高閣，又未像保守主義者對傳統文化頂禮膜拜，更與喧囂一時的「西學東源說」不同，而是從對傳統文化的批判中加以繼承，與西方文化的精髓是相通的，證實中國傳統文化中存在著自由主義的光輝思想。

　　儘管如此，他也承認中國的自由主義思想還沒發展到西方的水準，中國「尚無健全的自由主義，實在無以挽救當前的麻木，提高民智民德與民力」。〔註135〕鑒於對近代中國的民族危機的認識和對歐美俄四年的觀察與思考，他認為帝國主義在政治上不承認民族平等，經濟上由資本專制代替資本自由。對外更以資本獨佔，阻止落後國家之經濟發展。在抗戰建國時期，「我們應提倡一種新自由主義，即普遍適用於全世界的自由主義；就中國而言，即與民族主義於一體的自由主義」。〔註136〕「新自由主義者，是要將自由主義擴張於

〔註133〕胡秋原：《中西文化與文化復興·自序》，重慶：時代日報出版社，1943年，第4頁。

〔註134〕胡秋原：《古代中國文化與中國知識分子》，臺北：學術出版社，1988年，第17～18頁。

〔註135〕胡秋原：《自由主義史論》，《民主政治》第6、7期合刊，1945年11月。

〔註136〕胡秋原：《論自由主義》，《文化復興與超越前進論》，臺北：學術出版社，1980年，第156頁。

人人國國，非任何人種，階級之特權」。〔註 137〕「余深信，倘無民族自由，則一切自由均爲夢幻。故余今日僅爲一純民族主義者，或民族的自由主義者」。〔註 138〕由此可見，他是站在民族主義的立場上接受新自由主義的。「新自由主義要求精神政治經濟之無限民治，要求東方與西方一律自由，要求資本與勞動同樣平等，以保障生產力之無限擴張，以保障人類──用羅斯福之術語──免於恐懼及匱乏之自由」。〔註 139〕「如果經濟上實行統制，而政治上又不民主，則將造成獨裁資本，政治自由更不可得」；「近代資本主義流弊在壟斷不在自由」。〔註 140〕他提倡的新自由主義即普遍自由，是徹底的自由主義。在國際層面，要打破帝國主義在國際政治經濟上的壟斷，取締其對落後國家的殖民地政策，建立各民族國家自由平等，和平共處的世界秩序。就中國而言，是使中國擺脫帝國主義的侵略和思想宣傳，避免受國際形勢的操縱，而要獨立自由的建設現代化的民族國家，實行合乎中國自身實際的民主政治。實現廣泛的社會經濟平等，建立公正的社會秩序，保障個人自由。就個人而言，注重個人的自由平等，公平正義。

他把新自由主義的思想融合到對中國民族的前途中來思考，百年來中國深受帝國主義的侵略和壓迫，致使民族和國家無獨立自由可言，故此他畢生堅守民族主義和自由主義的立場。人類活動均以民族國家爲背景，「民族間之不自由，實爲世界之不自由之根本」；「世界之不合理也，以民族不自由始，而將以民族解放終。自由民族爲自由世界之前提，而民族自由實國際自由之起點」。又指出「惟有民族間之平等博愛立，始能保證階級之泯廢與全人類之自由平等博愛也。百年以來我民族日受侵凌，幾於不國」。而「今日之亡國，即萬古之沉淪。凡我黃帝之子孫，自均應首爲祖國之自由而奮戰也。顧亭林曰：君子之爲學，將以明道，將以救世也。余所期或異，情同古人」。目的在於喚起民眾「自救自強之道，而爲自由中國，自由世界之謀」。〔註 141〕「余之

〔註 137〕 胡秋原：《哲學與思想‧自序》，臺北：東大圖書股份有限公司，1994 年，第 15 頁。

〔註 138〕 胡秋原：《中國根本問題》，李敏生編：《中華心：胡秋原政治文藝哲學文選》，北京：社會科學文獻出版社，1995 年，第 20 頁。

〔註 139〕 胡秋原：《論新自由主義》，《哲學與歷史》，臺北：東大圖書股份有限公司，1994 年，第 199 頁。

〔註 140〕 胡秋原：《思想‧道德‧政治》，南京：新中國出版社，1948 年，第 38～39 頁。

〔註 141〕 胡秋原：《歷史哲學概論‧全書舊序》，上海：商務印書館，1947 年，第 5、6 頁。

所論，而爲國家生民求太平幸福之道」。換言之，「此新自由主義之歷史觀，在今日頑鈍錯亂之時會，應有匡述題正値作用」；「以創造中國在世界史上之地位，乃吾人爲學之大目的」。〔註142〕由此不難看出，他倡導新自由主義的目的是爲抗戰建國尋求出路。在詮釋新自由主義時，他將個人自由置於民族國家自由之下。這種認識儘管有國家和民族至上論的傾向，但在當時中國遭受民族危機的背景下，唯有在爭取國家和民族自由的前提下，才會有個人的自由而言。民族不獨立，國家處於四分五裂之中，哪能談得上政治經濟和個人的獨立和自由呢？當時中國最重要的問題是民族鬥爭，而不是階級自由和階級鬥爭，這也是他堅持認爲民族國家利益高於階級和黨派利益的原因所在。

　　他認爲抗戰的目的在於「驅除日寇之壓力，發揮四萬萬人之聰明才智，而建國之意義，即在啓發四萬萬人之聰明才智，以增進人類之文明，擴張同胞與人類之自由」。〔註143〕在此基礎上，創造中國自己的現代文明，從而最終使中國走向自由和民主憲政之路。「以自由思想和理性精神學習古今經驗，建設我們的民主和工業，這是建國任務，也是創造文明的出路」。〔註144〕在抗戰建國時期，必有一種新的精神來復興國運，這種新精神就是「新自由主義」。在詮釋新自由主義思想時，他將其與人類的幸福聯繫起來。「人生之目的與價値，即在有效服務於最大多數最大量最永久之幸福」。〔註145〕在他看來，「合於最大多數最持久的最大幸福」，不僅是人類的道德標準，也是道德法律是否合理的價値判斷標準。「向歷史的道路前進，即在技術上，就是生產力之不斷提高；在道德上，就是保證最大多數人之最持久的最大幸福」。〔註146〕在論述政治、經濟應以道德爲標準時，他將「樂利、功效與自由、道德同義」。〔註147〕他的這種認識是在西方自由主義者倡導的「最大多數最大幸福」的基礎

〔註142〕胡秋原：《歷史哲學概論·再版序言》，上海：商務印書館，1947 年，第 1、2 頁。

〔註143〕胡秋原：《論新自由主義》，《哲學與歷史》，臺北：東大圖書股份有限公司，1994 年，第 204 頁。

〔註144〕胡秋原：《論中西文化與創造中國新文化》，胡秋原：《文化復興與超越前進論》，臺北：學術出版社，1983 年，第 239 頁。

〔註145〕胡秋原：《現代科學與人生哲學》，《青年中國季刊》第 2 卷第 1 期，1940 年 10 月。

〔註146〕胡秋原：《歷史哲學概論》，上海：商務印書館，1947 年，第 100、127 頁。

〔註147〕胡秋原：《論道德政治與經濟》，胡秋原：《新自由主義論》，上海：民主政治社，1948 年，第 95～113 頁。

上，〔註148〕又增加了「最長久」的條件。由此看來，他的新自由主義不僅受西方自由主義的影響，也有自己獨立的思考。這種思考與現代西方新自由主義思想家，對追求社會公平正義的目標是一致的。他還將這種思想與文化的創造力相聯繫，「以全人類自由爲歷史之目的，又以一國社會文化與自由原則之調和、衝突看文化之興衰，並在各種文化之交涉中看歷史之潮流」，〔註149〕由此逐漸成爲後來的超越前進論。

二、「文化史觀」的構建

將「新自由主義」應用於歷史分析，即胡秋原所熱衷提倡的「文化史觀」。那麼，他所倡導的「文化史觀」，究竟包含有哪些內容呢？他的「文化史觀」是建立在對馬克思主義唯物史觀的揚棄之上的。如前已述，他早年曾是一位馬克思主義唯物史觀的信奉者，隨著思想認識的不斷變化和視野的開闊，逐漸開始懷疑唯物史觀。在「中國社會史論戰」時，他發現唯物史觀不能合理解釋中國歷史的發展，便將後來稱之爲馬克思主義「唯物史觀公式」（「亞細亞的、古代的，封建的，現代的市民的生產方式，可列爲社會之經濟組織之進行的階段」。）修正爲「原始社會──氏族社會──封建社會──專制主義社會」。〔註150〕四年的歐美之行，尤其是對西方哲學和文化的研究，使他更加堅信唯物史觀並非具有「普世性」。

他認爲「馬克斯主義最動人之處，還是其唯物史觀和階級鬥爭學說」，但該派理論「自多誇張，然亦未可全部抹煞」。〔註151〕對誤解馬克思主義者，他批評道：「若干馬克斯主義者覓史事以符其圖式，或力找階級鬥爭之事以實其說」；「尚有以唯物史觀治史學者，間有所得，恒多傷於粗蕪穿鑿偏激」；「以歷史之進行，循著預定的公式。其代表派爲馬克斯者。所謂唯物史觀之『公式』一字，可以代表其中極端派之見解。他們以爲社會均可套入其代數方程序中。他們忘記人類不是無機物，而是能動的而且能適應並改造環境的。此

〔註148〕胡秋原：《自由主義史論》，《民主政治》第 6、7 期合刊，1945 年 11 月。在該文中他指出「最大多數最大幸福」是英國哲學家赫起生（Hutcheson）首倡，爲休謨、斯密、邊沁和穆勒等西方哲學家所繼承。

〔註149〕胡秋原：《關於一九三二年文藝自由論辨》，《中華雜誌》1969 年 1 月號。

〔註150〕胡秋原：《東方社會論源流》，《中華雜誌》1966 年 7 月號。

〔註151〕胡秋原：《五十年來世界哲學》（下），《中央周刊》第 6 卷第 51～52 期，1944 年 12 月。

點馬克斯亦知之，但因其側重宣傳，其推論常忘記其所承認的前提而已」。〔註152〕對胡秋原的這種批評，時人評價其言論「甚能鞭闢入裏」。〔註153〕

胡秋原指出馬恩對唯物史觀的歷史公式有過自我修正部分，其理論構造也包含了許多深刻的見解。「馬克斯的哲學（辯證唯物論）不足取，其經濟學與政治學在批評西方資本主義社會這一方面有其銳利之處，唯亦有過時之處，然其社會學及其方法，即唯物史觀，也許是最有學術價值的」；「這便是因為他是對社會和歷史作構造及構造關係之分析第一人──如下部構造、上部構造、意識形態，社會構造之轉化，生產力與生產關係，生產關係與社會階段，社會階級與政治法律之關係，這一切與思想之關係；這是今天文化社會學、知識社會學、歷史社會學」等繼續使用和發展的。胡秋原認為其學說並非無可駁斥，但「由關係、構造考察對象的開創之功不可沒」。唯物史觀的基本概念是說「經濟因素在社會中，特別在現代社會中具有終極性的決定作用。經濟因素之重要性是無人能否認的；但馬克斯不免誇張，尤其是被許多淺薄的馬克斯主義者所過分誇張為經濟直接決定一切論。直到俄國革命最初幾年還是如此」。〔註154〕恩格斯、普列漢諾夫、德國正統派馬克思主義史學家庫諾、意大利馬克思主義者布拉略拉（Labriola）等都對此進行糾正和修正，一致承認「不能偏重經濟方面，經濟不是歷史變化之惟一原因，但是『人類進步最重要因素是經濟』」。〔註155〕許多批評家都借用馬克思的武器批評之：「經濟衝動不是人類唯一本能，唯物史觀忽視地理民族精神影響，精神文化不能以經濟解釋，階級鬥爭不是社會進化動力且與唯物史觀沒有什麼必然關係等」。

胡秋原認為除「最後一點外，並不能打擊唯物史觀」。在他看來，唯物史觀的不足有二：一、「其本身概念不明，自己並不徹底」。二、「其應用於社會階段之劃分，因受知識之限制，並不準確」。具體表現在：一、馬克思並未說

〔註152〕胡秋原：《歷史哲學概論》，上海：商務印書館，1947年，第7、22、56頁。
〔註153〕燕義權（葉青）：《讀〈歷史哲學概論〉》，胡秋原：《歷史哲學概論》，上海：商務印書館，1947年，第143頁。
〔註154〕胡秋原：《馬克斯之唯物史觀及其批評》，《中華雜誌》1967年10月號；又見胡秋原：《西方文化危機與二十世紀思潮》（下），臺北：學術出版社，1981年，第1037頁。
〔註155〕胡秋原：《歷史哲學概論》，上海：商務印書館，1947年，第74頁。普列漢諾夫等人的修正意見，參見胡秋原：《唯物史觀藝術論──樸列汗諾夫及其藝術理論之研究》，上海：神州國光社，1932年，第59～65頁。

明「生產方式（又作方法）是什麼」？與生產力和生產關係「有無區別，區別在何處？」還是後者之「總稱」？二、馬克思以「勞資鬥爭」闡釋資本主義社會的矛盾，但「這並不適用於前資本主義社會」，而「資本主義社會造成多數中間階級亦非馬氏所預料」。三、恩格斯在《家族論》中應用唯物史觀賦予「家族制度以極大意義」，「且不說這見解能否成立，但這和他們以上所說，又是矛盾的」。四、「馬克斯等將生產力與生產關係還原為階級關係，並以階級鬥爭為歷史進步之動力。其實社會有鬥爭，亦有同化與合作；而鬥爭之結果，也許是同歸於盡，不一定是進步的」。這四點是「馬克斯歷史哲學最大漏洞」。〔註 156〕

多年後，胡秋原進一步指出唯物史觀有「概念不清因而有自相矛盾之處」；「唯物史觀究竟是生產力史觀還是生產關係史觀」？如為前者，是「技術史觀」；如為後者，則是「經濟史觀或者制度史觀」；「唯物史觀最精巧而動人之處，在用辯證法，以生產力與生產關係之矛盾說社會之變革，說資本主義之矛盾——大規模生產力與私有財產關係之矛盾；以及由此論資本主義轉化為社會主義之必然性」。而這一點又使「唯物史觀與階級鬥爭說（因而辯證法）相聯」，因而「唯物史觀又有第三種確定意義，即階級鬥爭史觀」。唯物史觀不僅是「一種哲學，而且是一種實際革命方略的原理」。在他看來，將上述觀點一般化，「變為整個的，唯物的『史觀』和革命原理，便在理論上矛盾，在事實上牽強」。首先，「經濟不是社會基礎」。無論是封建社會還是資本主義社會，「都不是僅由生產力與生產關係所造成的，都是有政治與精神因素和外部因素作用在內的」。其次，「階級鬥爭不一定是社會進步動力。否認歷史上的階級鬥爭不合事實，然以歷史只是階級鬥爭亦是誇張」；「歷史上赤裸裸的一階級獨裁的國家是難於存在的。民主政治如純為資產階級獨裁，則社會民主運動即無根據，而這一點是馬克思恩格斯後來皆修正的」。馬克思因反對「商品拜物教」不免傾向「權力拜物教」。〔註 157〕

馬克思歷史公式中四種社會形態是平行發展，還是單線發展的問題？曾經困惑了許多中外學者。胡秋原認為馬克思之社會階段論「是無可取的」。馬

〔註 156〕 胡秋原：《歷史哲學概論》，上海：商務印書館，1947 年，第 74～75 頁。
〔註 157〕 胡秋原：《馬克斯之唯物史觀及其批評》，《中華雜誌》1967 年 10 月號；又見胡秋原：《西方文化危機與二十世紀思潮》（下），臺北：學術出版社，1981 年，第 1041～1042 頁。

克思肯定社會發展的四階段論是「連續前進的」。此說若能成立，「亞洲式生
產，應該是一切民族都應經過的了，既如此，何以又要稱爲亞洲式呢？」在
馬克思看來，「由古代而中世」是「一個進步」，然而許多社會學家多認爲是
「一個逆流」，如果屬實，「是否每個社會曾都一定在這裏倒退一次呢？」在
《資本論》中，馬克思將「亞洲式生產」解釋爲「印度之農村公社爲亞洲生
產方式」，又以「鴉片戰前中國是亞洲生產」。〔註 158〕根據馬恩的說法，胡秋
原認爲「在馬克斯心目中，在鴉片戰爭之時，中國不過是一原始共產社會末
期，還不夠一個奴隸社會，更不要說封建社會了」。〔註 159〕那麼，「鴉片戰爭
前之中國，是印度的公社制了」，也比「古希臘羅馬中世歐洲落後了」，這均
「不是事實」。恩格斯晚年在《共產黨宣言》序文中，又曾說「農村公社是自
愛爾蘭以至印度都會經歷的社會原始形態，則亞洲式也是歐洲式了。如亞洲
一詞是指亞洲諸國之生產形式，而這一名詞又無一年代限制，顯然謂四階段
爲一般社會過程就說不通了」。在對該問題，馬克思主義派學者避而不談，「又
不能說馬克斯錯了」。馬克思四階段說如認爲「世界史或文化史之四代表時
期，殊無問題」。馬克思以此爲「一切社會須經此四階段」則是有問題的。馬
克思謂亞洲生產方式，「係黑格爾之臆斷的圖式，與當教士之斷片資料之混
合」。由此觀之，「馬克斯之社會階段論實甚錯誤，而亞洲生產之說，尤極混
亂」。〔註 160〕

　　馬克思的革命理論是以西方工業先進國爲對象的，只有在工業化發達的
國家才能實現社會主義。從這一點出發，胡秋原認爲「在工業落後國家實行
社會主義正是違反馬克斯主義的」，並指出「馬克斯的社會構造論、變革論而
得其社會階段論是完全錯誤而不合事實的」。具體表現在以下幾個方面：

　　首先，馬克思「將社會史和西方歷史混爲一談」，「他所說的奴隸、農奴
和現代資本制度三階段之繼起，乃與西方之古代、中世與現代之歷史分期合
而爲一。實則歐洲歷史由古代至中世，是破裂或倒退過程，而此是民族鬥爭
與階級鬥爭之結束」。其次，馬克思「將從來的社會歷史都看成一個奴隸社會
的歷史，所以主張階級鬥爭」，但奴隸社會並非一切國家都經過的。第三、馬
克思「以他當時所見的西方社會和他的政治願望來推論一切社會與歷史。他

〔註 158〕胡秋原：《歷史哲學概論》，上海：商務印書館，1947 年，第 77 頁。

〔註 159〕胡秋原：《東方社會論源流》，《中華雜誌》1966 年 7 月號。

〔註 160〕胡秋原：《歷史哲學概論》，上海：商務印書館，1947 年，第 77、78、79 頁。

將資本主義社會看作是資本家獨裁，是誇張的。他雖非不完全注意民族問題，但只放在階級問題之內的」。第四、馬克思的「亞細亞生產方式論」，是由黑格爾和若干教士傳說而來，「全是誤解或無知。此說後來又由韋伯發揮所謂『東方社會論』」，影響到美國漢學界，成爲後來費正清分析中國歷史發展的理論。第五、由於「唯物史觀『公式』又是社會革命『公式』，蘇俄曲解的應用這公式於中國，造成中國史無前例的悲劇」。總之，胡秋原認爲「馬克斯的唯物史觀非無眞理，且有甚大獨創性」；但馬克思「以一時西方資本主義社會之觀察，推論整個歷史和世界，便陷於以偏概全之誇張和荒謬。而他因憎恨有產者之『利』，更醉心無產者之『勢』，尤爲不幸。俄人再加歪曲，愚弄中國人，使中國遭受奇禍」。20 世紀以來，「關於唯物史觀除了西歐馬克斯主義者之研究和修正，俄國共產黨人曲解外，在非馬克斯主義學界，也有相當有力的批評」。馬克斯·韋伯、謝勒、斯本格勒、湯因比、索羅金等人的理論都是對馬克思主義的補充。阿佛萊·韋伯「分社會爲社會過程（家族、民族），文明過程（技術、政治、經濟），文化運動；三者各有其法則；晚年注意到歷史的外部構造；要算當代西方最有價值的歷史哲學，唯仍拘泥於西方觀點」。〔註 161〕

　　建立在上述對馬克思主義唯物史觀的認識和批判的基礎上，胡秋原提出以文化史觀代替唯物史觀。據他自述：「我的見解是由世界社會與歷史之比較研究，並注意歷史之明日而來」；「我將我的變化之學稱之爲文化史觀，馬克斯之唯物史觀實爲技術史觀，我以爲文化包括技術、制度和文藝，三者皆可影響社會與文化之變動；而三者之調和與衝突，則可影響社會安定與動亂，以及進步之遲速。究極言之，三者之原動力，畢竟是人的觀念與思想，此自由思想與思想自由之所以必要」。〔註 162〕簡言之，文化史觀即「以民族代替馬克斯之階級，自由代替馬克斯之鬥爭，以技術代替馬克斯之生產力，制度代替馬克斯之生產關係，文化創造力之解放代替馬克斯之生產力解放，又以文化多元之相互作用代替經濟決定論，並廢除四階段說而代以政治、經濟、思想之多線進化。但理論之結構還是相似的」。〔註 163〕具體而言：

〔註 161〕 胡秋原：《馬克斯唯物史觀及其批評》，《中華雜誌》1967 年 10 月號；又見胡
　　　　　秋原：《西方文化危機與二十世紀思潮》（下），臺北：學術出版社，1981 年，
　　　　　第 1042、1043～1046 頁。

〔註 162〕 胡秋原：《哲學與思想·自序》，臺北：東大圖書股份有限公司，1994 年，第
　　　　　15 頁。

〔註 163〕 胡秋原：《六十年來我的重要著作和主張》（二），《中華雜誌》1991 年 1 月號。

　　首先，胡秋原將文化分為技術、制度、學藝三大系統，「相當於馬克斯的生產力，上部構造與意識形態」；但「三者並非上下層疊，而是如骨架、棟梁錯綜複雜起來形成一個建築的內部狀態。此三種文化系統之先行狀態，亦即傳統，構成一社會之歷史基礎，這社會的地理環境構成一社會之外部狀態」。〔註164〕他以「多元的文化代替經濟之一元」，〔註165〕文化內部構造與外部環境都可影響歷史的發展，由此來取代馬克思主義將經濟視為社會基礎之說。

　　其次，如文化的三大系統調和，表示社會的安定狀態。但內外部環境的變化，都會造成三大系統的變動與矛盾。「社會之變動由內外而起，非上下而起。再者，人類有合作有鬥爭，並為鬥爭而合作，而隨文化之進步，合作與鬥爭範圍也都在擴大」。胡秋原認為影響社會與歷史發展的因素是多元的，「內部狀態、知識水準、外部因素之有利與不利之加減乘除之合力而定」。因此，「社會有前進，有後退，有循環，有停滯，墮落乃至滅亡。一切既存狀態（包括經濟、其他政治學術傳統，自然與國際環境）是歷史之常數，而人力之使用，新的創造，是歷史之變數」。〔註166〕在他看來，「文化之功能與目的，在增進人類之自由，此亦即歷史之趨勢」。〔註167〕他將文化的內外部多元因素視為社會進化和歷史發展的動力，以此來代替馬克思主義階級鬥爭為社會進步動力的學說。

　　第三，在分析世界禍亂由來時，他從東西文化發展不平衡的視角來詮釋。「壓迫與奴役固由不智、不義、自私而生，而所以可能，畢竟由於勢力之懸殊或文化發展不平衡。近三百年西方利用其一時技術優勢壓迫東方，造成帝國主義，由此又有納粹及俄國共產主義，這成為一種報應而延禍世界」。〔註

〔註164〕胡秋原：《馬克斯唯物史觀及其批評》，《中華雜誌》1967年10月號；又見胡秋原：《西方文化危機與二十世紀思潮》（下），臺北：學術出版社，1981年，第1046頁。

〔註165〕胡秋原：《六十年來我的重要著作和主張》（上），《中華雜誌》1990年12月號。

〔註166〕胡秋原：《馬克斯唯物史觀及其批評》，《中華雜誌》1967年10月號；又見胡秋原：《西方文化危機與二十世紀思潮》（下），臺北：學術出版社，1981年，第1046、1047頁。

〔註167〕胡秋原：《六十年來我的重要著作和主張》（上），《中華雜誌》1990年12月號。

〔註168〕胡秋原：《馬克斯唯物史觀及其批評》，《中華雜誌》1967年10月號；又見胡秋原：《西方文化危機與二十世紀思潮》（下），臺北：學術出版社，1981年，第1047頁。

168〕如社會內外部和諧發展,「使才智自由發揮,也便是文化之興盛」。否則,「一社會財富權勢集中於少數人之手,造成壓迫鬥爭內亂,也便造成文化之衰落乃至國家之衰亡」;「一部人類歷史等於各民族以其創造的文化登場競賽的運動會。在歷史上文化霸權是變動的,而這在一定時期,也造成文化發展之不平衡,形成文化的病態與危機」。〔註169〕

第四,「人類性能是相同的,願望是相同的──此即普遍自由、正義、合作、和平;因此,人類文化並無東西之根本不同」;「以合作代替壓迫,終結鬥爭,解放文化創造力,並求其平衡發展,確保人類共同的幸福與尊嚴,乃人類必然而當然的道路」。〔註170〕這裏,胡秋原提出了人類之目的與將來前進的方向。

總之,胡秋原駁斥馬克思主義唯物史觀的歷史公式,並非要否定它,仍欣賞馬克思嚴謹的治學態度。馬克思給蘇俄女革命家查蘇利奇(Vera Zasulich)的信中說:資本主義制度之「歷史必然性」「明確地限於西歐各國」。在答覆蘇俄社會學家米海洛夫斯基(N.K.Mikhailovsky)信中稱根本無意將其「唯物史觀」成為普遍的「歷史哲學」。〔註171〕從晚年馬克思的書信中可以看出,胡秋原對唯物史觀的研究和批評是非常深入與慎重的。馬克思主義唯物史觀不僅「提出了西方資本主義社會中生產力與生產關係之衝突問題」,而且「指出西方資本家社會的『原罪』──『原始累積』,這包括對國內農民之收奪及殖民地之掠奪」。由於馬克思「只記得解放生產力,對辯證法的偏愛,對西方資本家社會之深刻義憤,容易流於將階級鬥爭無節制的永久化。他是站在西方無產階級立場立論的,且似乎以為西方對外侵略只是對內剝削之延長。其實西方資本家之財富權力,只是利用西方一時之技術優勢掠奪東方民族而來,西方問題必須在世界問題中解決」。胡秋原表示:「我同情馬克斯的義憤,而且是由他所說西方資本主義之『原罪』之處研究歷史的。東方所受西方的禍害之深刻,尚非馬克斯與俄人所知。由此研究,使我瞭解西方列強所以能對

〔註169〕胡秋原:《六十年來我的重要著作和主張》(上),《中華雜誌》1990年12月號。

〔註170〕胡秋原:《馬克斯唯物史觀及其批評》,《中華雜誌》1967年10月號;又見胡秋原:《西方文化危機與二十世紀思潮》(下),臺北:學術出版社,1981年,第1047頁。

〔註171〕馬克思:《給維·伊·查蘇利奇的信》、《給〈祖國紀事〉雜誌編輯部的信》,《馬克思恩格斯全集》第19卷,北京:人民出版社,1995年,第268、130頁。

我們犯罪，在於我們沒有對等對抗力。東方資本主義之弱，才造成西方資本主義之強。中國痛苦在於資本主義不足，所以中國自救之道反而是發展資本主義」。由此可見，胡秋原是「站在東方民族和全人類的立場上立論的」。並指出「一個健全的歷史哲學必由世界文化研究和全人類的觀點，尊重文化價值，克服勢利主義，脫卻一切種族、民族、階級偏見才能建立起來」。〔註172〕他表示「馬克斯的歷史哲學實爲生產力史觀，我的歷史哲學是思想力史觀，由思想力發展爲文化創造力，文化創造力也包括生產力。國家之貧富強弱不僅是生產力之高下，亦一國國民平均文化創造力、思想力之高下」。〔註173〕

　　馬克思主義唯物史觀由「人是製造工具之動物」和「社會的勞動」兩個概念出發。胡秋原則認爲人因理性的思考力和語言，創造文明和文化，提出「人是創造文化的動物」的命題，這是其「哲學人類學的基本概念」。〔註174〕他對各種史釋的詮釋，時人評價說：「批評多於敘述，頗有些獨到的見解」。而對「馬克斯唯物史觀及社會階段論的駁斥，尤屬一針見血之論，較一般流行的批評深刻了許多」。〔註175〕後來的學者評價道：「他對唯物史觀的批評，當時固然有與共產黨爲敵的意圖，但是具有純學理意義的」，「胡秋原在梳理他們（馬恩）思想的演變史時指出了其中的方枘圓鑿，撇開其政治傾向而言，還是有一定的學術價值的。同時，唯物史觀傳入中國後，早期馬克思主義史學家以之解讀中國歷史，就其社會性質而言，起到引導革命的作用，從純粹學術而言，確實有不夠成熟、授人以柄的地方」。〔註176〕由此看來，他的批評無不合理性。不僅如此，他在《歷史哲學概論》中也提出自己的見解，「工具爲人類之武器，故技術實爲進化之尺度」，並認爲今日世界的戰禍，原因在於「文化之不足，在人類文化不平衡」。〔註177〕他的文化史觀被當時的學者稱之

〔註172〕胡秋原：《馬克斯唯物史觀及其批評》，《中華雜誌》1967年10月號；又見胡秋原：《西方文化危機與二十世紀思潮》（下），臺北：學術出版社，1981年，第1048、1049頁。

〔註173〕胡秋原：《由二十年代到八十年代的鄭學稼先生》（上），《中華雜誌》1984年8月號。

〔註174〕《中華雜誌》編輯部：《胡秋原先生之學問思想及其意義》，《中華雜誌》編輯部編：《胡秋原先生之生平與著作》，臺北：學術出版社，1981年，第332頁。

〔註175〕曹培基：《胡著〈歷史哲學概論〉》，胡秋原：《歷史哲學概論》，上海：商務印書館，1947年，第138頁。

〔註176〕李勇：《胡秋原的歐美史寫作——以〈歷史哲學概論〉爲中心》，《四川師範大學學報》（社會科學版）2013年第1期。

〔註177〕胡秋原：《歷史哲學概論》，上海：商務印書館，1947年，第88、94頁。

爲爲「自由史觀」和「技術史觀」。〔註178〕新自由主義和文化史觀成爲他的歷史哲學，也是他此後思想的出發點。

在當時抗戰建國的背景下，胡秋原認爲「眞正國際主義與民族主義也是不相衝突的。惟有各民族都能獨立，即民族主義完全實現之時，才有國際主義可言，而各民族都能平等互惠，和平合作，才算得是國際主義」。國際聯盟和共產國際，都不是眞正的國際主義，因此，中國唯有先實現民族的獨立才能眞正維護國際主義的和平。「人類最高幸福之日，就是眞正普遍自由平等博愛之時」；「各民族都有自由平等，全人類必能博愛」。因此，國內和國際間的自由平等，是人類努力的目標。〔註179〕這種認識是他的新自由主義和文化史觀的應用。他指出馬克思主義在「全盛期表現爲民主社會主義」，〔註180〕在自由、民主、平等、公平、正義等價值理念上，民主社會主義與新自由主義是相通的。歐戰後，世界大思想家威爾士、蕭伯納、羅素、羅曼·羅蘭、紀德、杜威等人無不相信社會主義，「他們相信社會主義代表人道，正義與和平」。這些社會主義者「都是代議制國家的民主社會主義者」。19 世紀後期，歐洲社會主義者都受「馬克斯主義與自由主義影響，大體都是民主社會主義，即在民主制度下漸進的實現社會主義」。這是一種理想社會，所以「許多社會主義者以自由主義承繼人自命（從恩格斯至拉斯基皆然）」。問題的關鍵是「由什麼人，用什麼方法來實現社會主義」。〔註181〕蘇俄和德國的社會主義是獨佔資本主義，名爲社會主義，實爲「現代獨裁政體」。〔註182〕在胡秋原看來，民主社會主義代表人道、正義，是社會主義的發展方向。在抗戰時期的中國，按照馬克思主義的觀點，還沒有達到實行社會主義的條件，因此當務之急是發展民族資本，在資本主義充分發展的基礎上才能實現社會主義的願景，實現

〔註178〕燕義權（葉青）：《讀〈歷史哲學概論〉》，胡秋原：《歷史哲學概論》，上海：商務印書館，1947 年，第 143～145 頁。

〔註179〕胡秋原：《歷史哲學概論》，上海：商務印書館，1947 年，第 115、116、121、122、123 頁。

〔註180〕胡秋原：《馬克斯死後百年之社會主義與馬克思主義》，《中華雜誌》1983 年 12 月號。

〔註181〕胡秋原：《由科玄之戰論西洋文化危機》，《西方文化危機與二十世紀思潮》（上），臺北：學術出版社，1981 年，第 98、99 頁。

〔註182〕《中華雜誌》編輯部：《胡秋原先生之學問思想及其意義》，《中華雜誌》編輯部編著：《胡秋原先生之生平與著作》，臺北：學術出版社，1981 年，第 331 頁。

民主政治。他的這種認識實際上恰恰是符合馬克思主義的觀點。超越經濟發展階段，以強制的行政力量跑步進入「共產主義」的做法，在這方面蘇俄和中國後來的發展都曾有過深刻的教訓。基於這種認識，胡秋原回國投入到抗戰建國的洪流之中。

第三節　踐行書生問政

　　1937 年盧溝橋事變爆發後，胡秋原聞訊立即歸國，與原十九路軍將領一起「共赴國難」，經香港抵達南京，與陳銘樞等人討論時局，撰寫《抗戰建國芻議》。1937 年 11 月，上海淞滬抗戰失敗已成定局，南京遭受巨大威脅之際，爲堅持抗戰，國民黨中央和國民政府做出遷都重慶的決定。胡秋原也先後奔赴漢口和重慶，辦理報刊雜誌，以書生論政，以文章報國，宣傳全民抗日的主張。1939 年，再次加入國民黨，並先後擔任國防最高委員會秘書、國民黨中央候補委員、國民參政員和立法委員，在參政議政中提出了其抗戰建國的理念。

一、全民抗日的主張

　　1932 年「一·二八」事變時，胡秋原和「讀書雜誌派」一起曾呼籲聯合抗日。1935 年，他在莫斯科明確提出全民抗日的主張，中共在莫斯科所辦《全民月刊》就是根據他的提議而命名的，寓意是以全民族的利益爲旨歸。他還將陳銘樞等人希望中共放棄不適宜的革命方針，以便聯合抗日的信件轉交中共駐第三國際代表團，並希望雙方對革命問題進行討論。〔註183〕事實上，隨著共產國際反法西斯統一戰線政策的確定，中共也改變策略呼籲建立抗日民族統一戰線，由王明代表中共起草的《八一宣言》就是這種政策的產物。值得注意的是胡秋原在其中扮演的作用，當王明就《八一宣言》的內容和文字請胡秋原斧正潤色時，表示受其《抗日就是一切，一切歸於抗日》之影響，甚至借用一些句子。胡秋原認爲《宣言》不僅是大手筆，措辭與過去強調階級鬥爭不同，而且內容上也表達了中國人必須停止內戰、一致抗日的心聲，

〔註183〕《胡秋原給王明和康生的信》（1935 年 3 月 10 日），中共中央黨史研究室第一研究部譯：《共產國際、聯共（布）與中國革命檔案資料叢書》第 14 卷，北京：中共黨史出版社，2007 年，第 366 頁。

中國的轉機即將來臨。他對幾處措辭提出自己的修改意見，認為《宣言》雖是對全國民眾而言，但主要對象是國民黨，固然應對其不抵抗政策提出批評，但考慮到期望國民黨轉向抵抗，因此在提到國民黨時，就不能不留有餘地。王明深以為然，按照胡秋原的意見進行修改。多年後，臺灣學者王建民在撰寫《中國共產黨史稿》時，特意拜訪胡秋原求證《宣言》的作者，他指出確實是王明根據共產國際指示，以中共名義在莫斯科發出的。〔註184〕

此外，胡秋原在第二次國共合作時扮演了牽線人的角色。1927年大革命失敗宣告第一次國共合作的破裂，之後兩黨進行「圍剿」與「反圍剿」的對立鬥爭。隨著日本侵略者向華北進軍，共產國際建立反法西斯統一戰線，中共和國民黨內的部分人士希望結束內戰，進行第二次國共合作，團結抗日。中共駐共產國際代表團希望將《八一宣言》中建立抗日民族統一戰線的精神，直接傳達給國民黨。《八一宣言》經胡秋原的提議修改稿，透露出了一個極為重要的信息，中共第一次稱蔣介石為「南京蔣總司令」。蔣介石從駐蘇聯大使館武官鄧文儀秘密送來的《救國時報》刊登的《八一宣言》中，注意到中共傳遞的這一重要信息。密令鄧文儀與中共秘密接觸。如果雙方直接接觸，消息很容易外泄。王明等人認為協作中共編輯《全民月刊》、宣傳全民抗日的胡秋原是合適的人選。胡秋原欣然同意這項提議，拜訪鄧文儀，鄧氏也希望通過胡秋原與中共接觸，雙方不謀而合。據胡秋原自述，中共駐共產國際領袖曾「問我可否轉請中國駐莫（斯科）外交人員一見，我曾將此意轉達當時中國政府在莫斯科負責人」。〔註185〕1936年1月13日，經胡秋原安排，中共代表潘漢年與國民政府代表鄧文儀在胡秋原寓所進行商談，這是繼第一次國共合作破裂時隔九年之後的首次接觸，開啟了第二次國共合作的先河。其中胡秋原扮演的角色，在學界研究國共關係史中很少關注這個問題。本著求真務實尊重史實的態度，不可否認胡秋原在開創第二次國共合作的破冰之舉中的貢獻，呈現出他的民族主義思想。

針對當時國內文化界和國民黨內一些民主派紛紛發表停止內爭的宣言，胡秋原在《全民月刊》上也進行評論，呼籲停止內戰，全民一致抗日。日本

〔註184〕張漱菡：《胡秋原傳——直心巨筆一書生》，臺北：皇冠出版社，1988年，第796頁。
〔註185〕胡秋原：《在唐三藏與浮士德之間》，胡秋原：《〈在唐三藏與浮士德之間〉及其他》，臺北：胡秋原自刊本，1962年，第24頁。

的侵略使中華民族到了最後關頭,「抗日就是一切,一切歸於抗日」;「有許多人怕抗日以後就是共產黨的天下,但是,只有最堅決抗日的,才能做中國的天然領袖」。〔註186〕在他看來,中、美、英、法、蘇等國團結起來,才能抵禦東西侵略,維護世界和平;中國唯有統一抗日,舉國一致抗戰到底,才能抗戰必勝。「中國問題是全民問題,在日本壓迫之下,沒有階級鬥爭之理由」;「中國民主政治將在全民抗戰中奠立根基,中國之工業化必須經資本主義」的充分發展才能完成。「中國之資本主義不同於歐洲資本主義,在一種意義上,中國將有一種新興經濟制度」。因此,「中國一切問題皆可由抗戰而解決」。今日中國最重要的事情,便是「停止內爭,一致抗日;將來亦當永絕內爭,和平建國」。在該文中,胡秋原還指出中共和左派因不滿國民黨,不滿英美派,才相信馬列主義,迷信蘇俄指示的歷史方向是中國的前途。他希望全民抗日不僅是促成中國團結自救的政治運動,更希望在其過程中樹立中國人的自尊自信,由崇洋媚外的自卑觀念中解放出來。他後來表示撰寫該文的用意,是「感到中共之新政策將使中共能得國人同情,重建聲勢」,中國必須由「純民族的抗日理論和運動」。換言之,他「當時內心有與中共競爭抗日領導權之意,並有說服中共不迷戀蘇俄之意」。〔註187〕

　　思想上轉向新自由主義和自立文化史觀之後,胡秋原決定告別蘇俄,準備回國,將其思想和主張傳達給國人,以便盡到對國家的責任。在向王明等中共領導人辭職時,王明、康生和潘漢年都讚賞其學問,並邀請加入中共,甚至做除共產國際外無人知道的「特別黨員」也可以,一起為建立各盡所能、各取所需的共產主義而奮鬥。他表示「在我心裏,抗日就是一切,其他的事,我沒有興趣。我認為,中國最重要的,就是抗日,就是實行民族主義,任何黨都應該明白這一點。所以我無意參加任何黨派」。「我一生愛好自由,不喜歡開會,更不願意受紀律的約束!」〔註188〕與其做黨員,不如做朋友。「我之自由主義,對共產黨是不好的。你們今天也許需要,將來會覺得討厭的」。儘管王明等人表示「革命有階段」,「現在並不反對自由主義」,〔註189〕但他聲稱

─────────────────

〔註186〕胡秋原:《抗日就是一切,一切歸於抗日》,《救國時報》1936年6月30日。
〔註187〕胡秋原:《在唐三藏與浮士德之間》,胡秋原:《〈在唐三藏與浮士德之間〉及其他》,臺北:胡秋原自刊本,1962年,第24頁。
〔註188〕張漱菡:《胡秋原傳──直心巨筆一書生》,臺北:皇冠出版社,1988年,第801、802頁。
〔註189〕胡秋原:《在唐三藏與浮士德之間》,胡秋原:《〈在唐三藏與浮士德之間〉及其他》,臺北:胡秋原自刊本,1962年,第25頁。

「我是個講自由主義，甚至講新自由主義的人，要比西方的自由還要徹底，而諸位的斯大林先生曾經批評過『腐敗的自由主義』。試問，我怎麼配當共產黨員！」此時，他在思想上有三大信念，即「相信自由主義，不相信馬克斯主義」、「相信資本主義，不相信社會主義」、「相信中國第一，永遠不會喊斯大林萬歲」。〔註190〕在踐行宴上，王明等人感謝胡秋原一年半以來的編譯研究工作，希望並相信以後繼續合作。他表示雙方的合作是愉快的，「我相信俄國制度不能行於中國，但中共全民抗戰政策，是國家之幸，而中共之誠懇，亦爲我所深信。我將以個人之力促進民族抗戰之大業，並爲統一富強之新中國而奮鬥」。由此可見，胡秋原對中共和全民抗戰的態度是誠懇的。直到抗戰勝利之前，由於此諾言，他「始終希望國共關係良好，競爭而不是鬥爭」。〔註191〕然而，在當時國共兩黨激烈鬥爭的環境下，這種美好願望是一種不合時宜的政治不正確的「書生之見」。

告別蘇俄，胡秋原奔赴英法，參加「世界和平運動」（Peace Campaign）。據他自述：當時德意日「軸心」形成，在知識界與民間，「自由主義者與社會主義者亦攜手反對法西斯運動與侵略」。〔註192〕英國著名的保守黨政治家、國際聯盟元老薛西爾（R.Cecil）爵士任主要領導人，實際上是反戰反法西斯運動。中國成立一個由陳銘樞任團長的代表團參加該會，胡秋原編寫反映日本侵華和中國抗戰與世界和平關係的兩本小冊子──《中國與和平》（China and Peace）和《中國爲和平而戰》，並與陳銘樞、王禮錫等人一起赴布魯塞爾與會。1936年8月24日，胡秋原與陶行知等人在巴黎聯合發表《告海外同胞書》，號召全歐華人不分黨派、不問信仰，團結起來一致抗日，建議成立「全歐華僑抗日救國聯合會」。9月20日，陳銘樞在大會上作《國共兩黨及一切抗日黨派聯合抗日爲之第一步》的演講。大會製定了《宣言》和《會章》，通過致國內外同胞的《立即武裝抗日》的通電。選舉產生全歐抗聯會執行委員會，胡秋原、陳銘樞、王禮錫等當選爲常務委員。實際上是胡秋原等人自「一·二八」事變以來抗日主張的延續。中共在巴黎出版的《救國時報》評價此次大

〔註190〕張漱菡：《胡秋原傳──直心巨筆一書生》，臺北：皇冠出版社，1988年，第802、803頁。
〔註191〕胡秋原：《在唐三藏與浮士德之間》，胡秋原：《〈在唐三藏與浮士德之間〉及其他》，臺北：胡秋原自刊本，1962年，第25頁。
〔註192〕胡秋原：《在唐三藏與浮士德之間》，胡秋原：《〈在唐三藏與浮士德之間〉及其他》，臺北：胡秋原自刊本，1962年，第26頁。

會不僅是全歐華僑的抗戰心聲，而且也是全體中華民族抗日救亡的重要篇章。胡秋原、王禮錫等人在《救國時報》民族出路問題論壇上，撰文闡述國共聯合抗日的重要性，胡秋原在《救國時報》上發表了《抗日就是一切，一切歸於抗日》，鼓吹全民抗日。不僅如此，胡秋原等人深入華僑之中進行抗日演講，廣泛宣傳和組織抗日民族統一戰線。他為全歐華僑抗聯會起草了大量文件，並在巴黎全歐華僑舉行的魯迅追悼會上發言。魯迅去世前曾和林語堂、巴金、鄭振鐸等人發表過一篇《團結禦侮與言論自由》的宣言，其主張與胡秋原 1931 年主辦的《文化評論》相同。他在發言中高度評價了魯迅對中國文學的貢獻，認為「普羅文學」的時代過去了，現在是「抗日時代」，爭取言論自由，首先是爭抗日的言論自由。

　　1936 年 11 月初，在巴黎，康生約胡秋原談論有關抗日之事，當時留學生和華僑贊成胡秋原全民抗日的主張，但也有人對王明、李立三、康生等中共領導人禮遇胡秋原表示不滿，甚至認為他有野心，是潛在的危險敵人。對此質疑，康生表示中共對革命事業的看法，猶如「長長的列車，每到一站，都有人上車或下車」。在抗日階段，胡秋原有其重大價值，故支持他。「至於將來他會不會成為敵人，那是以後的事，即使他下車了，也會有其他的人上車」。胡秋原回應說：「我認為中國第一要務，是能夠獨立，不受他人侵略欺侮，這個任務完不成的話，任何主義都沒有意義，包括共產黨在內」。因贊同中共抗日民族統一戰線的主張，胡秋原成為中共的朋友。在他看來，大家都是為抗日而努力，應該不會成為敵人。但同時又表示如果發現「我不忠於國家，不忠於抗日，你們就有權視我為敵人」。反之，如「我認為你們不忠於國家，或是只忠於俄國」，那麼則毫不客氣地表示反對，即便是有實力了，也決不會用暴力方式對付。對此，康生也回應道：「我們的黨決不會背叛國家和人民，如果有一天我們反對你，也一樣不會用國民黨的辦法來對付你」。〔註 193〕胡秋原是站在維護國家獨立的立場上，呼籲全民抗日，此番言論道出了他強烈的民族主義情懷。他回國後書生論政，全身心地投入到抗戰之中，只不過他加入了國民黨陣營，也與中共保持朋友關係。直到 1949 年他離開大陸赴港後，中共還勸說其北上，這種朋友關係由此中斷。此後其在大陸卻一直受到批判，令人唏噓不已，真實面目被遮蔽。1988 年，他訪問大陸，中斷幾十年的朋友再次得以建立。

〔註 193〕張漱菡：《胡秋原傳——直心巨筆一書生》，臺北：皇冠出版社，1988 年，第817 頁。

　　針對當時德意日「軸心國」集團的成立，國際上建立了反法西斯統一戰線，國內反日民族情緒也逐漸高漲的情形，胡秋原認爲日本必定會發動更大的侵略戰，與其在歐洲呼籲全民抗日，不如回國投入到實際的救亡運動之中，同時又準備在回國前到與中國有密切關係的美國進行考察。1936 年 12 月 11 日，胡秋原登上了駛向紐約的船隻，行至大西洋時，驚聞「西安事變」發生，於是決定暫留美國。居美期間，他與陶行知等人交遊，討論國內外局勢，並認爲「西安事變」反映了東北軍和西北軍抗日要求，與南京國民政府現行政策衝突的結果，是繼「閩變」和「兩廣事變」後人民抗日要求的新發展。他認爲如蔣介石的安全出現問題，中國沒有第二人能夠領導統一的抗日戰爭，且會造成天下大亂，主張國共合作，和平解決西安事變，陶行知等人深以爲然。此後他或演講、或辯論、或撰文，提倡全民抗日。〔註 194〕在此期間，他翻譯了《迫近的世界大戰》，〔註 195〕批評美國的中立政策，呼籲支持中國抗戰。

　　此外，胡秋原還到哥倫比亞大學圖書館借閱參考書，研究日、美、俄的遠東尤其是對華政策，太平洋問題，也研究美國的歷史文化和哲學等。經陶行知介紹，胡秋原拜訪美國學界著名學者杜威先生，談及國共關係和抗日的時局問題。杜威表示只要中國人民團結起來，日本斷然不會征服中國，並在紐約主持托洛茨基的審判。這表明杜威和胡秋原一樣，不僅對中國全民抗戰抱有必勝的信心，而且對托洛茨基深表同情，不滿於蘇俄株連無辜的大審判。在美半年，經過讀書、觀察和思考後，胡秋原認爲俄國的滿蒙政策是日本大陸政策之師，美國國務卿海約翰退還庚款設立留美預備學校，實爲培養親美人才，其功效爲其他各國所不及。俄國十月革命後，不僅對外輸出革命，有世界性意識形態的宣傳，而且更以東方大學等訓練黨人，其收效竟比美國還要迅速。在閱讀法國著名政治思想家托克維爾（Alexis de Tocqueville）所著《論美國的民主》後，他預言當各國發展停頓之時，美俄將以不同形式，迅速地發展成爲分別支配半球的大國。二戰後美俄爲爭奪世界霸權，進行「冷戰」，成爲支配世界的「超級大國」，歷史的發展驗證了他的預言。盧溝橋事變發生後，胡秋原立即從美歸來，投入到抗戰建國之中。他以詩言志：「一聞烽火動，

〔註 194〕 胡秋原：《什麼叫聯合戰線——在紐約中學生抗救會時事討論會上演講》，《民族戰線》第 3 卷第 2 期，1937 年 4 月。

〔註 195〕 〔美〕T.H.Wintringham（溫群漢）著，胡秋原譯：The Coming World War（《迫近的世界大戰》），上海：中華書局，1937 年。

萬里赴軍麾。年逝他鄉水，心旌故國馳。親顏常如夢，兒笑亦忘饑。浪鼓歸程急，虜驕有盡期」。〔註196〕

二、抗戰建國的訴求

　　1937年9月初，胡秋原到達香港，與十九路軍將領一起「共赴國難」。「閩變」失敗後，陳銘樞等人在香港組織「民族革命同盟」，力主抗日救國。中共因主張建立抗日民族統一戰線，也有意與之建立聯繫。據胡秋原自述：「其中有人有感於此，以為當初與政府歧見，由對日問題而起。今政府既已抗戰，正吾人初衷，因建議解散，我甚贊成」。該提議得到李濟深、陳銘樞、蔣光鼐、蔡廷鍇的一致同意，胡秋原負責起草解散宣言。他表示「願為抗戰盡所有之力，否則，亦以獨立言論，盡一人之責」。〔註197〕關注國際政治和中日關係的胡秋原，深知國際援助的限度，過於重視國際的同情與援助是錯誤的。與陳銘樞等人討論時局時，他認為日本侵略中國的目的是不許中國統一和發展工業，即不許中國建立一個獨立自主的現代民族國家。故此，中國抗戰的目的是「一面長期抗戰，排除建國障礙；一面加速政治、經濟、教育、文化的建設，以支持長期抗戰」。〔註198〕在他看來，這是建國的基礎，建國與抗戰是相互支持的，《抗戰建國芻議》是其思想的反映。據他自述：「內有《抗戰建國政治綱領》，我想這是『抗戰建國』二字連用最早的文件之一，而對後來漢口的《抗戰建國綱領》有開端作用的」。

　　胡秋原認為抗戰是「民族存亡之戰，也將是一場長期艱苦之戰。必須全國齊心苦鬥，才能亦必能有最後勝利」。到漢口後他接辦並改組《時代日報》，任總編輯兼總主筆，宣稱其宗旨是「鞏固統一，抗戰到底；法治科工（科學與工業），富國強兵」。〔註199〕前八字是就抗戰而言，後八字是指抗戰救國。「中國所以落後，貧弱，以致受日本侵略，無非由科學落後，工業落後。富強之

〔註196〕轉引自張漱菡：《胡秋原傳——直心巨筆一書生》，臺北：皇冠出版社，1988年，第854頁。

〔註197〕胡秋原：《在唐三藏與浮士德之間》，胡秋原：《〈在唐三藏與浮士德之間〉及其他》，臺北：胡秋原自刊本，1962年，第26～27頁。

〔註198〕張漱菡：《胡秋原傳——直心巨筆一書生》，臺北：皇冠出版社，1988年，第869頁。

〔註199〕胡秋原：《六十年來我的重要著作和主張》（上），《中華雜誌》1990年12月號。

本，在於發展科工，又須法治以支持之。法治是民主之基礎，民主是法治之完成」。而這十六字方針，是「連貫戰後建國目標和對外政策的」。〔註200〕在給其夫人的信中，以詩表達自己的抗日夙志。「思念夢寐思攘敵，大戰歸來袖手看。尚有自由一筆在，風行雷動教倭寒」。〔註201〕在漢口時，以書生報國，爲《時代》撰寫社論，八個月間，300多篇社論都出自他一人之手。這些社論和時評都是依據「鞏固統一，抗戰到底」的宗旨撰寫而成，後來集印成《時代日報社論》八大集。〔註202〕又將討論建國問題的文章編印成《抗戰建國之根本問題》、《中國革命根本問題》等小冊子。〔註203〕《時代日報》不諱言中國戰局的失敗，對國際形勢和中日戰爭局勢的分析判斷都比較客觀，且力言抗戰到底必定勝利之理。基於客觀分析，其社論是站在超黨派的立場上對國內政治和外交問題，提出誠懇與實際的主張和建議。據梅光義回憶，《時代日報》駁斥《大公報》「如日本侵略南京，即無和平之言」的社論，是要求「城下之盟」，主張「不能以南京一時得失換取民族萬世之存亡」。此外，「本報對當時政府與官吏的錯失或腐敗行爲，也有穩重的批評」。〔註204〕

1938年1月11日，《新華日報》在漢口創刊，該報的社論標榜「鞏固團結，抗戰到底」。該報事前曾向各方徵求題字，胡秋原的題詞爲「鞏固統一，抗戰到底」。出版後各方題詞都刊出，唯獨不見他的題詞。〔註205〕他拜訪時在漢口的王明問及緣由，並認爲自己與該報題詞僅有兩字之差，且「統一」與「團結」，與王明在莫斯科時所言「解放」與「自由」意義類似一樣，爲何不予刊出呢？王明當面表示負責改正這種「不禮貌」的現象，第二天《新華日報》刊出其題詞。據他自述：「《新華日報》在戰時的口號是『鞏固團結，抗

〔註200〕胡秋原：《一百三十年來中國思想史綱》，臺北：學術出版社，1983年，第162頁。

〔註201〕轉引自張漱菡：《胡秋原傳——直心巨筆一書生》，臺北：皇冠出版社，1988年，第880頁。

〔註202〕胡秋原：《統一與抗戰》、《肅奸與懲貪》、《世風與學風》、《戰局與歐局》、《興黨與建國》、《雪恥與兵役》、《國防與經濟》、《道德與科學》，漢口：時代日報社出版，1938年。

〔註203〕胡秋原：《抗戰建國之根本問題》，漢口：時代日報社出版，1938年；《中國革命根本問題》，重慶：建國印書館，1939年。

〔註204〕梅光義：《回憶〈神州國光社〉與〈時代日報〉》，《中華雜誌季刊》1993年12月號。

〔註205〕胡秋原：《在唐三藏與浮士德之間》，胡秋原：《〈在唐三藏與浮士德之間〉及其他》，臺北：胡秋原自刊本，1962年，第27頁。

戰到底』，只是將先出版的《時代日報》上的口號之一『統一』換爲『團結』」。〔註206〕對於此說是否如他所言，目前還未發現驗證此說的史料。

他在《時代日報》上提倡「純民族主義」，《中國革命根本問題》就是民族主義的具體體現。隨著日寇逼進武漢，嚴峻的形勢使《時代日報》於 7 月底不得不宣佈休刊。抵達重慶的胡秋原開辦「時代日報印刷所」，出版《祖國》周刊，後改爲月刊，依然繼承《時代日報》的宗旨。據梅光義回憶，《時代日報》和《祖國》，實際上是繼承了神州國光社的精神和事業──「發揚民族主義與中國文化，求中國民族出路」。〔註207〕筆者以爲，無論是在漢口時以獨立的媒體人，還是在重慶時進入黨政機構，胡秋原都試圖通過辦報呼籲各黨派放下成見，團結起來，以民族利益爲重，全民抗日，這也是那個時代有志於抗戰建國的文化人共同的願望。進入國民黨的體制內後，在學術思想上轉向自由的民族主義立場，投身於現實政治，撰寫大量的時評文章，「成爲活躍一時的輿論界知名人物」，〔註208〕也是 1940 年代最重要的理論宣傳家之一。

1. 統制經濟還是混合經濟？

1929 年世界經濟大恐慌後，計劃經濟大爲盛行，著名經濟學家馬寅初也大談統制經濟，計劃與統制幾乎同義，國內學界幾乎人人都是社會主義者了。汪精衛執筆的《抗戰建國綱領》提出「實行計劃經濟」。此時，重慶和各地談論建國問題時，也多半講社會主義和統制經濟。1924 年以來，國民黨官方的論點用「社會主義」來解釋「民生主義」。「九・一八」後，法西斯主義傳來，國民黨人又以「統制經濟爲民生主義之實行，徒便官商勾結，造成物資不足，通貨膨脹，終於自亡於政權」。〔註209〕在當時日軍深入中國內地之後，如何實行計劃和統制呢？事實上，在《抗日就是一切，一切歸於抗日》一文中，胡秋原主張中國應發展民族資本主義。基於這種認識，1938 年 8 月底，抵達重慶的胡秋原在《時事新報》上撰文《民生主義是資本主義》。該文主張民生主義實質上是民族資本主義，力勸政府放棄統制經濟政策，「中國應走資本主義

〔註206〕胡秋原：《一百三十年來中國思想史綱》，臺北：學術出版社，1983 年，第 165 頁。

〔註207〕梅光義：《回憶〈神州國光社〉與〈時代日報〉》，《中華雜誌季刊》1993 年 12 月號。

〔註208〕涂月增：《我所知道的胡秋原》，《黃陂文史》第 1 輯，1988 年，第 163 頁。

〔註209〕胡秋原：《六十年來我的重要著作和主張》（上），《中華雜誌》1990 年 12 月號。

道路」。因與當時流行的向社會主義前進的潮流不同，引起各方關注和很大的反對聲浪，演化爲一場有關資本主義與社會主義的論戰。國民黨的任卓宣，國社黨的羅隆基等人所發表屬於學術性討論和批評的文章；而汪精衛在中央紀念周上發表演說，提出嚴厲警告，並授意向中央黨部控告。此時，在重慶的陳獨秀閱讀胡秋原引起風波的文章後，讚賞其觀點，致信國民黨中央黨部，指出胡秋原提出的問題值得鄭重討論，並不可對其採取壓迫手段。由曾任中共早期領導人的陳獨秀發表支持發展資本主義的文章，「至少可見不一定資本主義即落伍，主張社會主義即前進」。〔註210〕時任中宣部長的周佛海和著名政論家陶希聖主持的「藝文研究會」主辦的《政論旬刊》，刊發了有關資本主義與社會主義論戰的文章。懾於輿論壓力，至於控告之事，由周佛海召集會議起草一份批示，結束此一公案。對此事的發展，胡秋原十分困惑，何以向來溫和的汪精衛，竟然對其文章如此震怒？難道他是社會主義者嗎？否則，爲何大動干戈，表現得如此這般嚴重？事隔兩月，汪精衛秘密離開重慶與日本和談，胡秋原恍然大悟，汪精衛早有異心，他的那篇文章犯了汪精衛的忌諱，才借題發揮。二次大戰後，混合經濟一詞甚爲流行，這與胡秋原「對民生主義之瞭解相符」。〔註211〕

此後，胡秋原撰文繼續呼籲國民政府，政治上「採取開明措施，延攬人才，收攬人心，並向民主政治前進」；經濟上「發展國民資本——實即資本主義——以支持長期戰爭」。〔註212〕他認識到中國經濟落後，力主發展資本主義。他指出：「必須痛切認識，我們跳不過資本主義階段。徹底實行資本主義制度，在中國是進步，是革命——它將肅清中國政治經濟上的腐敗與落後。經濟復生之方，在於實行工業化，機械化」。由此，「奠立民主政治的基礎」。他認爲「必須抗戰到底，才能奪取勝利，完成工商建國的大業；而也必須實行資本主義，保護工商，才能支持長期抗戰」。〔註213〕這是他的新自由主義思想之應用，並指出首先要爭取民族自由，「發展民族資本主義對抗

〔註210〕胡秋原：《一百三十年來中國思想史綱》，臺北：學術出版社，1983年，第164頁。

〔註211〕胡秋原：《六十年來我的重要著作和主張》（上），《中華雜誌》1990年12月號。

〔註212〕胡秋原：《在唐三藏與浮士德之間》，胡秋原：《〈在唐三藏與浮士德之間〉及其他》，臺北：胡秋原自刊本，1962年，第27頁。

〔註213〕胡秋原：《在中國實行資本主義主義是進步》，《政論》第1卷第21期，1938年8月。

日本帝國主義」。〔註214〕這是他思想自立後對中國民族革命出路的思考。

　　胡秋原認為當時中國的「許多經濟學家，只背誦外國書本，或追隨他人誇張資本主義恐慌，而不知道自己的問題是另一問題，而中國應取何種經濟政策，也不去研究」，〔註215〕造成國人對資本主義的誤解。那些認為資本主義之後就是社會主義的說法，是「圖式主義」。資本主義與社會主義乃是兩種工業制度，離開工業談論其區別便毫無意義。「所謂私有與公有者，乃指工業財產而言」。〔註216〕鑒於這種認識，他考察資本主義和社會主義的歷史後指出：「工業革命促進世界的進步與革新」，由此，資本主義又產生了「民族主義、民主政治、科學文明」。「資本主義──民族主義──自由主義」，在其「最發達時期，是三位一體的」。聯繫到當時中國經濟落後、未經過工業革命的現實，他又指出：「中國民族統一自由獨立，就是中國市場之統一自由獨立」，「民族主義在本質上是資本主義」。中國革命的目的是「為發展民族資本，將農業國變為工業國。為充分發展民族資本，進而發展工業化而戰，這就要一面抗戰，一面建國」。唯如此才能建立現代中國，才有「統一的主權，機器工業的生產，民主政治，科學文明」。中國的抗戰是「內求統一，外求獨立」，這是「國家現代化要求之兩面」。而「民生主義不過要防止將來資本專制，決不是說今日不要儘量發展生產，而國營一時來不及者，不儘量扶植私人工商業之發展，有什麼辦法呢？」〔註217〕

　　對當時馬克思主義者所主張的社會主義，胡秋原指出「在理論上，社會主義可看作一種急進的民主主義」。〔註218〕「馬克斯主義之功勞，在其不以社會主義為一種道德或倫理學說，而成為一種經濟學說。馬克斯主義目的，還是在提高社會生產力」。〔註219〕對實現社會主義的方法，馬克思主義派又分為第二國際派和第三國際派。前者主張通過議會方式，主要有德國社會民主黨、英國工黨和法國社會黨的執政，後者則主要建立無產階級專政，有蘇俄革命之成功。「社會主義攻訐資本主義之利潤制度工錢制度」，事實上，社會主

〔註214〕胡秋原口述，宋江英整理：《胡秋原的青年時代》，《人間》1987 年 3 月。
〔註215〕胡秋原：《所謂學術中國化》，《時代精神》創刊號，1939 年 8 月。
〔註216〕胡秋原：《論資本主義與社會主義》，《時代生活》第 1 卷第 5 期，1943 年 9 月。
〔註217〕胡秋原：《論資本主義與中國》，《政論》第 1 卷第 23 期，1938 年 9 月。
〔註218〕胡秋原：《論資本主義與社會主義》，《時代生活》第 1 卷第 5 期，1943 年 9 月。
〔註219〕胡秋原：《論資本主義與中國》，《政論》第 1 卷第 23 期，1938 年 9 月。

的「蘇俄仍有工錢」。所謂「利潤,乃生產之天然報酬」。真正的問題在於「利潤屬於何人」,在資本主義制度下,「屬於生產工具所有者」,「社會主義者主張屬於生產者」,不得不要求生產工具之公有,或屬於國家。然而「社會主義之根本困難與矛盾亦在於此」。所謂「公有,實則為國有,故社會主義勢必為工業利潤之國有制度」。在專制政體下,國有不能保障利潤之平均與合理。「如果是一真正的民主政府,則國有即是民有。在此情形之下,社會主義與資本主義將合為一線,所以社會主義與民主政治不能分開」。〔註220〕如將政權分為寡頭、少數、多數和全民四種政治,蘇俄、德國、英美分別為代表前三種國家,第四種則屬於將來的國家。如以國家之基礎的廣狹而論,英美反較自稱社會主義的蘇俄和德國更接近社會主義。

對中國馬克思主義者反對資本主義,胡秋原質問道:「中國有無機器生產呢?中國開始發展現代生產之時,還是應保護或是取消私有財產呢,中國的生產是否業已過剩到這個程度,不取消私有制便形成生產與消費的矛盾呢」?按照馬克思主義學說,「中國是由封建社會到資本主義過渡期而且還有帝國主義的壓迫」;「封建主義既然落後,社會主義又不夠條件,若不發展資本主義,然則要怎樣呢?是否要做殖民地呢?」那些以販賣蘇俄和法西斯國家報紙雜誌上的論調為能事者,以「馬克斯主義經濟學教程就是經濟學」,談論「似是而非的社會主義與統制經濟」,「實在是殆害青年不淺」。是以「中國頭腦聽人跑馬,不是幸事」。因此,中國思想界需要用「古典資本主義時代的民族主義與科學精神」來澄清這些誤解。對發展資本主義會導致流血的社會革命的擔心,在胡秋原看來,「多是受公式主義的社會進化史之誤」。按照馬克思主義觀點,只有在資本主義經濟充分發展的基礎上,才能實現社會主義。中國的資本主義經濟充分發展之後,「最能和平達到社會主義的國家」,亦即「民生主義的國家」。〔註221〕

胡秋原認為馬克思主義「最大弱點是忽視民族問題,馬克斯未嘗重視之,列寧亦不過視民族革命為無產階級革命之附助」。工業先進國「須放棄殖民地,使政治民主化,才有社會主義可言」。而「產業落後國勢衰弱之國家,反須以資本制充實民族主義及民主政治,始有社會主義可言」;「工業先進國應

〔註220〕胡秋原:《論資本主義與社會主義》,《時代生活》第 1 卷第 5 期,1943 年 9月。

〔註221〕胡秋原:《論資本主義與中國》,《政論》第 1 卷第 23 期,1938 年 9 月。

講國際社會主義，而非工業國應講民族資本主義」；「中國經濟即國家之根本危機在貧，在生產不足，在資本主義不發達」；「中國爲一經濟落後尙未經第一次工業革命國。無論國家私人，實本均極薄弱，合力救窮之不暇，斷無相剋之理」。在當時，「應以資本制爲主，將來以社會制爲主」。「爲主」者，即不完全排斥其他成分併存。充分發展資本主義，「使中國迅速工業化，完成民生主義，抵抗帝國主義之侵略，保障國民之福利」。〔註222〕爲迅速發展中國工業，在經濟上必須「以自由經濟或國民（民族的）資本主義制度爲主體，同時實行進步的社會政策，並建設國家資本，歡迎外國資本；而不可行統制經濟、社會主義或共產主義，因這一切在落後之國，必然流於官僚資本主義，或政權與經濟權之合一的法西式的獨裁，既不足以發展經濟，而且只足以破壞民主政治」。〔註223〕胡秋原對中國經濟落後現實有清醒認識，因而呼籲先發展民族資本主義，爲抗戰建國乃至爲未來走向社會主義奠定堅實的經濟基礎。這也是他一再呼籲經濟工業化，建設現代化民主強國的根本原因。

他在晚年致鄭超麟的信中，述及「一・二八」事變時便認爲「中國在實行社會主義前，必須先發展民族資本主義」。在蘇俄一年半觀察後，他「認爲中國不可行俄式社會主義」，並「深信中國必須發展民族資本主義」。抗戰勝利收回東北後，「那些大工業收歸國家所有，中國將有一新型資本主義」，即「混合經濟」。〔註224〕此外，他還指出那種認爲資本主義與社會主義不可並存之體者，隨著時代進步而被證實爲迂談。資本主義國家也日益實行公有，重視公正平等的現實使資本主義也具有社會主義傾向。進而他預言，「將來資本主義與社會主義必有一種滲透之勢」。〔註225〕百年以來社會主義和資本主義歷史的發展驗證了胡秋原敏銳的觀察。鄧小平在1990年代初南巡講話中有關資本主義和社會主義的論斷，也證實了他的預見。

值得注意的是，在此期間，胡秋原與陳獨秀之間思想上的交流。1937年9月12日，出獄後的陳獨秀遷居漢口，住在《時代日報》隔壁，胡秋原曾前

〔註222〕胡秋原：《論資本主義與社會主義》，《時代生活》第1卷第5期，1943年9月。

〔註223〕胡秋原：《一百三十年來中國思想史綱》，臺北：學術出版社，1983年，第162～163頁。

〔註224〕沈寂：《鄭超麟與胡秋原的〈隔海書簡〉》，《世紀》1998年第6期。

〔註225〕胡秋原：《論資本主義與社會主義》，《時代生活》第1卷第5期，1943年9月。

往拜訪。陳獨秀贊同《時代日報》的言論，談論時局時表示對抗戰的樂觀態度。據胡秋原自述:「相談後頗覺其無甚馬列氣味且對抗日極具熱忱」。〔註226〕「當時所談，皆抗戰之事。他說中國只有長期戰迫日本知難而退，要作持久戰」。〔註227〕中國只要解決了士氣、軍火和金錢，就一定可以獲得最後的勝利。談及蘇俄時，陳獨秀認為「蘇俄現在雖然供應飛機給我們，但是，將來怎麼樣，可就誰也不能保證了」;「蘇俄畢竟是一個危險的夥伴」，並指出當時的中共「迷信蘇俄太深了」。對此，胡秋原極為詫異，「想不到這個原屬西化的新文化運動的領袖，後來變為俄化的共產黨領袖人物後，晚年的見解，竟然與自己不謀而合」。〔註228〕正是這次交談，可以說他們成為思想上的同道者。

陳獨秀入川後曾作一次公開演講，題為《資本主義在中國》，也主張在抗戰中求中國資本主義之發展。國民黨的理論家擔心發展資本主義會引起社會主義革命，認為這是「二次革命論」。陳獨秀質問道:國民黨的民生主義是否資本主義？這種觀點與胡秋原的《民生主義實為資本主義》不謀而合。當陳獨秀看到胡秋原引起風波的文章後，為其鳴不平。據胡秋原自述，陳獨秀「寫信給該報主筆，贊成我的主張」。〔註229〕鄭超麟晚年與胡秋原的通信中說:「你在抗戰初年曾公開主張中國應當發展資本主義，為此引起汪精衛大怒，幸虧陳獨秀贊成你說的話，這是實事求是的精神。我想，當時自己正在發展資本主義，卻反對別人提倡資本主義的決不止漢奸汪精衛為止，也決不止國民黨領導人如此罷」。〔註230〕事實上，當時中共因仰慕蘇俄的社會主義道路，將資本主義視為落後和罪惡的經濟制度，故此反對發展資本主義也就勢所必至，理所當然了。

這種思想的相通使胡秋原成為晚年陳獨秀為數不多的朋友之一，當胡秋原在拜讀陳獨秀所寄《我的根本意見》後，〔註231〕1941 年 1 月 7 日，胡秋原

〔註226〕胡秋原:《綜論北伐到九一八之時期》(二)，《民主潮》第 10 卷第 4 期，1960年 2 月。
〔註227〕胡秋原:《悼陳仲甫先生》，《中華雜誌》1965 年 5 月號。
〔註228〕張漱菡:《胡秋原傳──直心巨筆一書生》，臺北:皇冠出版社，1988 年，第889～890 頁。
〔註229〕胡秋原:《悼陳仲甫先生》，《中華雜誌》1965 年 5 月號。
〔註230〕沈寂:《鄭超麟與胡秋原的〈隔海書簡〉》，《世紀》1998 年第 6 期。
〔註231〕1940 年 11 月 28 日，陳獨秀撰文《我的根本意見》，因當時的言論自由受到控制，並未公開發表，僅以油印方式寄少數友人。胡秋原獲得的油印稿是陳獨秀的學生何之瑜寄贈的。陳文中述及「應該毫無成見地領悟蘇俄二十餘年來的教訓，科學的而非宗教的重新估計布爾塞維克的理論及其領袖之價值」。胡信即是針對此點而發。

致信陳獨秀的學生何之瑜，認爲陳獨秀對馬克思主義的看法「自是新見亦是針砭，然亦是今日之常識也。弟意馬克思主義不失爲一偉大體系，唯時至今日不無落後；如欲補充修正之，則固已有事實之『正統』，爭眞陸稿薦，亦甚麻煩」；「今日之大事，爲中國之獨立民治與工業化，眞正之馬克思主義必達此結論，但不根據馬克思主義亦必達此結論，而馬克思主義者中纏夾二先生甚多，反不如其他理論更爲有用也。又以蘇俄而論，其在世界之比重已大不如前，彼是否行馬克思主義，於人類禍福，亦所關非重要矣」。因此，呼籲陳獨秀「完全跳出馬克思主義之圈子，仍繼承『五四』之傳統，無論在文化上政治上作用必更爲偉大」。〔註232〕

陳獨秀在回信中對胡秋原「繼承五四遺產」的「規勸」，並未作正面回應，僅表明自己「探討眞理之總態度」和「終身反對派」的立場，強調自來立論，「喜根據歷史及現時之事變發展，而不喜空談主義，更不喜引用前人之言以爲立論之前提，此種『聖言量』的辦法，乃宗教之武器，非科學之武器也」。《我的根本意見》中「未涉及何種主義」，也並非「以馬克思主義爲尺度」，而是以事實和歷史經驗作爲判斷的準繩。「『圈子』即是『教派』，『正統』等於中國宋儒所謂『道統』」，此與之「胃口不和」，故此，「見得孔教道理有不對處，便反對孔教，見得第三國際道理有不對處，便反對它」。與是否「陸稿薦出品」，並無關係。以「陸稿薦」的標準來定取捨，往往流於「迷信與成見」。而這「均經不起事變之試驗及時間之淘汰，弟兩不取之」。在致何之瑜轉信的附言裏，陳獨秀指出：「胡等希望我跳出馬克思主義圈子，乃彼等一嚮之偏見，不足爲異。我輩與之討論實際問題（歷史的及現狀的），使之無可逃避，不必牽涉抽象之理論及主義的圈子，免得夾纏不清也」。〔註233〕

雖然陳獨秀在回信中表明不喜「牽涉抽象之理論及主義的圈子」的討論，但事實上，此時的陳獨秀對蘇俄革命的馬克思主義進行了深刻的反思。在《我

〔註232〕沈寂：《胡秋原建議陳獨秀「繼承五四之傳統」》，沈寂主編：《陳獨秀研究（第二輯）》，合肥：安徽大學出版社，2003 年，第 332～333 頁。「陸稿薦」原爲蘇州老字號鹵肉店，後在上海開店，因聲名遠揚，此後開設的鹵肉店也多用「眞正陸稿薦」相標榜，以致形成俗語，有「假冒僞劣」反諷之意。1930 年代，這是不少文化人常慣用的詞彙，胡秋原在批判孫倬章、錢杏邨和陳高傭等人時，多次用「眞正陸稿薦」之說法，嘲諷其以「眞正的馬克思主義者（左派）」自居。
〔註233〕沈寂：《胡秋原建議陳獨秀「繼承五四之傳統」》，沈寂主編：《陳獨秀研究（第二輯）》，合肥：安徽大學出版社，2003 年，第 333～334 頁。

的根本意見》中，他指出「政治上的民主主義和經濟上的社會主義是相成而非相反的東西」；「無產政黨若因反對資產階級及資本主義，遂並民主主義亦反對之」，各國無產階級革命出現後，並無「民主制做官僚制之消毒素，也只是世界上出現了一些史大林式的官僚政權、殘暴、貪污、虛僞、欺騙、腐化、墮落，決不能創造出什麼社會主義」。而胡秋原不僅對蘇俄革命的馬克思主義有清醒的認識和批判，而且呼籲重估馬克思主義的價值，以求對傳播到中國的蘇俄革命的馬克思主義作眞僞之辨。在這一點上二人的思想何其相似。不僅如此，陳獨秀還指出，中國民族革命應朝著政治民主化和發展民族資本主義工業的方向前進，最終實現民族的眞正解放和進步。對此胡秋原評價道：「由此可見他最後思想還是一種民主社會主義，不過主張在現階段，中國應發展民族資本而已。他的民主社會主義大體與張君勱的類似，不過張的傳統成分較多，而他的西方成分較多」。〔註234〕由此可見，在實現政治民主化、經濟工業化的建國目標上，他們是一致的。

　　胡秋原對晚年陳獨秀被污蔑及其處境深表同情，在與鄭超麟的通信中說：「事爲獨秀先生所聞，故有 H 與 S 之信，亦係當然之事」。〔註235〕這裏的H 是指胡秋原。不僅如此，他還利用其擔任國防最高委員會秘書之利，設法暗中援助陳獨秀。據裴高才考證，胡秋原將陳獨秀的窘境告訴先後任國防最高委員會秘書長的張群和陳布雷，在蔣介石指示下，國民黨爲陳獨秀的《小學識字腳本》預支了 5000 元稿費，後又以朱家驊私人名義饋贈 8000 元。〔註236〕1942 年 5 月 28 日，胡秋原驚悉陳獨秀於 27 日病故，對這位新文化運動先驅的逝世，國民黨「中央社」、《申報》、《大公報》都僅發表了極爲簡短的消息或評論；《解放日報》、《新華日報》甚至隻字未提。胡秋原欣然提筆撰寫了一篇《悼陳仲甫先生》，在《掃蕩報》副刊上發表。這竟然成爲當時重慶媒體唯一悼念陳獨秀的長文。沈寂認爲胡秋原「此時不可能不受陳獨秀的影響，尤其對陳獨秀的處境與爲人瞭解尤爲深切」。〔註237〕筆者以爲受新文化運動「洗禮」的胡秋原，早年閱讀《新青年》中陳獨秀的文章，不能不受其影響。但在歐美和蘇俄考察四年之後，已有其歷史哲學。他和陳獨秀在對蘇俄的認識、

〔註234〕胡秋原：《一百三十年來中國思想史綱》，臺北：學術出版社，1983 年，第 160頁。

〔註235〕轉引自沈寂：《鄭超麟與胡秋原的〈隔海書簡〉》，《世紀》1998 年第 6 期。

〔註236〕參見裴高才：《胡秋原見證陳獨秀的最後歲月》，《世紀行》2012 年第 2 期。

〔註237〕沈寂：《鄭超麟與胡秋原的〈隔海書簡〉》，《世紀》1998 年第 6 期。

批判和反思方面、對政治民主化、發展民族資本主義進行經濟工業化、抗戰
建國等諸多問題上有共同的見解，但很難說胡秋原是受陳獨秀的影響。不可
否認，正是在這些問題他們思想上產生共鳴，使他成爲陳獨秀晚年爲數不多
的朋友，才有了他們思想和情感上的相互支持。胡秋原在《一百三十年來中
國思想史綱》中，對張君勱一筆帶過，而對陳獨秀晚年的三封信和《我的根
本意見》進行精闢的介紹和分析。他之所以對陳獨秀情有獨鍾，是因爲「當
時西化派對抗戰悲觀」，而「陳先生卻堅信抗戰必勝」，在中國學界，陳獨秀
的「遭遇甚不公平」。〔註 238〕胡秋原認爲陳獨秀代表中國當代思想變化之縮
影：「先爲反傳統的西化運動的先鋒，繼爲俄化運動領袖，終於超越俄化——
雖然還不能脫出西方民主社會主義的網羅」。他的思想演變與當時迷信蘇俄的
左翼青年形成鮮明的對照。「他的態度和變化，應能啓發一般肯思想的青年之
深思」。〔註 239〕胡秋原赴臺後將當年悼念陳獨秀的文章重新發表，並加注進行
說明。在注釋中胡秋原指出：「一個人過於超出時代，突出時代，是難免孤立，
而且碰壁的，而在一個四維不張，世衰道微的時代，尤其如此」。〔註 240〕這裏
他是在評價陳獨秀思想超前時的感歎，他又何嘗不是如此呢？

2. 從中西文化比較的角度對抗戰建國理論的闡述

　　在國共合作全民抗日的高潮中，國民黨積極拉攏聚集在武漢和重慶的文
化界知名人士。當時「胡秋原正處在政治上無所憑依、尋求出路的時刻」，〔註
241〕與蔣介石的把兄弟張群拉上了關係。1939 年 1 月，國民黨召開五屆五中
全會，決議將中央政治會議和國防最高會議合併，設立「國防最高委員會」，
張群任秘書長，胡秋原受其委派任機要秘書。在汪精衛叛變後，國民黨中央
有「國民精神總動員運動」，「國民月會」及「國民公約」的宣誓。國民精神
總動員運動提出「國家至上，民族至上；軍事第一，勝利第一；意志集中，
力量集中」等口號。這工作由國防最高委員會主持，胡秋原主管這部分工作，
草擬出版鼓舞士氣的小冊子，以供「國民月會」講解之用。並撰文呼籲《不
要誤解精神總動員》，指出這是一種現代化的民族精神和科學精神。〔註 242〕

〔註 238〕轉引自沈寂：《鄭超麟與胡秋原的〈隔海書簡〉》，《世紀》1998 年第 6 期。
〔註 239〕胡秋原：《一百三十年來中國思想史綱》，臺北：學術出版社，1983 年，第 161
　　　　頁。
〔註 240〕胡秋原：《悼陳仲甫先生》，《中華雜誌》1965 年 5 月號。
〔註 241〕涂月增：《我所知道的胡秋原》，《黃陂文史》第 1 輯，1988 年，第 163 頁。
〔註 242〕胡秋原：《不要誤解精神總動員》，《國魂》第 36 期，1939 年 4 月。

在此期間，胡秋原接觸更多中央和各地的黨國要人，瞭解到國民黨的作風，使他聯繫到在莫斯科時共產黨的工作作風。發現二者共同之處在於難免八股宣傳，不同之處是國民黨以奉行故事爲其特色，共產黨以認眞執行政策爲特色。他認爲長期以往，國民黨絕非是共產黨的對手。如共產黨勝利，就是蘇俄道路的勝利。

張群談及時局時認爲抗戰時期不得不聯俄聯共，向胡秋原徵求解決中共問題的建議。胡秋原簡略提出其意見，繼而在國防最高委員會秘書處的討論會上作專題報告。他認爲從思想信仰上來看，中共問題不在其本身，而在其將蘇俄開創的歷史航向視爲唯一正確的救國之道。左翼知識分子迷信蘇俄，與那些崇拜歐美的知識分子一樣，都是普遍失去民族自尊和自信，形成崇洋媚外之心態。國民黨解決這種心態的唯一辦法，首先，要振作民族主義精神，確立民族自尊、自信的意志與信念，瞭解中國應有的立國之道。國民黨務必努力使人人以天下國家爲己任，才能復興國民黨。蘇俄革命的馬克思主義，與眞正的馬克思主義大相徑庭，務必使知識分子瞭解這種區別。其次，修明政治，改善人民生活，獲得人民擁護，在經濟上作支持長期抗戰準備。不可予中共以藉口，更不可爲淵驅魚。最後中共問題根本是蘇俄問題，必須在抗戰中提高國軍戰力。最重要的是，在軍事上防止中共打通國際路線，阻止其與蘇俄合流。不可因小事與中共發生摩擦，朝抗戰建國之正途的方向邁進。此外，他還主編國民外交協會會刊──《外交季刊》，發表《中國外交當前之限度與工作》、《日本之命運》、《蘇德條約的觀感》等文。在此期間，張群和時任中宣部長的葉楚傖邀請其加入國民黨，胡秋原表示喜歡自由，只願作國民一份子，不願加入任何黨派。葉楚傖爲其辦理好所有入黨手續，胡秋原聲明國家民族利益高於黨派利益，當二者衝突之時，只承認國家利益，得到應允後方才加入國民黨。

關於建國理論問題，抗戰初期，胡秋原撰文呼籲內求統一外爭獨立，主張「一面抗戰，一面建國。抗戰是爭取民族國家之獨立，建國是實現統一的民族國家。獨立統一可說是目的，抗戰建國可說是方法。加強統一，徹底抗戰是今日的最高命令」。〔註243〕不僅胡秋原撰寫的《抗戰建國根本問題》和《中國革命根本問題》有人批評，即便是各黨派一致贊同的《抗戰建國綱領》也有不同解釋。胡秋原認爲這種不同，與百年以來傳統派、西化派與俄化派之

〔註243〕胡秋原：《內求統一外爭獨立》，《時事月報》第 18 卷第 7 期，1938 年 4 月。

分化密切相關。百年來悲劇的根源在於「中國在積弱之後，精神上缺乏自主之力，雖然也想學他人之長，然以耳食爲盲從，因盲從而內戰，或反其道而復古，也增加思想之迷茫，國是之混亂。由落後而被侮，由被侮而喪志，由被侮而自相殘害」。〔註244〕抗戰建國始終是復興中國文化問題，系統研究中國文化、思想的起源、發展和興衰的演變過程，是復興中國文化的基礎。因此，新文化建設問題，是新中國建設的理論依據。在《中國文化復興論》中，他強調新中國必是一個獨立自由、政治民主化、經濟工業化的國家。「一個工業化的中國將是一種新自由主義的政治經濟，發展新自由主義的文化」。〔註245〕作爲致力於探索中國出路的學者，他的文化觀與中國馬克思主義者有某些共識。他認爲新自由主義文化，即新中國文化的終極目標是推動中國建設以工業化爲基礎的現代文明。這種文明既不是「舊文明之復活」，也不是所謂「全盤西化」或「蘇維埃式的文明」，而是「由中國所創造，爲中國之進步，表現中國之特點的現代文明」；「形式上是民族的，內容上是科學的」。〔註246〕他後來提出「超越傳統、超越西化、超越俄化而前進」，走中國自己發展道路的思想由此定型。當時「西化派」有加強獨裁專政的傾向；中共主張「學術中國化」，在此，胡秋原實際上含有批評兩派之意。

胡秋原的新自由主義文化觀，與毛澤東在《新民主主義論》中對新文化的界定有異曲同工之妙：「民族的科學的大衆的文化，就是人民大衆反帝反封建的文化，就是新民主主義的文化，就是中華民族的新文化」。〔註247〕比兩年前胡秋原《中國文化復興論》中多了「大衆的」。據胡秋原自述：「將毛澤東的《新民主主義論》與我的《中國革命根本問題》（應爲《中國文化復興論》──筆者注）加以比較，可知他看了我的書」。〔註248〕目前還未發現有史料佐證此種說法。雙方在新文化的民族性和科學性上取得共識是不爭的事實，但

〔註244〕胡秋原：《新中國之文化》，胡秋原：《文化復興與超越前進論》，臺北：學術出版社，1980 年，第 115 頁。

〔註245〕胡秋原：《一百三十年來中國思想史綱》，臺北：學術出版社，1983 年，第 162 頁。

〔註246〕胡秋原：《中西文化與文化復興》，重慶：時代日報出版社，1943 年，第 57 ～58 頁。

〔註247〕毛澤東：《新民主主義論》，《毛澤東選集》第 2 卷，北京：人民出版社，1991 年，第 709 頁。

〔註248〕胡秋原：《一百三十年來中國思想史綱》，臺北：學術出版社，1983 年，第 165 頁。

很難說是否受啓發或影響，可以說是雙方認識不謀而合。儘管胡秋原未明確突出新文化的「大眾性」，但他也指出新文化的合法性首先在於它「能代表眾人，亦能啓發眾人」。這裏的「眾人」不是指階級或集體，而是指具有民族文化品格的個人。在他看來，中國最關鍵的問題是民族問題，而不是階級問題，馬克思主義的階級鬥爭理論和無產階級專政學說不適合中國。新文化的首要任務是喚醒國民的民族文化意識，爭強民族自信心。新文化的價值觀念，是根據建設中國現代文明的需要，批判地繼承傳統人文主義精神，弘揚民族文化之精華，去除其腐朽落後的糟粕。換言之，即發揚民族固有文化中的「自由平等」、「尊重勞動」、「正義自尊與堅毅」、「現世與務實」、「博愛與和平」和「獨立創造」的精神。民族傳統文化中「孔墨的光榮傳統」和「人類最優秀的思想相通」；「同時拋棄有害的渣滓，如老莊之學，腐儒之學」等等。〔註249〕他還認爲新文化也能「經世致用」，增進民族的道德水準，「有益於天下」。〔註250〕

抗戰以後，討論建國問題的書籍，較早的有上文述及的胡秋原的兩本專著。此後，還有 1938 年下季，國社黨領袖張君勱的《立國之道》，提出民主社會主義的建國目標；1940 年初，毛澤東撰寫的《新民主主義論》，主張以人民代表大會選舉政府，提出建立「民族的、科學的、大眾的」文化前途。胡秋原在閱讀完孫中山的所有著作後，認爲三民主義是救國建國的理論，非販賣外國學說可比，自 1939 年起，陸續發表論述三民主義哲學基礎及其意義的文章。1941 年下季，集結成書，名爲《國策之原理——三民主義之理論與實行》。在影響力上，該書和張君勱的《立國之道》不相上下，但遠比不上毛澤東的《新民主主義論》。著名思想家和政治家李璜揭示了其中的原因，「《新民主主義論》，針對國民黨專政的弱點大發議論，而國民黨又未能注意而予以反擊，只圖在軍事上消滅共（產）黨……總以高高在上的孤立爲榮，恰恰與中共以可乘之隙」。〔註251〕事實上，毛澤東的主張在當時的確吸引了相當多人的注意力，成爲後來中共建政的重要理論根據之一。

〔註249〕 胡秋原：《中國文化復興論》，胡秋原：《中西文化與文化復興》，重慶：時代日報出版社，1943 年，第 45～47 頁。

〔註250〕 胡秋原：《論經世之學》，胡秋原：《中西文化與文化復興》，重慶：時代日報出版社，1943 年，第 83、84 頁。

〔註251〕 轉引自張漱菡：《胡秋原傳——直心巨筆一書生》，臺北：皇冠出版社，1988年，第 946 頁。

臺灣學者孟德聲認為，在蘇俄期間，胡秋原目睹並體驗到蘇俄內外關係中的專制主義、大國沙文主義，於是思想上從「自由主義的馬克思主義」轉向「自由主義的民族主義」。〔註252〕他以此立場，從比較文化史的角度論證中西文化。他認為「中西文化不是文化種類的不同，而只是文化進化階段之不同。古代中國文化與中古的歐洲文化，縱有地方色彩和國民色彩之差異，但大體相似；而今日中西文化之不同，只是西方現代化了，而我們尚未現代化之故」。〔註253〕「中國當前生存及進化之標的，為民族之獨立，政治之民主化，經濟之工業化，而根本問題為工業化」。這是中國近代落後的根源，也是抗戰建國的根本保障。「工業化是中國當然路向，也是當然國權」。中日間差距懸殊，既要「在前方抗戰」，又要「在後方建設，利用時間，一面消耗敵力，一面進行工業動員，能夠如此，我們必能勝利」。因此「中國問題，便歸到抗戰建國問題」。這裏胡秋原提出的主張，既有以時間換空間的戰略思想，又有持久戰的思想。「此次抗戰，就社會學意義而論，便是為中國工業化而戰」。進而他指出：「一百年來中國被侵略由於沒有工業化，更廣泛的說，沒有現代化。我們今天應該怎樣呢？抱殘守缺固然不行，但一切抄歐洲抄美國抄蘇俄也是不行的。今天中國的問題是一面抗戰，一面如何由非現代狀態移到現代制度。因為我們今離歐美現代國家的制度，必須有許多預備功夫，皮毛模倣，是無實際價值的」。〔註254〕

由此可見，他從比較文化史的角度來構建其建國理論的。客觀而言，在中西文化問題上，他是一位見解獨特的理論家。他承認西方工業文明是人類文明的共同發展道路，文化上各民族狹隘封閉的狀態終將被打破，代之而起的必將是相互學習，為本民族文化走向現代化掃清障礙。各民族因面臨不同的問題，因而走向現代化道路的速度和途徑也必然存在差別。如他所言：未來文明一定有「平衡發展」，「科學精神之高揚」、是「國際的文明」；「將來文化之出發點，是正義，是公道」。〔註255〕這裏的「公道」是指他思想中一以貫

〔註252〕孟德聲：《胡秋原與民族主義》，李敏生主編：《胡秋原學術思想研究》，北京：社會科學文獻出版社，1996年，第132頁。

〔註253〕胡秋原：《中西文化論》，胡秋原：《中西文化與文化復興》，重慶：時代日報出版社，1943年，第32頁。

〔註254〕胡秋原：《歷史哲學概論》，上海：商務印書館，1947年，第93、124、134頁。

〔註255〕胡秋原：《現代文化之衰落與新生》，《時代生活》創刊號，1943年2月。

之的「人道主義」。雖然他贊同西方文化中自由民主的價值，也曾一度嚮往蘇俄的社會主義道路，但對中西文化的比較研究和對中國現實的思考，使他對中國出路的思考最終歸於中國現代化問題上。可以說，他是較早地提出中國要走向建立現代工業文明國家，而不是「西化」或「俄化」的具有自由主義思想的學者。然而，他的思想是多元的，甚至有自相矛盾之處，既有與執政當局文化形態接軌的一面，又有與自由主義相謀的思想空間。他試圖揚棄傳統文化、西化主義和俄化主義，又要超越他們，構建符合現代工業文明國家的文化發展之路。

在上述認識基礎上，胡秋原思想上歸依到民族主義的立場上來。〔註256〕他認為「從歷史的觀點看來，人類文化進步的路程有先後之不同，有色彩之差異，但一般趨勢，是大體相同的」。他將中西文化的差距比作「人類文化之賽跑場上一時的先後」。而「決定的差別，在十七八兩世紀」歐洲的工業革命。〔註257〕不僅如此，他還指出中國傳統文化中也有自由民主思想和民權或民本之說，這種思想一直沿襲下來，只是未發展到歐美的高度而已。〔註258〕在研讀明末諸儒的思想時，他認為應在其經世致用精神和思想基礎上，探索中國新文化發展出路。他將「民族的、科學的」新文化的發展方向與建國理論融合在一起，成為他建國理論的重要篇章。〔註259〕他還對當時的新儒學和新漢學提出批評，認為代表儒學者是經世致用思想，今日應當以新的科學知識和民族民主的需求發展儒學與中國文化。〔註260〕當有人批評這種思想後，胡秋原再次撰文說明求真致用是學問的兩大功能，而經世並非急功近利。這種認

〔註256〕 胡秋原：《純民族主義》，《時代日報·社論》（1938年3月21日）；《再論純民族主義》，《政論》第1卷第10期，1938年5月；胡秋原：《民族主義論》，《時代精神》第1卷第3期，1939年10月。

〔註257〕 胡秋原：《歷史哲學概論》，上海：商務印書館，1947年，第114、124頁。

〔註258〕 胡秋原：《先秦思想序說》，《文風雜誌》創刊號，1943年12月；《王陽明到顏習齋》，《三民主義半月刊》第6卷第2期，1945年1月；《王陽明──中國第一個民主主義者》，《民主政治》創刊號，1945年1月；《自由主義史論》，《民主政治》第6、7期合刊，1945年11月。

〔註259〕 胡秋原：《中西文化論》，《時代精神》第2卷第5期，1940年6月；《新民族文化的創造問題》，《經緯月刊》第1卷第10期，1943年4月。

〔註260〕 胡秋原：《論經世之學》，胡秋原：《中西文化與文化復興》，重慶：時代日報出版社，1943年，第77～93頁；《論新理學》，《中央周刊》第5卷第45期，1943年6月；《新儒學之道路》，《新中國》第7期，1945年11月；《論儒學》，《建國青年》1946年第1卷第4期。

識獲得了比胡秋原更早提倡經世思想的著名學者蕭一山的聲援，此後又有不少人相呼應。次年，胡秋原也被選爲蕭一山等人成立的「經世學社」的理事。他還對思想界流行的「中學爲體，西學爲用」、「全盤西化」、「本位文化」和「學術中國化」四個口號提出批評。〔註261〕

　　胡秋原認爲抗戰是民族革命，在文化上「就要創造合乎當前民族需要和世界水準的新國民文學」，也可稱爲「民族文學」。對內表現「全民族一致的理想和風趣」，對外表現「民族精神之自立」。〔註262〕內容上表現爲民族生活的悲歡與願望，在形式上必須發揮民族語言的特色。民族文學代表全民族普遍的情感思想和意志。因此，中國文學決不可模倣西方和蘇俄的文學。由此可以看出，這既不同於與國民黨曾提倡的「民族文學」，也與 1942 年毛澤東在延安文藝座談會上提出「工農兵」文學區別開來。爲此，他和馮雪峰等人再次發生論戰。據胡秋原自述：「老實說，他更不是對手了。我過去與他們辯論，常用他們能懂的馬克斯主義術語，而現在我所用的術語，他都是不大瞭解的」。儘管如此，他還「常來談至深夜，無非覺得和我上天下地無所不談，也可以感到一種精神愉快罷」；「我對他說，自到歐遊俄後，連馬克斯到樸列漢諾夫都放棄了，他甚覺警異」。不過他贊同「人類應以人道愛相待」，「假如這個社會是像我這種人和思想支配的，他們這套人和思想自可能不同」；「我說俄國一套不高明，共（產）黨機械論也實在不通；他只能說『毛澤東不同，毛潤之不同』」。〔註263〕由此可見，胡秋原的人道愛思想也獲得左翼理論家的贊同，但在對蘇俄的認識和立國之道上雙方分歧明顯。

3. 政治民主化的詮釋

　　早在參加「閩變」時，胡秋原就提出中國未來政治的發展方向是政治民主化。流亡歐美期間，不僅考察了西方民主政治，而且也對之十分嚮往。歸國後，他一直呼籲國民黨進行改革，實行民主政治和憲政治國。1939 年，胡秋原撰文《民主政治擁護論》，〔註264〕闡述民主政治的理念。1940 年 12 月，

〔註261〕胡秋原：《談四個口號》，胡秋原：《文化復興與超越前進論》，臺北：學術出版社，1980 年，第 125 頁。
〔註262〕胡秋原：《民族文學與中國新文學之前途》，《經緯月刊》1943 年第 2 卷第 1 期；《民族文學論》，重慶：文風書局，1944 年。
〔註263〕胡秋原：《在唐三藏與浮士德之間》，胡秋原：《〈在唐三藏與浮士德之間〉及其他》，臺北：胡秋原自刊本，1962 年，第 30 頁。
〔註264〕胡秋原：《民主政治擁護論》，《時代精神》第 1 卷第 4 期，1939 年 11 月。

他當選為第二屆國民參政會參政員。針對當時國共之間的「摩擦」，他呼籲團結統一，全民抗戰。1941 年 1 月，「皖南事變」爆發後，中共參政員毛澤東、周恩來、王明、董必武等七人，聯名致電參政會，提出懲辦禍首，釋放葉挺，廢止一黨專政，實行民主政治等十二項要求。當時參政會同仁認為如內戰再起，不僅影響抗戰，也影響民主前途。民主黨派的黃炎培、梁漱溟、張君勱、張瀾等政界耆宿奔走調解，對於這些促進團結抗戰的努力，胡秋原深以為然，也加入其中，盡力協作，並發表文章予以支持。他撰寫《國共論》，主張統一抗戰，民主建國。這是他「第一次公開的對兩黨問題表示意見」，並「自信是很公道的」，〔註265〕且認為國共問題應在兩個原則下解決：即政黨公開與軍令統一，也就是實行憲政，軍隊屬於國家。據胡秋原自述，該文「對雙方皆有溫和的批評，勸中共不要自背《八一宣言》，勸國民黨必須隱忍自重」。〔註266〕在第三屆參政會上，民主黨派提出「還軍於國，還政於民」，「政治民主化，軍隊國家化」的主張，與胡秋原的觀點不謀而合。

針對當時各黨派要求成立憲政政府的呼聲，1940 年 4 月，胡秋原在《祖國》上撰文《論五五憲草、國民大會及中國政治制度》。主張政府除全力抗戰建國外，在政治上既要實行法治，又要推行地方自治，自治完成後選出代表參與中央政事，開啟憲政民主。他還撰寫了《革新政治的三個基本問題》，即法治、監察制度和考試制度。鑒於當時軍事第一，不少軍人藉口抗戰侵犯人民權益的狀況，胡秋原提出實行法治來保護人民生命財產。監察制度是使各機關權責分明，避免重複推諉之弊。考試制度則是為了選拔人才，提高公務員的待遇、節操和品格。胡秋原還多次撰文呼籲盡早召開國民大會，實行憲政民主。〔註267〕他提出「中國必須及早結束訓政，實行憲政，此為全國一致之要求，亦現在當局已有諾言之事。要實行憲政，自須召集國民大會」。〔註268〕在他看來，那種主張召開黨派會議者，將無黨派人士排除在外，是拖延和

〔註265〕胡秋原：《在唐三藏與浮士德之間》，胡秋原：《〈在唐三藏與浮士德之間〉及其他》，臺北：胡秋原自刊本，1962 年，第 28 頁。

〔註266〕胡秋原：《六十年來我的重要著作和主張》（上），《中華雜誌》1990 年 12 月號。

〔註267〕胡秋原：《關於國民參政會的觀感‧怎樣做得更好》，《中央周刊》第 5 卷第 16 期，1942 年 11 月；《〈五五憲草〉略評》，《軍事與政治》第 6 卷第 1 期，1944 年 1 月；《召開國民大會以定國是革新國民黨以安國本》，《民主政治》創刊號，1945 年 1 月。

〔註268〕胡秋原：《論黨派會議之說》，《民主政治》第 2、3 期合刊，1945 年 3 月。

拒絕國民大會。唯有眞正的國民大會，才是實行憲政民主的途徑，而憲政民主是國家長治久安之計。人民行使權利和軍民分治是憲政民主成敗的關鍵，也是國家長治久安的根本問題。〔註269〕1946 年 11 月，國民黨召開制憲國民大會，通過了由張君勱起草的憲法。胡秋原擁護該憲法，在會中也爲此辯護，且撰文對國民政府實行憲政提出了自己的建議。〔註270〕這表明，在實行憲政民主的問題上，胡秋原和張君勱等人的主張是一致的。

1944 年，《祖國》停刊後，面對抗戰勝利迫近，胡秋原認爲唯有實行民主政治，和平統一，建設國家，才能不辜負全國軍民的慘重犧牲。基於這種認識，1945 年 1 月，他創辦《民主政治》月刊。據他自述：「日益批評政治問題，主張『政治民主化』，『軍隊國家化』」。〔註271〕他將該刊定性爲「自由主義的政治雜誌，以實現民主中國爲目的，討論中國與國際政治及其有關問題」。在《發刊詞》中，他指出：「中國的前途無限光明，但需要現在……粉碎敵人最後的掙扎」，今後建設的中國爲一現代的工業化國家。保障勝利和工業化的條件，「就是鞏固統一，實行民主」，「無統一不能保障民主，無民主不能保持統一」；「中國之興衰，不是一黨一派之事，也不僅是各黨各派之事，而是全體國民之事」；民主政治「不外公開討論，多數決定而實行之」；抗戰勝利後，繼續鞏固統一，實行民主。「自由與民主是人類之目標……中國建國的理想是民主……順乎天理，應乎人情，適乎世界潮流……在一個自由世界建立一個自由中國，做一個自由公民，這是何等尊榮！」。〔註272〕該雜誌成爲參政會和文化界部分人士公開自由討論的論壇，以討論戰後中國的種種政治經濟問題爲主。事實上，《民主政治》與《祖國》內容相同，後者主張「鞏固統一，抗戰到底」，也談民主，前者主張「鞏固統一，民主建國」，也談抗戰。二者都談論國際形勢以及學術思想與文化問題。但與《祖國》相比，《民主政治》的作者陣容更廣，篇幅也更多，因此影響也更大。

抗戰初期，國民黨聲望頗高，但因實行一黨專政，且在「軍事第一」的政策下，導致貪瀆成風，在軍事上的表現日趨低落，國人爲此不滿，甚至國民黨內也有很多人不滿。《民主政治》出版後，很多對國共兩黨不滿的青年，

〔註269〕胡秋原：《軍民分治論》，《三民主義半月刊》第 9 卷第 1 期，1946 年 4 月。
〔註270〕胡秋原：《對於憲法之意見》，《中央周刊》第 8 卷第 46 期，1946 年 11 月。
〔註271〕胡秋原：《在唐三藏與浮士德之間》，胡秋原：《〈在唐三藏與浮士德之間〉及其他》，臺北：胡秋原自刊本，1962 年，第 30 頁。
〔註272〕胡秋原：《民主政治‧發刊詞》創刊號，1945 年 1 月。

希望胡秋原出面組織新黨。他認為當時的政治運動，唯有以民主運動造成一個新環境，以思想運動培養新人才。同時感到國民黨缺點太多，在國共之外並無十分有力的第三勢力，如國民黨倒臺，中共必取而代之，但其崇拜蘇俄太深。他認為與其另立新黨，不如進入體制內從改革國民黨著手，於是決定參與國民黨的決策機構，在國民黨「六大」上當選為中央候補委員。抗戰勝利後，國共兩黨提出了各自的建國目標，並在政治展開政爭，軍事上進行內戰，文化上也進行各自的統戰工作。為此，胡秋原呼籲「政爭必在國內解決，不能利用外力。所爭既是國家大事，然此純為內政，不可借外力自重，更不可倚賴外力自雄」；「政爭必須訴諸民意，不可訴諸武力。武力屬於全體人民和國家，只能用於抵禦外侮，不能用作對內推行政策之工具」。〔註273〕內戰不僅使民主改革和建設不可能，而且也阻礙和平統一的進程，因此呼籲「政府和中共立即無條件恢復和談並停止衝突。同時，我們必須以一致的輿論和有組織的努力，要求政治經濟軍事的全盤改革，來挽救國家的危亡」。〔註274〕在他看來，抗戰勝利後國家的第一要務是「復興和建設」，這需要和平環境和政治效率，而當時國共問題成為復興和建設的暗影。他認為武力解決和分區而治，都使民主政治無望。「軍隊國家化」，「政治民主化」乃是解決國共問題的真方法，也是解決一切政治問題的關鍵。唯如此，一個統一民主富強的中國才能得到保障，「一黨專政，也不算是民主政治」。而實現上述兩大原則的根本方法是使「政府國家化，且民主化」，成立憲政政府。〔註275〕「為了發展中國工業，必須保持中國之統一與和平，此必須在政治上行民主之制」。〔註276〕

實現政治民主化第一要務是「精神獨立」，「人格尊嚴，思想自由的確認」。這是建立民主政治的前提。胡秋原還辯證地提出了政治民主化與經濟工業化的關係。「唯有民主政治，才能集中國力，發展工業。唯有工業發達以後，才能保障民主政治之鞏固」；「民主政治和工業革命成為現代文明的兩大支柱」。

〔註273〕胡秋原：《政治之常道》，《民主政治》第2、3期合刊，1945年3月。

〔註274〕胡秋原：《為和平團結禦侮而呼籲》，《民主論壇》第1卷第7期，1947年6月，《第二「九一八」至矣！》，《智慧》第25期，1947年6月。

〔註275〕胡秋原：《論舉國一致政府與國民大會‧附論：國共問題之真解決》，《民主政治》第6、7期合刊，1945年11月。

〔註276〕胡秋原：《一百三十年來中國思想史綱》，臺北：學術出版社，1983年，第162頁。

〔註 277〕百年以來中國憂患之根源，「就是由中國不能適應工業的世界環境而起。所謂現代國家，嚴格說來，就是工業化國家，也就是機械化國家」。發展工業的政治條件是「統一和民主」；「工業、統一、民主——是現代文明國家之三位一體」。三者相輔相成，缺一不可。「必須民主，才能促進工業，才能鞏固統一。凡有背於民主者，一定不免於民族之自殺」；「以統一保護民主，促進工業；以民主保育工業，鞏固統一」。〔註278〕「沒有統一和民主，工業是無法開步走」的，而沒有發達的工業，「統一和民主也不能有堅固的基礎」；「以統一和民主迅速完成中國的工業化，這是今後建國根本之根本」。〔註279〕

　　1945 年 8 月下旬，因胡秋原之父被新四軍捕去，為交涉其事，曾拜訪周恩來多次，在談論時局問題時引用《民主政治》的言論，希望國共雙方能對「政治民主化」、「軍隊國家化」表示最大誠意。儘管他坦誠中共有許多長處，但因對蘇俄的看法不同，使其出言謹慎，與之保持著距離；並「力言武裝鬥爭，對他們終無善果」。在參政會上，胡秋原與毛澤東和周恩來見過兩次面。針對毛澤東呼籲國共和各黨派團結一致，建立和平、民主、團結、統一中國的言論，胡秋原發表和平建國的演講予以響應。據他自述：「我曾說軍隊國家化，政治民主化，有人以為是『書生之見』，其實不循此書生之見，中國任何人皆無出路，國共皆無出路。他們兩位都是書生，希望能支持此書生之見，實中國之幸」。〔註280〕由此可見，就建國目標而言，胡秋原和毛澤東以及當時民主黨派的主張是一致的。在他看來，民主政治是通過書生議政的方式達到和平建國之道。他寄希望於國共兩黨放下成見，通過和平民主的方式實現建設現代民族國家的願望。殊不知，在當時國共兩黨爭雄之際，沒有軍隊作堅強後盾，如何和平建國？這種「政治不正確」的美好願望最終沒有逃出「書生之見」的命運。

　　1946 年政治協商會議通過和平建國等議案，然而國共將其束之高閣進行內戰，美國政府發表對華時局聲明，並派遣特使馬歇爾調停國共兩黨。此時，

〔註277〕胡秋原：《今日需要一種精神革命》，《民主政治》第 6、7 期合刊，1945 年 11 月。

〔註278〕胡秋原：《今後建國之根本問題》，《軍事與政治》第 7 卷第 1 期，1944 年 10 月。

〔註279〕胡秋原：《統一與民主》，《新中華》第 2 卷第 9 期，1944 年 9 月。

〔註280〕胡秋原：《在唐三藏與浮士德之間》，胡秋原：《〈在唐三藏與浮士德之間〉及其他》，臺北：胡秋原自刊本，1962 年，第 31、32 頁。

在上海時任《東南日報》總主筆的胡秋原撰文《嚴防國際干涉陰謀》，反對內戰和國際干涉，主張中國人民起來制止內戰，預防國際干涉。他又和文化界與工商界人士共同發起「和平運動」，並起草宣言，呼籲各界團結起來，促成和平、統一、民主的實現，完成民主建國大業。他認為中國問題非任何一黨一派之事，要求國共雙方「不以武力解決爭執，而以談判實現和平」。〔註281〕此運動的目的是集民眾的道義和力量，達成公正和平，免於外國干涉。和平運動集會多次，聲勢漸大。憲法頒佈後，他致力於和平運動，主張保障人權，政黨間進行合法政爭。在此期間，他撰文《中產階級與中國命運》，提出中產階級是國家的中堅，是「和平統一」和「民主自由」的支持者。如戰爭持續下去，會危及中產階級的命運，因此呼籲他們「充分爭取過問國事之權」，「參加和扶助有利於和平統一民主的運動」。〔註282〕1947 年 4 月，和平運動影響更大，以至於連美國的新聞界也予以報導和評論。正當此運動形成一種強大的輿論壓力之際，國民黨高層出面阻止。在此期間，胡秋原為奉命組閣的張群起草的講稿中提出對中共問題，政府仍不改政治解決之初衷。然而，在國民黨準備「戡亂動員」之際，陳布雷奉命力勸胡秋原等人停止和平運動。據胡秋原自述：「中蘇條約以後，我以為只有國共和平合作才能使中國免於俄人宰制之禍。我發起和平運動，但首先受到國民黨的禁止，因為他們自認為半年之內即可將中共擊敗，結果不但是國民黨的失敗，亦是中國分裂之始」。〔註283〕在 5 月舉行的參政會上，胡秋原贊成由張君勱等人提出的以和平統一解決國共兩黨衝突問題的提案。贊成政治協商，希望政府接受參政會的和平統一方案。呼籲民主人士團結一致，全盤改革；要求國共兩黨恢復和談，並表示中華民族一致對外，不容外敵侵犯的決心。

1947 年 6 月，他請辭《東南日報》總主筆，應邀前往南京。此時，國民政府決定在年底舉行國民大會代表和立法委員的選舉，胡秋原等人合力奔走，團結一部分 CC 派和黃埔系以外的國民黨派別，以及國共之外的學界與著作界人士，組建「民主政治學會」或稱「自由思想學會」。從思想文化運動入

〔註281〕《各界名流同聲呼籲 簽名發起和平運動 期獲全國同胞響應 促成和平建國大業》，《申報》1947 年 1 月 27 日第 5 版。

〔註282〕胡秋原、錢納水：《中產階級與中國命運》，《現代文獻月刊》第 1 期，1947年 5 月。

〔註283〕胡秋原：《自序·我的時代與我的思想》，李敏生編：《中華心·胡秋原政治文藝哲學文選》，北京：社會科學文獻出版社，1995 年，第 3 頁。

手，在新的立法院和政府機構開展一次革新運動。當「民主政治學會」開始籌備之際，1947 年 7 月，國民政府宣佈進入「動員戡亂時期」。儘管國共談判破裂，胡秋原依然為「民主政治學會」多方奔走聯絡，仍未放棄對和平統一和民主政治的嘗試。經過不懈努力，到 1948 年 5 月，「民主政治學會」頗具規模。在「行憲」後的副總統選舉上，「民主政治學會」的同仁支持候選人之一的程潛，胡秋原負責程潛競選總部的宣傳事務。第一屆「立法委員」集會期，有 150 多人為該會會員，但終因對立法院副院長人選問題上意見分歧而導致分裂和瓦解。這觸動了他對中國實行憲政民主制度的深入思考，深刻認識到中國知識分子很難團結合作，在議會中形成政治力量推動民主政治。

　　面對國共兩黨爭雄混亂的政局，1948 年 10 月 23 日，胡秋原在立法院提出《第二國難之由來及其挽救之根本問題》的報告。他提出要檢討抗戰勝利後內政外交上的失敗原因，建議改組政府，實行軍民分治，憲政民主的建國方案，「另起爐竈，重開世界」。雖然他很早就開始批評蘇俄，但對中共卻持友好態度，自此文開始批評之。11 月 6 日，他又提出挽救目前局勢的意見，認為政治軍事之失敗，均以精神崩潰為先兆，呼籲用新人、行新政等實行民主政治的改革主張。〔註 284〕1949 年 1 月，蔣介石下野，李宗仁出任代總統後，國共進行和談。在此期間，湖南省主席程潛邀請胡秋原商討救國大計，希望胡秋原在國共之外成立新黨，並決定以其兵力和地盤全力支持。實際上是團結不滿國共之士，試圖在國共之外走第三條道路。然而，在當時國共兩大政黨對立的背景下，這種非國又非共的態度注定得不到多數人的支持。胡秋原經過慎重思考後致信程潛，表示大廈將傾，非一木能支，婉言謝絕了組黨另開新道路的想法。自 1939 年重新加入國民黨，至 1949 年國民黨敗退大陸前，儘管胡秋原認識到國民黨存在諸多不足，尤其是抗戰勝利後，也耳聞目睹國民黨接收大員被淪陷區人民譏為「五子登科」的惡劣作風，因而他多次撰文呼籲改革國民黨，〔註 285〕實行憲政和政治民主化，其美好願望終因種種原因而失敗，這種對憲政民主的執著探索精神是十分可貴的，不能因他遠走臺灣而否認其思想價值。

〔註 284〕《立法委員胡秋原等發表時局意見 提出三大根本方針》，《申報》1948 年 11
　　　　月 7 日第 1 版。
〔註 285〕胡秋原：《最好不要談黨派問題》，《戰鬥周報》1938 年第 17 期；《國民黨員
　　　　奮起之時》，《中央周刊》第 7 卷第 6、7 期合刊，1945 年 2 月；《革新國民黨
　　　　的幾個根本問題》，《經緯》第 3 卷第 1 期，1945 年 1 月。

4. 對外交政策的思考

自歸國以來，胡秋原也一直關注中國的外交方針，先後多次撰文，闡釋建立獨立自主的外交政策。1938 年，胡秋原就清醒地認識到國際對華抗日援助十分有限，因而呼籲要進行長期抗戰的準備。〔註286〕1939 年蘇德簽訂互不侵犯條約，歐戰發生。胡秋原作了若干溫和的批評，並發表《歐戰論》，〔註287〕力言納粹必敗。很多左派甚至駐蘇大使邵力子均認為這是「奇談」。當時重慶的「親蘇派」、「德意派」要求改變「英美派」的外交路線主張。胡秋原自稱「中國派」，撰文駁斥上述謬論，認為中國是一個足以自強自衛的強國，應有自己的外交政策。〔註288〕實際上，他提出了獨立自由的外交路線的主張。之後又提出戰後保障中國安全，維護世界和平的外交政策。〔註289〕1941 年 4、5 月間，重慶各界舉行日本是南進還是北進問題的辯論會，胡秋原作為主辦人之一，預言日本必南進對英美作戰，〔註290〕後來的事實證明其預言是正確的。他還預言日本必敗，為維護皇位，呼籲日本天皇立刻下令撤兵，對華求和。〔註291〕1943 年 5 月，他撰述的《近百年來中外關係》脫稿。在該書中他提出：「百年不幸，乃世界帝國主義政策與中國愚弱之共同結果」。〔註292〕在論及戰後外交時，希望中國和盟國共同維護世界和平。據時任國民黨中央通訊社武漢分社主任的徐怨宇回憶，1946 年元旦，在其主持的一次武漢文化新聞界座談會上，胡秋原發言中提出「對於戰敗後的日本帝國主義不能大意，侵略者的本性是很難改變的；同時又指出，我們應該繼續保持全民抗戰的那種團結精神，

〔註286〕 胡秋原：《目前國際援助之限度及其將來》，《中央周刊》第 1 卷第 2 期，1938 年 7 月；《目前國際形勢》，《民意周刊》第 34 期，1938 年 8 月；《日本的命運》，《外交季刊》第 1 卷第 1 期，1939 年 10 月；《歐戰與中國抗戰》，《時代精神》第 1 卷第 3 期，1939 年 3 月。

〔註287〕 胡秋原：《歐戰論》，重慶：建國印書館，1939 年。

〔註288〕 胡秋原：《中國外交政策及變質問題》，《現代中國》第 2 卷第 13、14 期合刊，1941 年 4 月。

〔註289〕 胡秋原：《戰後中國外交》，《天下文章》第 2 卷第 2 期，1944 年 3 月，《戰後之亞洲》，《軍事與政治》第 3 卷第 5 期，1942 年 11 月。

〔註290〕 胡秋原：《由「北守南進」到「南進北守」》，《軍事與政治》第 1 卷第 6 期，1941 年 9 月。

〔註291〕 胡秋原：《假如我是日本「天皇」》，《日本評論》第 14 卷第 4 期，1941 年 12 月。

〔註292〕 胡秋原：《近百年來中外關係・自序》，重慶：中國文化服務社，1943 年。該書 1946 在上海再版，2004 年臺北海峽學術出版社再版。

才能防止任何外來侵略，才能『建國必成』」。此番言論聽者無不動容，國民黨中央常委兼湖北省黨部主委邵華和省政府主席王東原都嘖嘖稱道，徐怨宇也認為胡秋原是當天十多位發言者中最精彩的一位。〔註293〕

在胡秋原看來，民主政治，即「尊重個性尊嚴，尊重人的價值；尊重理性和真理；尊重言論思想之自由」；「對人格、理性與言論自由之蔑視，其共同的結果即是造成一種廉價而卑下的現實主義」。抗戰勝利後，胡秋原痛感百年以來中國為帝國主義操縱，其病根在於喪失理想，墮入現實主義。〔註294〕他認為「現實主義在國際上表現為強權主義，政治表現為官僚主義，經濟上表現為投機主義，社會上表現為市儈主義。現實主義到極端便成為各種各色的虛無主義，玩世主義。人類道德所承認的一切價值標準概視為欺人之談，而逞一切智慧博取一身一家一朝一夕之滿足」。〔註295〕因此呼籲務必要培養一種民族精神，恢復國家元氣，提高自尊心自信心，具有自由獨立的思想，重建價值標準，唯如此，才有民主政治和國家富強。

胡秋原對中國外交政策的思考，最值得稱道的反對《中蘇友好同盟條約》。他認為該條約的簽訂既是一種強權主義，是現實主義在國際上的表現，又是美蘇爭奪世界霸權損害中國利益的產物，也是中國外交失敗的集中反映。1942年，蘇俄攻擊中國「作戰不力」，胡秋原就開始意識到蘇俄不利於中國的企圖。1943年他在《大公報》上發表《長春建都論》，1944年在《祖國》上撰文《告蘇聯人民書》，目的是想引起朝野注意蘇俄對華動向，呼籲兩國保持和平。4月，在舊金山成立聯合國的大會上，兩年來蘇中外長首次握手的舉動，被中外媒體解讀為中蘇關係好轉的跡象，胡秋原卻認為「這是黃鼠狼向雞拜年，那大熊要吃人了」。〔註296〕在條約簽訂前的1945年5月，蘇聯大使館向重慶各報刊雜誌索取戰時合訂本，意在收集情報，瞭解輿論動向。胡秋原所辦《祖國》雜誌已於1944年底停刊，但使館依然派人來索取雜誌，引起其警覺，對來人說：「尊重中國領土主權完整，乃促進中蘇友誼之真正大道」，〔註297〕並認為蘇俄以此「研究中國對俄輿論」。〔註298〕為引

〔註293〕徐怨宇：《我所知道的胡秋原》，《春秋》（香港）1988年第1期。
〔註294〕胡秋原：《與錢納水公開信》，《民主政治》第6、7期合刊，1945年11月。
〔註295〕胡秋原：《今日需要一種精神革命》，《民主政治》第6、7期合刊，1945年11月。
〔註296〕胡秋原：《我反對蔣介石割讓蒙古的經過》，《文學與傳記》1999年4月15日。
〔註297〕胡秋原：《俄帝侵華史綱》，臺北：中華文化出版事業委員會，1955年，第295頁。

起朝野注意蘇俄意圖，胡秋原在國民外交協會做《戰後國際關係與中國對外關係》的演講，提出「自由的和平的外交政策」，對內團結統一，「實行民主和工業化」。在演講中他指出蒙古和中共是中蘇關係的兩個重要問題，並呼籲相互尊重協商解決問題。〔註299〕7月，在第四屆參政會第一次大會上，他提出改組政府，召開國民大會，實現憲政等提案，又偶然得知《雅爾塔密約》和中蘇談判犧牲外蒙和東北權利，大為震驚。蘇聯從戰後遠東戰略出發，必將損害中國主權。不揣人微言輕，他以一人之力上書最高當局，無果而終；又不顧個人安危，散發《參政員胡秋原對中蘇談判之聲明》，〔註300〕反對外蒙獨立。「蔣介石深表不滿，由陳布雷出面找胡秋原，指出：作為《中央日報》主筆公開反對中央的政策是不能許可的」。〔註301〕故被最高統帥「免本兼各職」。他試圖以個人努力呼籲輿論關注，引起參政會的注意和公憤，共同來阻止該條約簽字，然而，在現實的政治面前，這種努力注定得不到最高當局的回應。與此同時，胡秋原致信美國駐華大使赫爾利，呼籲美國不應犧牲中國利益，向蘇俄妥協，他應邀赴美國大使館與赫爾利展開辯論。他對赫爾利說：「如美國今日為節約美國子弟之血，犧牲中國權利，安撫蘇俄，不久將來，美國將付十百倍之血」。〔註302〕他的這種舉動被赫爾利稱為「所見到的中國人中，罕見的勇者」。〔註303〕

在他看來，該條約是喪權辱國的行為，所以堅決反對。「他的主張顯然與國民黨決策人物『委曲求全』的意向是不相容的。儘管他在參政會大聲疾呼，不少人也同意他的觀點，但他『期期不可簽署』的提案通不過；他寫了慷慨陳詞的反對文章，許多報刊公開表示不敢發表，好朋友們勸他不必冒此風險，甚至有位等同宰相的人物對他提出警告，他概不理睬；而是把他的反對意見

〔註298〕胡秋原：《在唐三藏與浮士德之間》，胡秋原：《〈在唐三藏與浮士德之間〉及其他》，臺北：胡秋原自刊本，1962年，第30頁。

〔註299〕胡秋原：《國際形勢與中國外交政策》，《中央周刊》第7卷第29期，1945年7月。

〔註300〕胡秋原：《參政員胡秋原對中蘇談判之聲明》，張漱菡：《胡秋原傳——直心巨筆一書生》，臺北：皇冠出版社，第1017頁。

〔註301〕涂月增：《我所知道的胡秋原》，《黃陂文史》第1輯，1988年，第163頁。

〔註302〕胡秋原：《在唐三藏與浮士德之間》，胡秋原：《〈在唐三藏與浮士德之間〉及其他》，臺北：胡秋原自刊本，1962年，第31頁。

〔註303〕張漱菡：《胡秋原傳——直心巨筆一書生》，臺北：皇冠出版社，1988年，第1019頁。

印成傳單，在參政會、在中央黨部，……到處散發。結果，條約還是簽訂了，而他呢，只落得被免去了在中央的一切職務」。此後，在重慶和武漢，常有人談起此事，結合他在「九‧一八」和「七七事變」的「激情和不顧個人利益、敢於犧牲的愛國行動」，多數人認爲他「是個道道地地的『民族主義者』」，也有人稱其爲「中國讀書人的典型」。〔註 304〕

據胡秋原自述，不贊成該條約「並非根據單純的民族主義」，而是該條約「惡化中蘇的友誼」，將增加「中國的內爭」和「國際強權政治的鬥爭」，使中國「捲入國際霸權鬥爭之漩渦中而不能自拔」。此外，這條約「決不足幫助我們收回東北」，足以使蘇聯以「外蒙爲基地，向西北和新疆進攻」。該條約「刺激了中國的內爭」，政治機構腐朽與麻痺「增加了中國的離心和分裂」。抗戰勝利後，「內爭與腐敗日烈」，政治協商曾給國家帶來一線光明，然而由於內爭加劇，最終使政治協商不幸流產。旅順大連的接收成爲問題，然而「政府諸公仍無根本覺悟，只是因循粉飾，甚至顢頇如故，腐敗如故」。〔註 305〕由此可見，他將國內政局的內爭惡化與蘇俄的對華策略聯繫起來。他認爲「中蘇條約，不過是雅爾塔密約之具體化而已」。〔註 306〕在當時贊成中蘇條約成爲主流輿論之際，他的這種認識實屬難得。多年後他依然認爲該條約在當時「有使中國亡於蘇俄之危險，而朝野反以爲是一種成功，以爲能滿足蘇俄之欲望，可使對中共作戰之時，蘇俄能保持中立態度，但不知斯大林利用和挑撥國共戰爭」。〔註 307〕

正是由於《雅爾塔密約》和《中蘇友好同盟條約》，美國和中國政府給蘇俄可乘之機。據胡秋原自述：「一般知識分子之困頓與失敗主義，國家的危機，惡化比我想像的快得多」。1946 年以後，「蘇俄中共業已毗鄰接壤，亦即中共『打通國際路線』」，「中國之崩潰，是時間問題」。他以詩表達當時悲苦的心情：「少日驅馳辭故鄉，名姬駿馬兩茫茫。百年冷暖何須論，萬世興亡不忍忘。夢裏老親頭似雪，亂中兒女足成行。山河但願終無恙，信有精誠對太蒼」。由

〔註 304〕徐恕宇：《我所知道的胡秋原》，《春秋》1988 年第 1 期。
〔註 305〕胡秋原：《爲和平團結禦侮而呼籲》，《民主論壇》第 1 卷第 7 期，1947 年 6 月，《第二「九一八」至矣！》，《智慧》第 25 期，1947 年 6 月。
〔註 306〕胡秋原、錢納水：《莫洛托夫之帝國主義的面目》，《民主與統一》第 29 期，1947 年 2 月。
〔註 307〕胡秋原：《自序‧我的時代與我的生活》，李敏生編：《中華心——胡秋原政治文藝哲學文選》，北京：社會科學文獻出版社，1995 年，第 3 頁。

於他素守「不爲已甚」之訓，對「一國、一黨、一事、一人，決不輕於反對」，公開反對之時，則是「絕無可忍之時」。他雖早不滿於蘇俄，「然直到雅爾塔，才反對蘇俄」；「素不滿於中共，然在他表示抗日的時候，與其合作」。抗戰之中，他對中共的言論「未出忠告之外」。勝利之初，「對兩黨而言，還是雙方忠告的」。〔註308〕

在第四屆參政會二次大會上，王世杰外長報告《中蘇友好同盟條約》時強調說：「這個條約可保東亞三十年的和平」。胡秋原質問道：「當年李鴻章也保證過，『中俄密約可保二十年安也』。現在王部長還多保了十年。然而事實上東北已經沒有和平了，請問王部長如何解釋」？〔註309〕王氏一時語塞。不是嗎？該條約 4 年後便壽終正寢了，連當年信誓旦旦的簽約者王世杰，也不得不承認這是不平等條約。在當時，胡秋原的愛國行爲被說是「偏激」、「思想有問題」。〔註310〕正是利用中蘇條約獲得的特權，蘇聯不僅明確拒絕國民黨軍隊從「大連登陸」接收東北，〔註311〕而且在東北延期撤退致使「許多同胞遭受侮辱」之外，「物質機器的破壞和搬遷，都是由數字可查的」，「阻止國軍向若干地點前進」，這種干涉中國內政的行爲是帝國主義。〔註312〕事實證明，「蘇俄違約背信所造成的東北局勢，不僅危及中國領土完整與統一，實已構成東亞和平與秩序的重大威脅」。〔註313〕二戰後，西方列強均已公開聲明廢除不平等條約，放棄在華特權，而蘇俄作爲第一個公開宣佈對華友好的社會主義國家，卻逆歷史潮流，爲維護既得利益，不惜犧牲中國主權，堅持沙皇時代的殖民主義政策，顯露出對華政策的帝國主義和大國沙文主義心態。由此凸顯胡秋原反對中蘇條約，並非「書生之見」，而是富有先見之明。對這種「不

〔註308〕 胡秋原：《在唐三藏與浮士德之間》，胡秋原：《〈在唐三藏與浮士德之間〉及其他》，臺北：胡秋原自刊本，1962 年，第 33 頁。

〔註309〕 張漱菡：《胡秋原傳──直心巨筆一書生》，臺北：皇冠出版社，1988 年，第1041 頁。

〔註310〕 胡秋原：《五四時代以來的思想運動》，胡秋原：《文化復興與超越前進論》，臺北：學術出版社，1980 年，第 1300 頁。

〔註311〕 秦孝儀主編：《中華民國重要史料初編──對日抗戰時期》第七編《戰後中國（一）》，臺北：中國國民黨中央委員會黨史委員會，1981 年，第 119 頁。

〔註312〕 胡秋原、錢納水：《莫洛托夫之帝國主義的面目》，《民主與統一》第 29 期，1947 年 2 月。

〔註313〕 蔣介石：《蘇俄在中國》，張其昀主編：《蔣總統集》第 1 冊，臺北：國防研究院，1961 年，第 305 頁。

幸言中」，他痛心疾首。1989 年，鄧小平接見來訪的蘇聯總統戈爾巴喬夫時說：「十月革命後也還有侵略中國的事情」，主要是通過《雅爾塔密約》、《中蘇條約》，「極大地損害了中國的利益」。〔註 314〕這與當年胡秋原的觀點如出一轍。

中共建政後，實行「走俄國人的路」和「一面倒」的外交政策，與蘇聯簽署《中蘇友好同盟互助條約》。在對華關係上，胡秋原認爲斯大林繼承了俄國的殖民主義政策，提醒中國當局對蘇聯帝國主義心態應有充分認識，指出自清末以來，「中國與俄國定了三個《友好同盟條約》，除了時間、訂約人、國號不同之外，內容文字幾乎完全一樣」。〔註 315〕他是站在民族主義立場上來看待這些條約的。事實上，大國之間的外交關係都是以本國利益爲主，對國共兩黨而言，斯大林首先考慮的是蘇聯利益。不論中國如何努力，「兩國強弱懸殊，中國處於受援國地位的現實狀況，都不可能爭取到眞正的平等」。〔註316〕後來中蘇關係破裂，在某種程度上證實了胡秋原的擔心。1956 年，胡秋原翻譯並公開發表在蘇共 20 大上，赫魯曉夫揭露斯大林暴政眞相的秘密報告，〔註 317〕目的是讓中國人瞭解蘇俄社會主義的眞相。從赫魯曉夫到戈爾巴喬夫執政時，儘管對蘇聯社會主義模式修修補補，但並未從根本上改變。70 多年蘇聯的歷史證明，「跳過資本主義發展階段」，「那發展……是不可免的」。〔註318〕1991 年蘇聯劇變，宣告蘇聯社會主義模式的告退，證明了「沒有民主，俄國就會四分五裂」論斷的合理性，〔註 319〕也印證了胡秋原所謂社會主義是人道、民主、自由的觀點。在研究蘇聯社會主義長達 50 多年的胡秋原看來，蘇聯社會主義不是眞正的馬克思主義，因而其終結並非「社會主義之死亡或

〔註314〕鄧小平：《結束過去，開闢未來》（1989 年 5 月 16 日），《鄧小平文選》第 3
　　　　卷，北京：人民出版社，1993 年，第 293 頁。
〔註315〕胡秋原：《五四時代以來的思想運動》，胡秋原：《文化復興與超越前進論》，
　　　　臺北：學術出版社，1980 年，第 1300 頁。胡秋原所說的三個條約是：1896
　　　　年李鴻章與維特簽訂的《禦敵互相援助條約》，又稱《防禦同盟條約》，即《中
　　　　俄密約》；1945 年王世杰與莫洛托夫簽訂的《中蘇友好同盟條約》、1950 周恩
　　　　來與莫洛托夫簽訂的《中蘇友好同盟互助條約》。
〔註316〕楊奎松：《毛澤東與莫斯科的恩恩怨怨》，南昌：江西人民出版社，2011 年，
　　　　第 254 頁。
〔註317〕赫魯曉夫秘密報告直到 1989 年才向蘇聯全體國民公佈。
〔註318〕〔蘇〕貝爾查也夫著，鄭學稼譯：《俄羅斯共產主義之本源》，臺北：黎明文
　　　　化事業股份公司，1978 年，第 134 頁。
〔註319〕〔德〕卡爾·考茨基著，馬清槐譯：《恐怖主義和共產主義》，北京：生活·
　　　　讀書·新知三聯書店，1963 年，第 165～166 頁。

馬克斯主義之死亡」。〔註320〕事實上，蘇聯革命的馬克思主義並未使蘇聯走上民主憲政的大道，未開啟人類文明的新篇章。

由《中蘇友好同盟條約》對現實主義，尤其是對蘇俄大國沙文主義、帝國主義心態的認識來審視胡秋原的思想，可以看出在當時思想界中，他的可貴之處在於：既與左翼盲目崇拜蘇俄革命經驗不同，也與自由主義者對蘇俄抱有相當同情態度區別開來，他是少數從理論到實踐對蘇俄社會主義剖析和批判富有學理思想之人。也正是在此基礎上，不僅引發了他對現實主義的強烈批判，而且也促使其思想上的再次調整。在哲學思想上，此前胡秋原傾向實證主義，受《中蘇友好同盟條約》事件的衝擊，他認為所主張的新自由主義仍將「自由與功效、幸福同義，還是流弊甚大的，自由原則必須保持，但他的基礎即實證主義的功效主義必須完全拋棄」。〔註321〕新自由主義「在價值論上仍不脫樂利主義或功效主義，此適足以鼓勵急功近利的思想，流弊甚大，必須修正。那就是必須以義為利，即以正義為價值之標準」。〔註322〕因而思想上轉向康德哲學和胡塞爾現象學；在方法論上，他認為與自然科學不同，社會科學須用歷史方法進行價值判斷。自抗戰歸國以來，他提出中國須超越西化、俄化的意識形態，走自己的發展道路，政治民主化、經濟工業化，發展民族資本等。這在當時被視為「落伍言論」，長期被排除在思想理論界之外。事實上，他對現實主義，尤其是對蘇聯的許多認識和批判，在今天看來依然透露出若干程度的正確性，富有啟迪意義，是應該認真對待的思想資源。改革開放以來中國超越蘇俄，走自己的路，走向市場經濟，證實了他當年的「書生之見」，因而不能否認其在思想史上的地位。

小　結

從 1935 年在莫斯科公開鼓吹全民抗戰到 1949 年離開大陸，胡秋原在這段時期中從獨立的「自由人」進入國民黨的體制內，投身於現實政治，以書生問政，文章報國，在學術與政治之間闡釋自己抗戰救國的思想和理論主張。

〔註320〕《蘇聯共產主義死亡之意義》，《中華雜誌》1991 年 9 月號社論。
〔註321〕胡秋原：《八十年來──我的思想之來源與若干心得》，《中華雜誌》1990 年 7 月號。
〔註322〕胡秋原：《自序‧我的時代與我的思想》，李敏生編：《中華心‧胡秋原政治文藝哲學文選》，北京：社會科學文獻出版社，1995 年，第 3 頁。

就思想歷程而言，這是胡秋原學術思想發展的第二個階段——新自由主義和文化史觀時期。

在比較中西文化史的基礎上，胡秋原思考和探索中國抗戰建國之路，撰寫大量的哲學、歷史和文化著作，並將其與建國理論和對外關係的探討結合起來。他將德國希特勒和蘇俄斯大林的統治視爲「今日左右兩種獨裁主義的政府，實際上也是寡頭政府」，提出「惟有民治的政府，才是合理的政府，因爲民主政治承認主權屬於全體人民，而賢者也易於在位」。從歷史的觀點來看，「可以瞭解權力集中於少數人之手必使國家崩潰，思想之壓制必使國民道德墮落。也可瞭解家族制度何以不存在於今日歐美，何以民主政治必隨工業制度成長」。〔註 323〕實際上，此時他認爲民主政治是理想的政治，也是中國政治發展之道。

在抗戰建國理論上，他呼籲全民抗日的主張比中共提出建立抗日民主統一戰線還要早。在處理國共關係時，他提出的政治民主化、軍隊國家化的主張與民主黨派相一致，可以說反映了當時許多中間知識分子的共同呼聲。在經濟問題上，他反對統制經濟，提出發展民族資本主義，實行「混合經濟」，逐步向經濟工業化道路邁進的主張，也比較符合當時中國的現實。如他所言：「中國之根本問題在工業化以脫離落後，具有與鄰近國家勢均力敵之國力，此必外除工業發展之障礙，此即必須抗戰到底。然欲求勝利，必須團結，此即需法治民主。而內則必須解除中國人文化創造力之障礙，此則必須解除復古論、全盤西化論、本位文化論等之種種錯誤，循民族主義與科學精神創造中國新文化，發展每一個人的文化創造力，以自由中國促進自由世界之實現」。他又指出「一個國家最要緊的事，是要能自主其命運。發展國家的生產力，人民的創造力，以不斷提高人民的生活水準，不遜於世界上其他國家。其方法是發展實業與教育，其前提是要有一個和平而自由的環境」。〔註 324〕胡秋原的「文化史觀較好地綜合了進化論與形態論的長處，而又避免了折中主義的模棱兩可似是而非」；對中西文化的比較研究和對中國現實的思考，使他對立國之道的思考最終歸結爲現代化問題上。〔註 325〕可以說，他是較早地

〔註 323〕胡秋原：《歷史哲學概論》，上海：商務印書館，1947 年，第 99、128 頁。

〔註 324〕胡秋原：《古代中國文化與中國知識分子》，臺北：學術出版社，1988 年，第 25 頁。

〔註 325〕馬俊山：《現代自由主義作家與新文學人文合法性》，《文藝理論研究》1999 年第 1 期。

提出中國要走向建立現代工業文明國家，而不是「西化」或「俄化」的具有自由主義思想的學者，其主張也符合當時中國的現實。

　　胡秋原是基於民族主義立場思考抗戰建國之道的，建立在對西方文化危機和蘇俄革命的馬克思主義的認識和批判，以及揚棄傳統文化的基礎上，初步提出了「超越傳統、超越西化、超越俄化而前進」的思想，形成了他獨具特色的一家之言。從思想脈絡上來審視，這也為他後來提出「超越前進論」奠定堅實的思想和理論基礎。這些極富學理色彩的思考和認識，指出了當時中國的發展方向，即便在今日看來，愈益顯見其深刻而又頗具現實意義。在當時的知識分子中，他的思想相當敏銳和富於前瞻性。然而在過去很長一段時期，由於帶著「有色」眼鏡對其進行政治立場的定性，其思想價值被遮蔽和忽視了。百年以來，我們仍在追求政治民主化、經濟工業化的征途之中，然而，完成現代化和憲政民主的目標依然任重而道遠。

第五章 「超越前進論」——思想歸宿

　　1946 年，國共兩黨談判破裂，中國進入國共內戰以決定政權歸屬的時期。隨著國民黨的敗退和中共的勝利，中國進入了「一個歷史的轉折點」。〔註 1〕毫無疑問，這個歷史巨變的轉折點使每一個中國人，在國共兩黨尖銳對立的背景下不得不做出抉擇。對國共兩黨之外持有自由主義理念的知識分子來說，更是如此。因懷有政治自由的理念和經濟平等的追求，他們既對國民黨的統治不滿，又批評蘇俄集權式的共產主義制度，因而對中共心懷疑懼。1948 年底，隨著國共政治軍事決戰勝負幾成定局，雙方在文化界對知識分子的爭奪日益突出。是保持思想和精神自由，還是為生存而犧牲自由？是跟著政府走，還是留下等待被「解放」？這些知識分子陷入徘徊和掙扎的兩難抉擇之中。在新舊交替之際，人們對「新」懷有不同態度，或寄予希望，或反對，或疑懼，或尚未確定立場，但舊秩序不能維持下去卻是不爭的事實。如不願接受勝利者的統治，或心存疑慮，就不得不流亡異國他鄉。這對故土有深厚感情難以割捨的知識分子來說，實在是一個難以接受的抉擇。以「自由人」著稱、持自由主義理念的胡秋原，也不得不面臨這種兩難困境。為何本計劃留在大陸的他，在武漢觀望一段時間後卻又決定出走？是什麼原因促使他改變主意？他赴港臺後進入其思想上的成熟和穩定期，在比較、綜合分析和批判的基礎上，以介乎中西古今之間，審視中西文化的優劣長短，再次思考中國前途，明確提出「超越前進論」。這種理論的內涵是什麼？有無思想價值？本章將圍繞上述一系列問題展開討論。

〔註 1〕毛澤東：《目前形勢和我們的任務》（1947 年 12 月 25 日），《毛澤東選集》第 4 卷，北京：人民出版社，1991 年，第 1243 頁。

第一節　觀望與選擇

　　1945 年抗戰的勝利，成為中國歷史進程的轉折點，建立和平、民主、統一、團結的現代民族國家成為各界共識。政治民主化、軍隊國家化的政協協議，帶給知識分子對民主建國的短暫遐想，然而國共為爭奪政權歸屬展開的內戰，使中國再次陷入分裂的悲劇之中。1949 年 5 月，中共進入武漢建立政權，胡秋原觀望一段時間之後最終選擇離開故土，經香港赴臺，先後在《香港時報》、《新聞天地》、《民主評論》、《中央日報》、《自由人》等雜誌上發表《中國之悲劇》、《論中西文化、共產主義與新自由主義》等文，思考中國前途。

一、武漢觀望與離開大陸的心態

　　1946 年 1 月，胡秋原從重慶回到武漢。儘管「他不過三十四五歲，而他卻比六七十歲的老人更顯得充滿了熱愛鄉土、熱愛青年的感情」。他除了感歎「武漢淪陷七年人民遭受的苦難和市面建設遭到的慘重破壞外，特別為青少年受到日本奴化教育和影響的問題感到憂慮」。〔註 2〕基於此，他繼承父志，重整旗鼓，恢復前川中學並任校長，提出了「勤仁誠勇」的校訓，其教育宗旨是：「中學者，教育之本也，曠觀世局，實為角智之場」。〔註3〕為紀念復校題詞：「一須有志，二須有識，三須有恒」。可見其對中學教育的重視，及其培養青年的教育理念。時任中原解放區總部領導人之一的李先念派代表前來祝賀，並贈送由其署名的「發展人民教育，為建設新中國而奮鬥」的錦旗。胡秋原在致辭中，根據 1946 年重慶政治協商會議通過的《和平建國綱領》，呼籲「停止內戰，團結一致，建設統一自由民主之新中國」。〔註4〕由此可見，當時胡秋原和很多知識分子一樣，對抗戰勝利後和平、民主建國的期許。

　　此次回鄉復校，因校產歸屬問題，胡秋原受到抨擊，聲譽受到影響。對校產糾紛事件，胡秋原在自述中認為是政府霸佔校產，依據是其有房產地契。〔註5〕筆者在查閱當年目睹此次事件其他人的回憶中發現有不同論說。他在回

〔註 2〕徐怨宇：《我所知道的胡秋原》，《春秋》1988 年第 1 期。
〔註 3〕陳慶存、彭準口述，王學其整理：《前川中學與胡氏父子》，《黃陂文史》第 1 輯，1988 年，第 218 頁。
〔註 4〕齊世達：《熱心教育 名傳桑梓——深切懷念前川中學校長胡秋原先生》，《洪山文史》第 7 輯，1994 年，第 151 頁。
〔註 5〕胡秋原：《我反對蔣介石割讓蒙古的經過》，《文學與傳記》1999 年 4 月 15 日。

鄉競選立法委員期間，拜託在縣政府任職的劉明遠，在社會輿論方面對前川中學多加維護。還特意在前川中學舉辦酒會，遍請黃陂知名人士，對前川中學引起糾紛表現出一種憤懣情緒，解釋恢復前川中學是「繼承父志，收回校產是名正言順，並經教育部轉呈總統親自批准，希望今天在座諸位能瞭解真相維護桑梓教育」。縣議會認為「前川中學校產並非胡康民私有，最多係由胡康民帶頭創建，各方大力捐助，前川中學才得以興辦」，胡秋原「依仗中央委員權勢，有強行奪取前川校產之嫌」。〔註6〕而他拿出原始房產契約予以駁斥，彼此各執一詞，孰是孰非，一時難以決斷。據胡康民自述，1923 年前川中學擴建校舍的經費「三分之一出自個人平日之蓄積，其他則賴各方熱心士紳之捐助」。〔註7〕由胡父的自述可知，縣議會對校產歸屬問題的質疑也不無道理。鑒於胡秋原的社會地位和影響，教育部以發展地方教育，培養人才為由批准其負責復校。他本想「藉此機會，消除誤解，挽回影響，有利競選，但說到前川復校係經總統批准，使人感到似乎小題大做，以勢壓人，因此反倒引起在座一部人的反感」。

1948 年秋季，當選立法委員的胡秋原回到黃陂，受到縣長和時任縣政府建設科長的劉明遠的宴請。據劉明遠回憶，胡秋原在談到時局時說：「現在國民黨和共產黨誰也消滅不了誰，繼續打下去是民窮財盡；和談已經破裂，目前『和』比『打』更難，現在主要依靠美援，沒有美援是打不下去的」，表明他對國共和談破裂的失望。1949 年 1 月底，多年不見且負有任務的好友胡蘭畦途徑武漢，赴胡秋原家中告知中共對其《第二國難之由來及其挽救之根本問題》等文，非常憤怒，如留下來恐怕對其不利，勸其盡快離開。據劉明遠回憶，在漢口胡秋原與其談到陳獨秀晚景淒涼客死他鄉之事時，「言下不勝感慨，我意識到胡的這種心情，是面對當前局勢，回顧他個人生活歷程，內心矛盾重重，大有不知何去何從之感」。〔註8〕儘管如此，他對辦前川中學還是充滿希望。1949 年初，胡秋原全家住在學校，親自教授《國學概論》，主張學生用心讀書，不參與黨派活動。據當時在前川中學讀高中的張翼回憶，神學

〔註 6〕 劉明遠：《我與胡秋原的交往》；陳慶存、彭準口述，王學其整理：《前川中學與胡氏父子》，《黃陂文史》第 1 輯，1988 年，第 158，216 頁。

〔註 7〕 胡康民：《胡康民自述》，張漱菡：《胡秋原傳——直心巨筆一書生·附錄一》，臺北：皇冠出版社，1988 年，第 1131 頁。

〔註 8〕 劉明遠：《我與胡秋原的交往》，《黃陂文史》第 1 輯，1988 年，第 158 頁。

院傳教和三青團到校發展團員均被拒絕。1949 年 4 月，解放軍逼近武漢，形勢複雜，學生思想動蕩不安。胡秋原給學生做報告時說：「中國當今社會政治空氣非常污濁，亟待更換，武漢地處中原，歷史上並非兵家必爭之地，沒有大仗可打；任何政黨都要辦教育，在任何情況下學校都要辦下去」。〔註 9〕面對國共政治軍事日漸明朗的局勢，他相信不論哪個黨派執政，辦教育培養人才都應該能辦下去的。武漢解放前夕，移居漢口的劉明遠也感到彷徨，不知所措，再次拜訪胡秋原，看其是否離開武漢，並問及為何未走？他說：「往哪裏走，又哪裏能夠走？」〔註 10〕表明他對未來不確定性的擔憂，陷入了是走，還是留下來等待被「解放」的兩難選擇中。

中共進入武漢後，胡秋原留下來的原因有二：首先，他和中共有良好的關係。他自認為受馬克思主義的影響，是馬克思主義的研究者，一度成為中共的「同路人」或朋友，留下來等待被「解放」，中共應該不會為難他。據他自述：「我和共（產）黨以及許多黨人，有長期友誼關係。用他們的名稱，我作過共（產）黨的『同路人』」。〔註 11〕1930 年代初，與「左聯」的論戰是學術討論和思想論爭，且「左聯」理論家承認他對馬克思主義文獻掌握較多，中共中央也曾下令停止批評他。更何況他曾先後掩護過被國民黨特務追殺的瞿秋白、解救過關在國民黨監獄中的馮雪峰，還登門給周恩來之父拜壽。因為他「對（共）產黨個人並無仇恨之意」，〔註 12〕且「對於中國共產黨人，素抱無限悲憫之心」。〔註 13〕特別是在莫斯科幫助中共鼓吹全民抗日，修改《八一宣言》，成為中共朋友。回憶這段經歷時他表示，就個人而言，「受到很禮貌的待遇」，與「中共相處甚好」，對「一年半之合作經驗表示愉快」，〔註 14〕對中共的「禮遇」念念不忘，「毫無不滿」。對當時駐共產國際的中共領導人

〔註 9〕 張翼：《前川中學回憶》，《黃陂文史》第 2 輯，1988 年，第 208 頁。

〔註 10〕 劉明遠：《我與胡秋原的交往》，《黃陂文史》第 1 輯，1988 年，第 159～160頁。

〔註 11〕 胡秋原：《看了，走了，一定要回來的！》(《我與中國共產黨》)，胡秋原：《〈在唐三藏與浮士德之間〉及其他》，臺北：胡秋原自刊本，1962 年，第 90 頁。

〔註 12〕 胡秋原：《大家應該聲援不屈暴力的梁漱溟先生》，《香港時報》1952 年 2 月25 日。

〔註 13〕 胡秋原：《維護辯論原則學界尊嚴》，《世界評論》第 10 卷第 13 期，1962 年 9月。

〔註 14〕 胡秋原：《在唐三藏與浮士德之間》，胡秋原：《〈在唐三藏與浮士德之間〉及其他》，臺北：胡秋原自刊本，1962 年，第 19、22、25 頁。

說：「相信中共很誠懇，在共同抗日事業上，我願意贊助到底，我將盡我的一點薄力，贊助國共合作」。〔註15〕抗戰中和董必武、周恩來等中共領導人有過密切交往，多次參加呼籲國共合作的團結運動。和中共這種「長期友誼關係」，成爲他決定留下來等待被「解放」的原因之一。

其次，當時他無力全家一起逃難，也不願一人離去。1949 年 4 月，胡秋原到漢口曾與其父商談逃難之事。據他自述，父親認爲「日本人來了，他都沒有走，何況共（產）黨是中國人。不過我的情形不同，要我帶著妻兒，早日離開漢口」。胡父所說胡秋原的「情形不同」，是指他擔任國民黨的立法委員和候補中央委員等職。1938 年爲逃日寇之難，父母生離死別之痛的經歷，使他不忍心攜妻兒逃難，置老父於不顧！更何況又能去哪呢？香港，臺灣還是流亡海外？1934 年在香港曾有被捕經歷，這種記憶猶新的不愉快令其不願赴港。如大陸不保，臺灣終久難守。此前流亡海外的經歷，他深刻體會沒有強大的民族國家做後盾，國外華人的權益也得不到保障。他將國共兩黨的內爭視爲美蘇兩國在國際上爭霸的延伸，因而寄希望美國援助中國。殊不知在國際關係中，美蘇兩國始終是以自身利益爲主。他將中共的勝利視爲蘇俄外交政策的勝利；在理論上和實踐上，他對蘇俄革命的社會主義有過研究、考察和體驗，但同時認爲蘇俄的社會主義或只能間接施行於中國，不至於全面俄化。雖批評蘇俄，但對共產黨並無「勢不兩立之意」。〔註16〕正是懷著這種認識和希望，他打算留在武漢。思考可供選擇的兩條道路：一是繼承父業，繼續辦前川中學，以教書育人爲生；二是如不允許繼續辦學，和親戚一道過販夫走卒的生活。據他自述：「我想，共（產）黨來後，只要不一到即將我逮捕起來，我還是有出走的機會。而這一點，我想是不成問題的。但是，只要在共（產）黨之下，我有能不受辱教書或作小買賣之可能，我仍願留在共區」。可見，他仍願留下來做一個自食其力的勞動者，以此來侍奉老父以終老，養家糊口。在這種考慮下，他逐漸傾向一種「等著看」的哲學態度和被「解放」的期待。以至於 5 月 10 日，他婉言謝絕「華中剿匪總司令」白崇禧派秘書接其離開的邀請。此外，他從河南等北方逃往武漢的許多朋友那裏，得知因革命形勢發展迅速，出入檢查不嚴，逃出去不是很難，爲其最終出走提供了可

〔註15〕 胡秋原：《看了，走了，一定要回來的！》（《我與中國共產黨》），胡秋原：《〈在唐三藏與浮士德之間〉及其他》，臺北：胡秋原自刊本，1962 年，第 92 頁。
〔註16〕 胡秋原：《倉皇辭廟，逃出武漢》，《文學與傳記》1999 年 5 月 15 日。

能。由此不難看出，他和很多知識分子一樣，既對國民黨不滿，又對中共疑懼。未來的不確定性，使其陷入孰走孰留的兩難抉擇中。由於上述原因，他既謀劃了留下來從事的職業，又做好了出走的打算。這種「苟全性命於亂世」的心理，〔註17〕反映了當時很多知識分子無可奈何的心聲。

準備留在武漢，且已謀劃好未來從事職業的胡秋原，為何在觀望一段時間後又要離開呢？他對中共進入武漢後有怎樣的觀察？有什麼樣的感受？心理狀態如何？又是什麼原因促使放棄「等著看」的哲學和被「解放」的期許，最終選擇出走呢？1949 年春，中共軍隊在漢口已是兵臨城下，武漢有「和平」運動。他認識的中共地下黨前來拜訪，問及對「和平」運動的意見。據他自述，他們承諾「如能我參加，他們可保障我的自由」。他也認識到大軍壓境下，任何抵抗皆無效，且家人在此，為了地方秩序，贊成和平。但事實上，1947年他在上海發起過「和平運動」，主張國共放下成見，和平建國，然而這種主張遭到國共的共同反對，因此他認為不適合參加。對於這類「英雄」，他表示並非不怕，但「自由」「只有自己的保證，才是有效的」；「在亂世，唯寧靜是安全之道；不求福，即免禍之道」。

1949 年 5 月 15 日，林彪率領的人民解放軍進入武漢。其行政上的舉措，讓胡秋原感到難以接受，便決心離開。其觀察和體驗，據他自述，一、報紙上宣傳「擁護蘇聯」與「和平」政策，讓他感受到「窒息」的氛圍，市場凍結斷絕其擬做販夫走卒的生活之道。二、「占房子，封物質，攤派供應」，他認為這不應是新當政者的行政舉措；「照舊徵稅」，甚至「公賣鴉片，這是國民黨不敢做的」。三、「一星期後，我看到有許多國民黨官吏在『坦白』。本要逃往廣州，但因交通阻隔而返回的原市政府社會局長錢江潮經常來訪，告知國民黨公教人員被淩辱，接收人員的驕橫態度。他又目睹「不問政治的學者，被戴綠帽一面遊行，一面自己罵自己」，後面有許多人跟著遊行慶祝的「盛況」。這些情況讓他不得不擔心自己會不會步其後塵？此外，熟人見面也僅以冷冷點頭以對，革命的氛圍讓大家懂得「三思而後言」的道理，唯恐以言獲罪。這種以勝利者出現的姿態，讓持「等著看」哲學態度的他意識到前途的危險。〔註 18〕勝利者以其權力禁止反對者言論、逮捕、罰款、沒收、甚至槍

〔註17〕 胡秋原：《看了，走了，一定要回來的！》（《我與中國共產黨》），胡秋原：《〈在唐三藏與浮士德之間〉及其他》，臺北：胡秋原自刊本，1962 年，第 94、93 頁。

〔註18〕 胡秋原：《在唐三藏與浮士德之間》，胡秋原：《〈在唐三藏與浮士德之間〉及其他》，臺北：胡秋原自刊本，1962 年，第 95、96 頁。

斃，他認為均可理解。但「坦白」，將要「打擊的人戴綠帽遊行，或坐牛棚勒索捐款」，〔註19〕則是不必要的。這種「坦白」，「戴綠帽」、「遊街」和「做牛棚」的行為，在此後的歷史中也上演了很長一段時間。在他看來，這是「一種冷血的嚴肅，瘋狂的熱情進行的巫術或工程，其目的在使人類墮落，不復具有人性與人格」。由此，他認為中國已全面俄化，而這正是他此前所批評的，本打算生存下來，等待被「解放」，接受教育「改造」，「迫害」，「甚至於死，所以我敢於留下」。然而，「我卻不曾準備受辱，當時共（產）黨沒有麻煩我，但我想遲早會光顧的」。因抱有「士可殺不可辱」的態度，〔註20〕擔心有一天求死不得，這種認識使他決心離開。

當時已參加革命隊伍的前川中學學生齊世達的回憶，也為理解胡秋原的心態提供了依據。據他回憶，1949 年 5 月，在漢口遇到胡秋原，「從簡短的交談中知他內心很矛盾，他說不準備再辦前川了，等候軍管會接管」。〔註21〕中共進入武漢後，他曾回黃陂老家蟄居，並到縣城拜見縣長，縣長問及其情況時說：「胡先生從武漢來黃陂，我們不知道胡先生在武漢軍管會登記沒有，國民黨立監委員，都應該到當地軍管會登記；如果沒有，應趕快回到武漢軍管會登記」。〔註22〕當時的胡秋原是立法委員，又是中央候補委員，屬於國民黨中央的少壯派。這種敏感的身份必然受到軍管會的「關照」。1949 年 6 月初，相識的一名軍管會幹部，邀請他作一場《新民主主義》的公開演講，他認為這是找其「麻煩」的開始。當時中共部隊已經進駐前川中學，他決定還是到前川中學查看，教務主任告知軍管會的意見，學校可以繼續辦，但須改組，他也須離職。這是他最後一次視察該校，可以視為他逃走前穩定學校人心和迷惑中共的一種障眼法。在解放戰爭還在繼續進行，地方秩序尚未完全恢復，出入檢查不嚴的情況下，6 月 16 日，他化裝成香煙販子趁機離開漢口，經岳陽抵達長沙。在此地，他明知到廣州有立法院的工作，又有薪水可領，但還是徘徊不前，到處打聽武漢情形。在此期間他婉拒了白崇禧邀請其做反共演

〔註19〕 胡秋原：《倉皇辭廟，逃出武漢》，《文學與傳記》1999 年 5 月 15 日。
〔註20〕 胡秋原：《在唐三藏與浮士德之間》，胡秋原：《〈在唐三藏與浮士德之間〉及其他》，臺北：胡秋原自刊本，1962 年，第 97、99 頁。
〔註21〕 齊世達：《熱心教育 名傳桑梓——深切懷念前川中學校長胡秋原先生》，《洪山文史》第 7 輯，1994 年，第 152～153 頁。
〔註22〕 參見劉明遠：《我與胡秋原的交往》；陳慶存、彭準口述，王學其整理：《前川中學與胡氏父子》，《黃陂文史》第 1 輯，1988 年，第 160、219～220 頁。

說，子然一身的他對家人的不捨，對故土的留戀，對前途的迷茫是其徘徊的原因。在擔任《中央日報》副總主筆期間，任主筆的忘年交錢納水認為他在長沙之「因循」，除不忍拋棄其父及安排學生畢業外，「可說對於中共還有理解不足之處」，還有意在不問政治情形下「苟全性命於亂世」，「然此在無名小卒可以」，以他這種敏感的身份，在「一面倒」和「獨裁」後，「仍然在長沙彷徨」，何等危險！〔註23〕面對革命形勢的迅速發展，胡秋原不得不考慮自身安全，7 月下旬，在友人幫助下經衡陽抵達廣州。8 月 4 日，國民黨在香港主辦的《香港時報》創刊，邀請胡秋原擔任主筆，不日，前往香港，撰文思考中國前途。

二、婉拒中共邀請北上的原因

　　1949 年 8 月，赴港的胡秋原擔任《香港時報》主筆，撰文探討時局、學術思想和人權問題。8 月 11 日，在社論《國際共產主義運動之矛盾》一文中，他認為「共產主義與法西斯主義性質相同」。納粹以種族為名，共產主義則以階級為名。香港的共產黨及左派報紙指稱該文為胡秋原所寫，對其觀點進行批評。10 月，他又發表題為《俄國攤牌了》的社論，認同當年林則徐「終為中國患者其為俄羅斯乎！」的觀點，認為中共問題，實際上就是蘇俄問題。幾天後接到其妻的來信，信中談及上海的朋友致信勸其不要為《香港時報》撰文。迫於其家人還在武漢的政治壓力，為避免不必要的是非，11 月辭去主筆職務，到九龍開設金山商店，以養豬和經營洗衣店維持生計。12 月 21 日，是斯大林 70 歲生日，毛澤東率領中共代表團訪蘇並為其祝壽，胡秋原在《新聞天地》上撰文《毛澤東到莫斯科》，在該文中他將此與當年李鴻章為祝賀沙皇尼古拉二世加冕出使俄國相提並論，並預言中蘇之間必然簽訂新約。這也成為他後來將《中俄密約》、《中蘇友好同盟條約》、《中蘇友好同盟互助條約》相提並論的根源。〔註24〕此後又在《民主評論》、《新聞天地》上撰寫有關中國問題與分析批判蘇俄方面的文章，同時也研讀西方新出版的歷史哲學等書籍。

〔註23〕 胡秋原：《倉皇辭廟，逃出武漢》，《文學與傳記》1999 年 5 月 15 日。
〔註24〕 胡秋原認為這三個條約「除時間、訂約人、國號不同之外，內容文字幾乎完全一樣」。參見胡秋原：《五四時代以來的思想運動》，胡秋原：《文化復興與超越前進論》，臺北：學術出版社，1980 年，第 1300 頁。

　　中共建政後，革命氛圍更加濃厚，胡秋原之父在其鄉人勸說下前往香港。他因擔心妻兒的安全，讓她們由天津轉赴香港，如遇困難，請求在京任職的老友梅龔彬從中協助。1949 年底，其妻兒因船票遇到困難，到北京找梅龔彬幫忙。梅龔彬將此事告知周恩來，周恩來說：「胡秋原如回來，我們一定重用，他的太太不應放行」。梅龔彬對其夫人敬幼如說：「秋原脾氣太直，不回來也罷。望你暫時在此多住幾天，候我慢慢設法幫你赴港」。大約 3 個月後，派人告知：「現在可以走了」。〔註25〕她們由京漢路粵漢路南下，4 月 2 日抵達香港。兩天後，廣州香港邊界便封鎖了。

　　胡秋原離開武漢不久，前川中學被沒收，成為「革命大學」校址。因父親是地主，胡秋原是國民黨高官，且已逃往香港，其弟弟被逮捕入獄。革命者組織「民眾大會」進行「公審」。組織者本以為會獲得群眾擁護，一唱百和，不料竟無人主動出來「控訴」或「批鬥」其罪狀，或說其是好人，或說不認識。〔註26〕據胡秋原自述，「在對我父親和我誹謗一番」後，民眾說「最好辦法將我捉回以後，再來大大鬥爭不遲」。〔註27〕組織者無奈，只好停止批鬥，並將其弟釋放。他得知欲以「善霸」之名再逮捕其消息後，連夜逃走後赴港。此後，胡秋原的一位遠房叔父被殺以示鎮壓，「而這位叔父之兄弟，還是一位共（產）黨」。〔註28〕

　　事實上，胡秋原的家庭與共產黨多次發生關係，甚至受到中共的「關照」。1927 年，胡秋原被視為共產黨受到桂系西征軍的通緝，差點喪命。1929 年，胡秋原之父以共產黨嫌疑被捕。不久，鄂東和黃陂一帶的中共軍隊進軍胡家灣時，他家成為司令部，家中藏書被毀。1934 年「閩變」失敗逃往香港的胡秋原，也以共產黨的嫌疑被捕後驅逐出境，流亡海外。1941 年，「皖南事變」後不久，其父胡康民被新四軍逮捕。胡秋原憑藉和董必武在北伐和參政會期間多有來往的關係，就釋放其父一事向其求助。董必武說：「我

〔註25〕胡秋原：《憶老友梅龔彬先生──〈兩個談政治的朋友〉及其他》，梅昌明整理：《梅龔彬回憶錄》，北京：團結出版社，1994 年，第 14 頁；又見胡秋原：《從香港到臺灣》，《文學與傳記》1999 年 7 月 15 日。

〔註26〕胡秋原：《看了，走了，一定要回來的！》（《我與中國共產黨》），胡秋原：《〈在唐三藏與浮士德之間〉及其他》，臺北：胡秋原自刊本，1962 年，第 100 頁。

〔註27〕胡秋原：《家庭教育與學思之始》，《民主潮》第 9 卷第 14 期，1959 年 7 月。

〔註28〕胡秋原：《看了，走了，一定要回來的！》（《我與中國共產黨》），胡秋原：《〈在唐三藏與浮士德之間〉及其他》，臺北：胡秋原自刊本，1962 年，第 100 頁。

保證是善意，至多是藉重尊大人之意」，答應其請求。不日得到回電：「擬多盤桓數日，即行返家」。1945 年 8 月下旬，胡康民被新四軍「禮請」。原本赴滬準備接收某大報的胡秋原留在重慶，到中共駐重慶辦事處與周恩來交涉數次，並提到周恩來之父 80 大壽時曾去拜壽，請其本著「老吾老以及人之老」的精神爲之設身處地考慮，幫助其父早日回家。周恩來說是「善意」之舉，經過月餘周旋，周恩來打電報給李先念並下令將胡父「禮送回府」（周恩來語）。胡秋原問及其父兩次遭新四軍「綁架」，用意何在？胡父說，「第一次殆無惡意，只是到處擡著吃飯、講話，第二次就很難說了」。〔註29〕又據胡康民自述：「所苦者共（產）黨對康民不斷要脅追求，迫供利用，因不克應命，被其託名『歡迎』『優禮』，而實則綁架者」。最後一次，「被脅至河南邊界，情形最爲險惡。後因其魁電令釋放，得以生還」。〔註30〕這裏胡秋原及其父親將新四軍的行爲視爲「綁架」，可能當時中共利用胡父在當地的聲望，開展革命，也有可能是利用胡父拉攏胡秋原，如他在回憶這段經歷時說：「我當時推測周恩來對我不無利用家父自由問題，對我作政治與思想敲詐之意」。〔註31〕中共將胡秋原與其父親作爲統戰對象，未必就一定有惡意。

這些經歷改變了他對中共的態度。1948 年，中共進入東北後，胡秋原曾批評之。據他自述：「我過去對於中共，雖然不贊成乃至反對他的俄化政策，但我雖早已攻擊蘇俄，而對中共總是出之以勸告態度，我正面攻擊中共，自此開始」。〔註32〕隨著國民黨的敗退，勝敗日益明朗，他也擔心如批評對己不利。「一個匹夫，實無法去『得罪』共（產）黨」。因此不得不改變策略，採取非常含蓄的批評方式，這是一種明哲保身、「苟全性命於亂世」的心理。在談到對中共進入武漢後的觀察和體驗時，胡秋原說：「在此以前，我對共（產）黨之理解，是概念的；我不贊同共（產）黨，是理論上的。我絕無與共（產）黨『不並存』之決心。經此一個多月之體驗，我才在形象上認識共（產）黨」。

〔註29〕 胡秋原：《在唐三藏與浮士德之間》，胡秋原：《〈在唐三藏與浮士德之間〉及其他》，臺北：胡秋原自刊本，1962 年，第 28、29、31 頁。

〔註30〕 胡康民：《胡康民自述》，張漱菡：《胡秋原傳——直心巨筆一書生·附錄一》，臺北：皇冠出版社，1988 年，第 1132 頁。

〔註31〕 胡秋原：《在唐三藏與浮士德之間》，胡秋原：《〈在唐三藏與浮士德之間〉及其他》，臺北：胡秋原自刊本，1962 年，第 31 頁。

〔註32〕 胡秋原：《倉皇辭廟，逃出武漢》，《文學與傳記》1999 年 5 月 15 日。

與中共這種複雜的背景和若即若離的關係，留在武漢時未引起多少人的注意，但「留而後走，則共（產）黨多少感到意外」。〔註33〕

　　胡秋原赴港後，中共依然將他視為統戰對象，幾次派人勸其北上。在其家人尚未赴港前，常有共產黨或左派勸其回大陸。據胡秋原自述，他們說：「以我之才學，到北平去必受重用，竟牧豬為生豈不可惜？」〔註34〕1950年4月初，董必武派人致信胡秋原，勸其北歸。他回憶說，該信除表示關切其生活外，謂「我既非眞正國民黨的『人』，實不當走，離開『國家』；如果有個別共（產）黨對我不起的事，可以提出注意，我如有政治要求，也可以提出考慮。只要回去，『一切皆可商量』」。他回信表示感謝，婉言謝絕。他早年鍾情於馬克思主義，既做過中共的「同路人」或「朋友」，又同「左聯」有過思想交鋒。因不接受馬克思主義的階級鬥爭學說，蘇俄的暴力革命道路，也不認同中共的「俄化」道路，因此與中共的關係可以說是若即若離。從他參與「閩變」反蔣抗日到反對簽訂《中蘇友好同盟條約》，抗戰勝利後提倡「和平運動」，組織「民主政治學會」等一系列舉動來看，他雖是國民黨員，與其權力核心的步調並不完全一致，對國民黨也多有批評。這些可以看作他以「自由人」自居，不囿於黨派，超越意識形態理念的反映。如他在回信中所說：「弟對黨派乃最無成見之人」，「弟在國民黨勢力最盛時為國民黨之敵。國難使弟歸國，從未完全贊成國民黨，但弟不辭為其百姓。弟在共（產）黨將被消滅時為共（產）黨之友，共（產）黨將統治中國，原亦打算做共（產）黨百姓。然看了而又走了者，則今日之事，根本不是國民黨共（產）黨之問題也」，而在其「素不信革命不革命，階級不階級之說」。〔註35〕1949年前，胡秋原與國共錯綜複雜的關係，使其在思想上無論是在「自由主義的馬克思主義」，還是「新自由主義的文化史觀」時期，其主張為國共所不喜，甚至受到左右兩翼的夾擊，成為介於兩黨之外的「邊緣」勢力。

　　他將武漢軍管會沒收其學校，逮捕其兄弟，殺害其叔父視為三件大事。在解釋其原因時，他說：「唯弟校教員無一國民黨員，舍弟從未入國民黨，族

〔註33〕胡秋原：《看了，走了，一定要回來的！》（《我與中國共產黨》），《〈在唐三藏與浮士德之間〉及其他》，臺北：胡秋原自刊本，1962年，第93、99、101頁。

〔註34〕胡秋原：《從香港到臺灣》，《文學與傳記》1999年7月15日。

〔註35〕胡秋原：《看了，走了，一定要回來的！》（《我與中國共產黨》），胡秋原：《〈在唐三藏與浮士德之間〉及其他》，臺北：胡秋原自刊本，1962年，第101頁。

叔亦斷無可殺之罪。我之學校，乃全國人民事業之一部，我之兄弟叔父，亦國民之一份子，共產黨既可沒收我之學校，自可沒收任何人之財產，既可捕殺我之家人族人，自亦可捕殺其他任何人。此則斷乎非小事也」。他這裏說「教員無一國民黨員」並不準確，他也擔任課程，不僅是教員，更是校長。當時軍管會沒收其學校原因不在教員中是否有國民黨員，關鍵在於胡秋原是國民黨的中央候補委員，立法委員，而且他是地主家庭，還有不少田地，因此軍管會根據當時的政策，沒收其學校是勢所必至了。至於其弟弟被捕族叔被殺，也是當時的政策使然。中共建政初期，地主家庭、國民黨官員家庭被視為「反動分子」，都在「坦白」和「清算」之列，他這種敏感的雙重身份，其弟弟和叔叔自然受到特別「關照」。他在信中還指出：「如謂此為個別行為，則共（產）黨必須正式發還我之學校，對捕殺事公開道歉，懲凶，賠償，並登報聲明，保障以後不得再有同類事件，始可證明。必須如此，弟始可考慮回來之問題」。他提到的三件事在中共建政之初，並非「個別行為」，是中共為鞏固政權做出的遍及全國的政策。他要求當政者為他個人改變政策，無異是一種幻想。這種「狂妄」要求，實際上其思想的一以貫之，是尊重人格，要求人權和人道主義思想的反映。

對中共建政之初實行「一面倒」的外交政策，他表示強烈不滿，認為這是全面實行「俄化」政策，而「俄化」正是他所批判的。「任何權力只要不過於違背中國之基本道理，不太喪國權，太殘民命，太辱人格，首先廢『一面倒』之政策，則不待兄等之勸，且即有人拒絕，弟亦必欣然回來。否則，中國尚有國哉？」中共建政之初實行親蘇的外交國策，在當時美蘇爭霸的國際環境下有其必然性。他將廢「一面倒」的政策視為返回大陸的條件，注定不可能得到回應。他在闡述其對黨派的看法時說：「弟對黨派素無成見，亦決非任何宣傳所能動於心。弟與國民黨素無淵源，而今日共（產）黨人士，反多為老友。弟喜談政治，但亦非必事政治之人。弟有自己之主張，但亦為一極富妥協性之人。弟對國民黨貪污無能素表厭惡，雖不贊成共產主義，對共（產）黨非絕無好感，不存希望之人」。「但弟看了，走了，終於一定要回來的」。〔註36〕他說「與國民黨素無淵源」，並不符合歷史事實。1924 年，他就曾加入過

〔註36〕 胡秋原：《看了，走了，一定要回來的！》（《我與中國共產黨》），胡秋原：《〈在唐三藏與浮士德之間〉及其他》，臺北：胡秋原自刊本，1962 年，第 101、102 頁。

國民黨，大革命中負責主編國民黨湖北省黨部機關報《武漢評論》。1939 年任
國防最高委員會秘書，重新加入國民黨，1943 年任《中央日報》副總主筆，
1945 年當選爲國民黨第六屆中央候補委員，1948 年當選爲「立法委員」。儘
管他對國民黨的貪污無能表示厭惡，對共產黨也並非「不存希望」，但他最終
還是選擇了傾向國民黨的政治立場。自 1930 年代初以來，他以「自由人」著
稱，標榜對黨派無成見。國民黨高官的身份使以自由思想、無黨派理念相標
榜的胡秋原十分尷尬，這也是他刻意抹殺與國民黨「淵源」的原因所在。即
便如此，從其信件中仍可以發現，對走「俄化」道路的新政權不滿，固然是
他離開的一個原因，但其「立法委員」的標籤和國民黨高官身份，才是他出
走更重要的原因。1950 年 4 月底，隨著海南島的解放，他認爲香港亦不安全，
5 月初赴臺，但以「白由中國」相標榜的臺灣也絕非自由之地。以「自由人」
著稱的胡秋原，始終未得到國民黨權力中樞的信任，在兩岸政治氛圍緊張、
意識形態尖銳對立的時代，「自由人」、「自由知識階級」的立場，特別是他與
中共若即若離的關係，使他在「政治不正確」，「時代不正確」的背景下，被
扣上親共的「紅帽子」罪名，似乎成爲他難以洗刷的原罪和夢魘，其左翼言
行又遭到另一種形式的的拷問、清算乃至審判，這是他始料未及的，也是他
晚年刻意迴避的。

三、棲身香港對中國前途的再思考

　　1949 年居港期間，既對自身處境的悲涼而沉痛，又對故土懷有深深的眷
戀，也懷有對國家前途的擔憂，對人民命運的悲憫。沉痛之餘，再次研讀西
方歷史哲學，試圖從中爲尋求中國與世界前途得到啓發。在研讀流行於西方
的邏輯實證主義的著作後，他認爲該派對邏輯學不無貢獻，但比唯物史觀更
爲機械，將其視爲科學的虛無主義。關注現象學，他認爲將現象學變爲生存
主義是對現象學的誤解，存在主義和邏輯實證論是西方哲學危機的表現。〔註
37〕在他看來，謝勒（Max Scheler）、阿弗萊‧韋伯（Alfred Weber）、卡爾‧曼
罕（現譯爲曼海姆 Karl Mannhein）等人對由現象學演變而來的文化社會學做
出了很大貢獻，這是一種社會學方法論。1966 年他在回憶中說，1929 年，德

〔註37〕赴臺後胡秋原先後對馬克思主義、邏輯實證主義、虛無主義、存在主義、現
　　　　象學等西方歷史哲學都有所涉獵，參見胡秋原：《西方文化危機與二十世紀思
　　　　潮》，臺北：學術出版社，1981 年。

國文化社會學者阿弗萊‧韋伯提出了「Freischwebend Intelligenz」（自由而無所附屬的知識階級）的概念。匈牙利學者曼罕取此觀念，以《意識形態與烏托邦》（Ideologie and Upotia）奠定今日知識社會學的基礎。曼罕受馬克思主義、胡塞爾現象學的影響，但他認為他們都不能解決政治上的種種「主義」問題，他提出「自由知識階級」超越意識形態的束縛，才能接近絕對真理的觀點。自此，知識社會學既成為「思想史之方法」，又成為「現代社會診斷學的基礎」。他在解釋自己並未受其影響時說：「我的『自由知識階級』之觀念是 1929 年左右即懷有的，不過到 1931 年末才正式著文提出。當時我還不知有阿弗萊‧韋伯以及曼罕的名字。到抗戰中期，我才偶然看到曼罕之書之英譯。我甚為高興。我並沒有受他們的影響。其所以各自獨立達到這結論者，無非由於都曾看過馬克斯主義的書，遇到的問題亦復類似之故」。由此不難看出，韋伯、曼罕的著作和觀念印證了胡秋原「自由人」、「自由知識階級」觀點的合理性。由於曼罕的著作 1936 年才在英國出版，可能未受其影響。但他流亡歐洲期間是否閱讀過韋伯的論著，是否如其所說未受其影響，還未發現這方面的史料。按照他的自述，可能是他們從研究馬克思主義中得出的類似結論。他還進一步解釋說：「知識社會學在戰後東歐，卻與盧森堡之遺著，盧卡奇的著作，以及文藝自由的思想，成為批評俄國共產主義統治的重要武器」。〔註38〕盧卡奇等西方馬克思主義者，對青年馬克思人道主義思想的發現和研究，成為批評蘇俄馬克思主義的理論卻是不爭的事實。

在香港期間，他還閱讀了英國史學家湯因比（Toynbee）的《歷史哲學》。他對湯因比論世界文化興衰的精彩觀點極為讚賞，但卻指出湯氏忽視中國史學中「因革損益」的道理，而以宗教談論文化的觀點，也不能應用於中國。在研讀西方歷史哲學等方面論著的同時，對中國前途進行再思考。1950 年 3 月底，在徐復觀創辦的《民主評論》上，他以「尤治平」之名發表《中國之悲劇》的長文。在該文中，他將中國走蘇俄式的社會主義道路歸結為內外兩方面的原因。他認為蘇俄的援助、《雅爾塔密約》和《中蘇友好同盟條約》是外部原因。內部原因既與國民黨的貪污無能有關，也與知識分子對「世界共產主義之興起，由於西方文化之病態」認識不足密切相關。中國內部的衰弱和國際形勢是造成蘇俄革命的馬克思主義征服中國的根本原因，同時也是百

〔註38〕胡秋原：《關於一九三二年文藝自由論辯》，《中華雜誌》1969 年 1 月號。

年來西方列強的侵略和破壞造就的結果。他斷定共產主義與法西斯主義是孿生兒，都是西方文化病態的產物，實際上是國家社會主義。

近代以來，由於中國文化暫時落後，知識分子在不知如何自救中，先求助於西化主義，造成中國人「精神眞空狀態」，五四運動提出了「中國民族運動」的要求，而西化派卻不能提供一個符合實際的救國方案，這就爲共產主義征服中國提供了思想基礎。他將共產主義與佛教在中國的傳播進行對比，引歐陽修《本論》之說，解釋唐宋以來佛教大興的原因在於「乘其闕廢之時而來」。而共產主義在中國得到廣泛的傳播由於西化派、俄化派對社會主義缺乏足夠的理解，「不知道或不願意由民主社會主義談起，結果不是趨向法西斯主義，就是趨向布爾塞維克主義」。由於「法西斯主義聲譽不佳」，蘇俄便「成爲社會主義正宗了」；「中國知識分子之精神，早已成爲蘇俄宣傳之俘虜了」。此外，民國以來，軍人干政和國民黨「承襲了不少東方家長制的專制主義，又學習了俄羅斯的一套獨裁主義」，「黨治」、「一個主義」、「一個領袖」的獨裁專制之說由此而來，因而造就中國「政治上精神上的眞空，在道義上自失立場」。他的這種認識，實際上是反思國民黨失敗，中共勝利的原因所在，但其認識不無偏頗。在西方列強侵華、蘇俄發表對華友好宣言和社會主義成爲世界最時髦思潮的背景下，中國知識分子接受和信奉社會主義有其必然性。蘇俄式的社會主義、民主社會主義、基爾特社會主義、自由主義等西方思潮在中國思想界均有各自的受眾，並非如他所言不知民主社會主義，不是趨向法西斯主義，就是趨向布爾塞維克。不可否認，他將近代以來中國的危機和悲劇放到世界範圍內思考，從文化、思想和心理問題尋求其深層次原因的努力值得肯定。

在上述認識基礎上，他指出：「一個國家最要緊的事，是要能自主其命運，發展國家的生產力，人民的創造力，以不斷提高人民的生活水平，不遜於世界上其他國家。其方法是發展實業和教育，其前提是要有一和平而自由的環境」。由此，他對中共建政初期實行的「坦白」、「受訓」、「思想改造」、「支前」、「慰勞」、「土改」表示不滿，認爲這實際上是「不許有天賦才性之發揮自由研究之風氣」。在「清算」、「鬥爭」、「前進」、「坦白」種種名義下所包含的「淺薄」、「冷血」、「虛僞」、「猜疑」等瘋狂的成分對國家建設和青年人才的培養都是不利的。〔註39〕因此，他呼籲知識分子要有自尊心、自信心，保持人格、

〔註39〕 胡秋原：《中國之悲劇》，胡秋原：《文化復興與超越前進論》，臺北：學術出版社，1980年，第244、271、276、286頁。

民族和學問尊嚴，繼續探索中國的前途。1950 年代以後，當梁漱溟、胡風、老舍等人遭到不公正的批判時，遠在臺灣的胡秋原撰文聲援。〔註 40〕《中國之悲劇》受到錢納水和徐復觀等人的稱讚，錢納水指出新文化運動領導者「實際上他們所見甚淺，只以否定自己傳統為高明進步，而對西方文明亦無真知，結果造成思想真空，為共產主義開路。這是很少人能認識到的」。〔註 41〕

此後，他又在《民主評論》上撰文《論中西文化、共產主義與新自由主義》，繼續從思想文化問題上反思和探討中國悲劇的根源，該文可以看作《中國之悲劇》的下篇。在該文中，在比較中西文化的基礎上，他指出中西文化根本精神相同，近代以來中國文化落後於西方，仁人志士先後提出學習西方的一系列方案，然而由於認識不足，或固拒，或盲從。「本位文化」，「全盤西化」和「俄化」都是固拒或盲從的表現。他從徐光啟「會通以求超勝」的主張中得到啟發，提出「超越傳統、超越西化、超越俄化」而前進是建設現代化強國的立國之道。實際上是重複他在《中國文化復興論》中提出的主張，也為他後來正式提出「超越前進論」奠定思想基礎。此外，他還對馬克思主義、列寧主義和斯大林主義進行比較，指出其間的區別，提出蘇俄是社會帝國主義的觀點，蘇俄實行的社會主義並不能代表人類未來發展的方向。「人類的歷史趨向於人類能力的增進，自由之擴張，人道之進步，統一的人類文化之形成，這是我們對於人類史所能懷抱的信念。自由、公正、公益與和平——是歷史之目標，以道德之標準。這也便可看世界之將來」。〔註 42〕由此不難看出，胡秋原再次強調新自由主義的思想價值，並認為自由經濟、民主政治和社會主義統一起來，是人類文明前進的方向。他對人道、自由、公正等價值理念的追求，貫穿於他畢生的思想之中，與西方自由主義的理念相一致。這也是他當時思考中國和世界前途得出的結論，也為他東渡赴臺後繼續思考中國前途奠定思想和理論基礎。

〔註 40〕 胡秋原：《大家應該聲援不屈暴力的梁漱溟先生》，《香港時報》1952 年 2 月 25 日；《悼胡風先生——賀胡風生回》、《談老舍之死並告三十年代虎口餘生的朋友們！》，胡秋原：《文學藝術論集》，臺北：學術出版社，1979 年，第 714 ～717，1098～1111 頁。

〔註 41〕 胡秋原：《從香港到臺灣》，《文學與傳記》1999 年 7 月 15 日。

〔註 42〕 胡秋原：《論中西文化、共產主義與新自由主義》，胡秋原：《文化復興與超越前進論》，臺北：學術出版社，1980 年，第 318 頁。

第二節 新自由主義文化史觀的再詮釋

抗戰期間，胡秋原在撰寫《歷史哲學概論》時，以「文化史觀」取代「唯物史觀」，但仍認爲政治經濟文化多種因素的相互作用，決定歷史前進的方向。經過中國抗戰和第二次世界大戰，他認爲歷史並未有必然法則，無論是中國還是世界並無必然前途，而在多種可能的前途中應爭取最佳選擇。1950年赴臺後，他繼續思考中國和世界的最佳前途，這也是他畢生學術研究的起點與歸宿。1945年，《中蘇友好同盟條約》的簽訂，引發了他對現實主義的批判。經過國共內戰，香港的見聞和思考，以及當時世界的種種思潮的影響，思想上再次發生轉變。在對「新自由主義文化史觀」進行補充和修正後，提出了「理論歷史學」。將此理論應用於思考中外歷史，探求其出路，得出的結論即是「超越前進論」。

一、思想核心：理論歷史學

1950年後，胡秋原思想上進入成熟期，對「新自由主義文化史觀」再詮釋，提出了「理論歷史學」，這也是他爲求解中國出路探索的第三個理論時期。與西化派和俄化派以中西文化的優劣成敗，或以西方和蘇俄的宣傳作爲救國之道不同。他認爲：「中國出路問題應在人類長期歷史中看各民族發展的情形，世界文化進步的趨勢，瞭解自己的地位、需求和條件，決定自己努力的目標和手段」。在數十年的讀書思考過程中，他的歷史哲學或探索中國出路的理論經過三個時期的轉變，即 1931 年《唯物史觀藝術論》及《中國社會——文化草書》「爲先超越期」；1935 年後自立思想撰寫《歷史哲學概論》爲「超越前期」；從抗戰勝利到 1953 年完成《古代中國文化與中國知識分子》，在對世界史進行比較研究後，他對《歷史哲學概論》進行補充，綜合前兩期理論基礎上加以整理，完成「理論歷史學」的架構，「自是以來，爲超越後期」。〔註43〕

在「先超越期」，他由文藝問題，通過普列漢諾夫的研究進而對馬克思主義進行探究，提出了「自由主義的馬克思主義」，進入他畢生思想演進的第一個階段，並以此思想參與「文藝自由論辯」和「中國社會史論戰」，成爲兩場

〔註43〕胡秋原：《哲學與思想·自序》，臺北：東大圖書股份有限公司，1994 年，第 10 頁。

思想論戰的重要辯手。在「超越前期」，其興趣由文藝史轉向社會史，流亡歐美期間，以「自由」和「民族」觀念自立「文化史觀」，放棄馬克思主義，轉向新自由主義，以文化史觀取代唯物史觀，構建他的歷史哲學，以此解釋中西文化危機的原因，探索中國和世界的前途。在綜合前兩期思想的基礎上，構建起「超越後期」的學術思想，「普遍的歷史哲學或理論歷史學」。研究的內容主要包括「由方法論到價值論，到世界史構造與文化興衰法則，到中西歷史與中西文化，俄國史與共產主義，到中國與世界將來」。〔註44〕《古代中國文化與中國知識分子》是應用「理論歷史學」撰寫而成，也是該理論成熟的標誌。該理論實際是對史學進行學問的、批評的研究。由於他將歷史視爲文化史，因此，亦稱「歷史哲學即文化哲學或文化批評」。其理論根據是「哲學人類學，即人爲創造文化之動物，人創造了文化也便是創造歷史」。他認爲文化批評有兩大程序：一、「由史學方法論看各民族文化形成與變化的原因」，二、「由價值判斷論其得失；並由其現狀看其可能的前途與應有的前途，最後，還可由文化批評得到人生哲學」。〔註45〕理論歷史學是他思想的核心，就理論架構而言，「哲學人類學是其基礎；社會學是其主要的詮釋路徑；史學方法論與價值判斷論是其主要內容；將理論歷史學應用於中國歷史、世界歷史，探求其出路，所得到的答案即是文化的超越前進」。〔註46〕他用一個圖示清楚的說明自己的哲學思想。〔註47〕

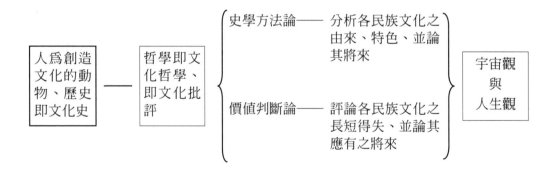

〔註44〕 胡秋原：《歷史哲學與史學方法論再論》（下），《中華雜誌》1976 年 5 月號。

〔註45〕 胡秋原：《我的哲學簡述》，胡秋原：《哲學與思想》，臺北：東大圖書股份有限公司，1994 年，第 15 頁。

〔註46〕 謝遠筍：《胡秋原》，昆明：雲南教育出版社，2012 年，第 87 頁。

〔註47〕 胡秋原：《我的哲學簡述》，胡秋原：《哲學與思想》，臺北：東大圖書股份有限公司，1994 年，第 84 頁。

1. 史學方法論

在胡秋原看來，近代中國的衰敗和面臨的困境，從某種程度上可以說是史學的衰敗及其面臨的困境。基於這種認識，他以歷史的線索比較中西史學的演進歷程，又以此問題爲中心辨析自 20 世紀以來歷史哲學方法論面臨的困境和遭遇的危機。如他所說：「史學之興亡，即國家之興亡」，史學也便成了「人文、社會科學之中心」。由於「思想的無力，史學之衰落，沒有使中國在學術落後以後，由自己的方式發展自己」；「落後而被侵略以後不能復興復振者，則由於落後者不僅船炮，尤其是史學落伍了。我們沒有新的史學支持獨立精神，不知亦無力尋求自己的前途。加之誤解科學方法，走入疑古主義，自斷根基」。他認爲新文化運動最大的特點與弱點是「不由史學研究出發，確實瞭解科學與民主之意義，以求實現之道；反之，以爲必須完全摧毀傳統文化才能徹底西化」。由於「未能在史學上立定腳跟，探討民族前途」，以爲西化是挽救民族危亡的萬靈藥，「雖西化無成，但已養成崇洋習性。西化幻滅後，由『西潮』轉向『俄潮』了」。〔註 48〕儘管中國學者借鑒西方近代的科學方法研究文化史，但並未克服中國傳統史學的不足和近代西方史學危機，建立起行之有效的歷史哲學理論。在這個意義上，胡秋原所謂「復興中國必先復興中國史學，復興史學必先建立史學理論」，也是他「以畢生之力從事於此」的原因。他指出中國傳統史學的目的是正確的，即「史學是鑒往知來，明因通變之學；要研究國家之治亂，文化之興衰，制度學術之因革損益，及其所以然之故；而且，要能判斷文化制度因革損益是否適當，使歷史繼續前進」，但「中國史學缺乏科學的論證」，如何將中國傳統史學對於治亂興衰的經驗和理論等法則聯繫起來，使其具有「科學的普遍性」，則是他構建理論歷史學考慮的主要問題。〔註 49〕

胡秋原認爲弄清史學之性質是走出歷史哲學困境的關鍵，1951 年，他將史學定義爲：「史學爲研究人類活動及其成績之經過之學，換言之，史學對象是全人類文化發展之過程及其形態之變化，簡言之，歷史即文化史」。〔註 50〕他將史學研究的對象視爲文化史，而文化包括三大範疇：「思想（包括科學、

〔註 48〕 胡秋原：《史學方法之要點》，臺北：學術出版社，1970 年，第 3、27、21、25 頁。
〔註 49〕 胡秋原：《歷史哲學與史學方法論再論》（下），《中華雜誌》1976 年 5 月號。
〔註 50〕 胡秋原：《我的哲學簡述》，胡秋原：《哲學與思想》，臺北：東大圖書股份有限公司，1994 年，15 頁。

哲學、文藝）、制度（政治、經濟、法律）、技術」。三者之中,「思想與觀念
爲原動力量,所以文化史之中心又是思想史,而歷史的根本要素也不外『人』
與『觀念』」。歷史上人群活動及其成就的選擇者,指有「歷史影響與文化價
值者」。歷史影響指「人類進步總是建立在因革損益的基礎上」。文化價值者,
「指眞善美之價值,即足以增進擴大人之自由,提高人之能力與尊嚴者」。由
於他將文化史視爲史學研究的對象,因此他認爲應以文化的變遷來解釋歷史
的發展。

　　史學的性質如何?在總結和借鑒前人研究的基礎上,他認爲史學兼備科
學、文學、哲學的性質。「史學方法與自然科學方法不同,然史學能夠而且必
須說明和預見,與自然科學無疑,雖然史學的預見是有限度的,有高度或然
性的」。〔註 51〕「史學是一種『科學』,但多一點,也少一點,他是一種很高
度的綜合學問。他沒有自然科學之『確』,但比他更『實』──切身」。〔註 52〕
史學具有科學的性質,是指「研究歷史的因果關係,有自己的研究方法,而
且可以由最根本原理來演繹」,還能用比較方法及歷史事實來證明,「有充分
之自主性」。因歷史範圍廣大,影響因素多,沒有科學精確,所以史學不是嚴
格的科學。多於科學之處是「史學一面具有自身之領域,另一方面運用各種
輔佐科學爲其助手」。史料鑒別上,「利用考古學、人類學、古文字學、地理
學乃至自然科學（如碳素鑒定法）」。近年來中國史學界,應用碳素鑒定法解
開了光緒帝是否被毒殺的謎團,爲胡秋原的這種認識提供了史實支撑。此外,
還「利用各種社會科學、心理學」等對史事進行解釋。而「文化史、經濟史、
思想史、科學史,更必須利用哲學與科學知識」。〔註 53〕他還指出「史學探討
人類之將來,實現理想的生活」,在這個意義上它「高於自然科學」。〔註 54〕

　　史學具有哲學的性質在於其要有哲學思辨,必須要進行價值判斷。史學
要對歷史上的人群活動及其文化興衰成敗進行評價,而這屬於哲學的範疇。
它不但是解釋過去,說明當下,還要預測未來。而史學具有文學的性質,則
表現在其「有藝術的性質」,中國有「文之將史,其流一焉」之說。文學特點
是想像,英國歷史學家克林伍德（Robin George Collingwood）所說的「歷史

〔註 51〕 胡秋原:《史學方法與歷史哲學之要點》（上）,《中華雜誌》1970 年 3 月號。
〔註 52〕 胡秋原:《歷史學及其方法論》,《中華雜誌》創刊號,1963 年 8 月。
〔註 53〕 胡秋原:《歷史哲學與史學方法論再論》（下）,《中華雜誌》1976 年 5 月號。
〔註 54〕 胡秋原:《史學方法與歷史哲學之要點》（下）,《中華雜誌》1970 年 12 月號。

的想像」正是這一點，〔註55〕「史學有文學的道德的性質」。史學不同於文學者，即「必須用概念來概括和說明事實，而且事實必有證據之支持」。〔註56〕他認爲史學具有科學、哲學、文學的性質的觀點，受英國學者伯里（Bury.J.B）、屈勒味林（Trevelyan.George Macaulay）等人的啓發而來。〔註57〕何兆武認爲「歷史學比科學既多點什麼，又少了點什麼。歷史學既有其科學的一面，又有非科學的一面」。〔註58〕這種認識與胡秋原的觀點可以相互印證。從胡秋原對歷史具有科學、哲學、文學之性質的判斷，審視其歷史哲學思想內部的張力，不難看出他既強調歷史的因果關係探討歷史的科學性，又拒絕歷史的科學化；既對以歷史認識論批判歷史本體論的論調予以回應，反對任何形式的絕對化的決定論，又視目的論爲價值判斷的準繩，避免陷入虛無主義和價值相對主義的陷阱。

他將「理論歷史學」用來分析影響歷史發展趨勢或法則的種種因素，即是史學方法論。史學的性質決定了其研究的方法，既然史學具有科學的性質，那麼就必然探求因果關係。他認爲：「歷史是文化史，歷史有因果，亦有目的」；「在史學爲科學範圍內，就必有史學方法」。「所謂歷史的法則非他，就是文化之因革損益，各國與國際之治亂興衰，文化創造力發展停滯之趨勢之法則」。對於方法論的認識，他指出：「方法論乃學問之母機，亦所以保證思想與學問之嚴正性，使不致發生重大錯誤」。〔註59〕鑒於此種認識，他對方法論極爲重視。據他自述：「關於歷史社會科學，我既不同意實證派的兩種學問的同一種方法論，亦不同意歷史派、新康德派的因果法則否定論。既是學問（科學），便必須研究事物之變化，首先必須研究事件發生的原因，但因果觀念，在物質、生命、人類社會三界意義亦有不同」。〔註60〕在他看來，天地人三界都受因果關係的支配，但由於三者屬於不同的學科領域，其研究方法也不同。

〔註55〕 胡秋原：《歷史哲學與史學方法論再論》（下），《中華雜誌》1976 年 5 月號。
〔註56〕 胡秋原：《史學方法與歷史哲學之要點》（上），《中華雜誌》1970 年 3 月號。
〔註57〕 伯里（Bury.J.B）認爲「史學雖供給文學與哲學材料，本身只是科學，不多也不少」，屈勒味林（Trevelyan.George Macaulay）認爲史學有「科學的，想像的或思辨的，文學的」三種機能。轉引自胡秋原：《歷史學及其方法論》，《中華雜誌》創刊號，1963 年 8 月。
〔註58〕 何兆武：《對歷史學的若干反思》，《史學理論研究》1996 年第 2 期。
〔註59〕 胡秋原：《史學方法之要點》，臺北：學術出版社，1970 年，第 2 頁。
〔註60〕 胡秋原：《我的哲學簡述》，胡秋原：《哲學與思想》，臺北：東大圖書股份有限公司，1994 年，第 31 頁。

　　胡秋原認為史學是推理的科學，需要借助其他學科提供比較的解釋，知識越多，越有助於避免武斷，最終得出合理的結論。他的史學方法分為三步：一是「史料之彙集、鑒別，確定個別事實，然後加以連結」。二是「要對一個時代，一個社會及其文化現象作內外構造分析，並由此構造看其以前和以後的重大人群活動，作過程分析，看其因革損益，成敗興衰之因果」。對一時代一社會的構造又要進行三種分析，即「社會內外部環境關係，先行和現存狀態關係，個人和其時代、社會的種種關係」。三是「世界史構造及其情形之研究法，此即研究世界各民族及其文化在世界歷史中之相互交涉及其結果與趨勢」。換言之，「史料鑒別與事實重建，微視的構造與過程分析法，巨視的全局的歷史構造及其轉型研究法，構成史學方法論之『本部』」。〔註61〕他所謂史學方法論中的構造分析，即通常所說的「史觀」。事實上，馬克思的唯物史觀也有「下部基礎，上層構造之分析法」，但胡秋原認為馬克思的「構造分析法指經濟決定階級關係，又決定文化形態而言，並將一切因素還原於經濟」。而他主張內外構造的合力是歷史變動的根本原因，因此他反對一元的單線的機械論或決定論，也反對無原則的或然論。構造分析是歷史因果論的完成，而人類向何處去的問題，則涉及到歷史目的論的問題，這是由價值判斷論必須回答的問題。鑒於這種認識，他主張用「同時比較法」，將中國史置於世界史中進行對比研究。如他所說：「我以為世界史必須在全世界南北東西民族交涉中來研究。而世界近代史，尤其要在東西文化之交涉背景中加以研究」。由此，「百年來糾纏於中國人的中西文化之問題，亦必在此背景中才能作真正的比較研究」，〔註62〕才能站在宏觀的全局的高度認清中國近代以來遭受危機的根本原因，在此基礎上探求中國出路。

　　終其一生，胡秋原都極為重視歷史哲學方法論的研究，他反駁在西方流行一時的實證主義、邏輯實證主義、科學主義等，皆因其拒斥價值判斷，但他並不排斥自然科學及其研究方法。他認為自然科學用不著價值判斷，這種論斷值得商榷。自然科學本身不涉及道德層面的價值判斷，並非價值中立，其追求是求是、求真、求善。〔註63〕他對史學方法用力頗深，旨在用科學方

〔註61〕　胡秋原：《歷史哲學與史學方法論再論》（下），《中華雜誌》1976年5月號。
〔註62〕　胡秋原：《歷史學及其方法論》，《中華雜誌》創刊號，1963年8月。
〔註63〕　劉源俊：《胡秋原的科學觀》，武漢大學哲學學院編：《哲學評論》第9輯，武漢大學出版社，2011年，第246頁。

法研究中國文化史，實際上繼承了他在 1930 年代初就提倡的「完成五四未竟之業」的追求，完成「再造文明」的目標。然而在論述史學方法的相關論著中，他並未提出研究史學的具體方法，大多是在闡述歷史哲學的問題。且以懷有民族主義精神的學者身份，在適當的篇幅時時提醒知識分子要為國家民族開創新局面的責任。「研究歷史之意義是探討中國與世界之將來，同時也自然鼓舞我們以自己之能力，求中國民族正當之將來，貢獻於全人類之將來」。「人類之將來因人群努力之方向不同自有多種可能，但史學可使我們選擇最好的可能之將來」。〔註64〕儘管胡秋原自認為對中國歷史研究頗深，並以「同時比較法」對中西歷史進行對比研究，但他對一些史實的認識並不準確，如他認為中國落後於西方的關鍵，在於明清之際的閉關、八股等，這並非公允之論。清初的盛世比起歷史上任何漢人建立的政權，並不遜色。近代以來中國的衰落固然與清朝有關，但真正原因是西學中斷。明末外國傳教士來華，當時中西相差不大，教士被清廷勒令回國，中國固步自封，與西方隔絕，從此中西之間的差距逐漸拉大，最終導致近代中國的衰落。

2. 價值判斷論

在歷史發展可供選擇的多種可能性的前途中，最佳前途之「最佳」即是價值判斷論。胡秋原認為史學與自然科學最大的不同在於其必須作價值判斷。與自然科學家對研究對象保持價值中立不同，史學家在歷史和分析歷史的過程中，始終會帶有主觀因素，但並不能因此排斥其價值判斷，而普遍的人性是價值判斷的基礎。在人類歷史發展的多種可能性的歷史道路中，選擇何種前途屬於價值判斷問題。這不是因果論所能解決的，而是目的論必須所要面對的問題。「價值判斷必以目的論為依據，所謂目的，即人道生命、共同生命以及維護和提高生命價值的文化之願望或理想」；「道德是文化進步的基礎，道德即正義，即人道。道德之興廢，決定文化之興衰，社會之治亂」。〔註65〕在他看來，方法論是研究歷史上之因果問題的，「理論歷史學」還必須解決價值問題，這是客觀敘述歷史，說明治亂興衰，答覆歷史向何處去的關鍵。然而，「價值判斷是目的論的，非因果論所能解決。因果論提供了人類有多種可能性的出路，但要選擇一個最佳出路，則此最佳之標準是價值判斷問題，必須由目的論來解決」。因果論是建立在自然因果論和歷史目的論中，無目的

〔註64〕 胡秋原：《史學方法之要點》，臺北：學術出版社，1970 年，第 59 頁。
〔註65〕 胡秋原：《六十年來我的重要著作和主張》(三)，《中華雜誌》1991 年 2 月號。

論，因果論亦根據不足。套用康德的話，即是「史學無方法論是空虛，無價值論是盲目。史學方法論必須與價值論合作，才能確立理論歷史學，研究歷史的構造及其轉形，求得社會治亂、文化興衰的科學法則，評價人類文化，診斷當前文化，答覆中國和世界到何處去的問題。於是理論歷史學一方面是文化哲學──文化批評之學；另一方面，是一個廣義的文化史方法論」。〔註66〕按照思辨和分析的歷史哲學來劃分，他的哲學屬於分析的歷史哲學的範疇，但他並未將二者割裂開來，而是認為應該對此進行調和，「理論歷史學」是在更高層面將二者統一起來。

　　早在「九・一八」事變前後，胡秋原就「逐漸認為哲學應該是文化之批評，而批評的憑藉則是學問方法論和價值論」。此時他正熱衷於馬克思主義，並認為唯物史觀是「研究歷史與社會科學的正當方法」；但對於價值標準，「不贊成馬克斯的階級觀點，而贊成馬克斯主義以前的自由主義。唯物史觀的方法論，自由主義的價值論是文化批評的兩個支柱」，這是「自由主義的馬克思主義」的思想基礎。儘管此後思想轉向，對唯物史觀和自由主義的看法有變，但「以哲學為文化批評，而以方法論與價值論為支柱的主張則始終未變，只是增強根據」，擴張二者之內容而已。〔註67〕進入新自由主義時期，他以文化史觀與普遍自由論並立。鑒於西方人背離自由主義的原則，其自由民主的價值理念僅限於白人，而不給殖民地人民獨立的自由和民主的價值。在借鑒西方功利主義提倡的「最大多數最大量幸福」為善惡之標準的基礎上，他又增加了「最長久」的條件，稱其為「新自由主義」。在研究西方歷史哲學後，他認為西方科學的史學由於對價值判斷的忽視，造成史學的由盛而衰。工業革命以後，西方「在學問上形成科學帝國主義，以自然科學方法為一切學問之方法，並否定價值之存在或主張價值相對主義」。〔註68〕「價值問題在近代西方史學上從來是一夢魘。那便是歷史上只有相對價值」。〔註69〕

　　他既否認歷史必然論，又否認價值不能判斷之說，認為歷史必須進行價值判斷。在對中西文化比較研究的基礎上，他指出近代中國的落後與悲劇始

〔註66〕胡秋原：《歷史哲學與史學方法論再論》（下），《中華雜誌》1976年5月號。
〔註67〕胡秋原：《我的哲學簡述》，胡秋原：《哲學與思想》，臺北：東大圖書股份有限公司，1994年，第14～15頁。
〔註68〕胡秋原：《西方文化危機與二十世紀思潮・前記》（上冊），臺北：學術出版社，1981年，第8頁。
〔註69〕胡秋原：《歷史哲學與史學方法論再論》（下），《中華雜誌》1976年5月號。

於學術落後，特別是史學落後，在中西二重文化危機之中迷失歷史的航向，故此復興民族必須復興史學。對中西歷史比較研究之後，不至於將西方和蘇俄的意識形態視爲救國眞理，才能判斷中西文化的價值，尋求中國出路。史學研究治亂興衰成敗得失之原因，但「治亂、興衰、成敗、得失」這些觀念之本身就是價值研究。「如不能判斷，則因果判斷亦無從著手。所以史學的對象，決定了因果判斷與價值判斷雖然可以區別，畢竟不可分離」；「自然物質世界只有因果構造，而人文世界歷史則除因果構造外還有目的構造」；「價值道德的觀念不能由因果關係來說明，亦不能由科學來判斷」；「價值由目的來，由動機來」；「由於是否達成目的，滿足動機，才有好壞、得失成敗的用語。歷史上個人與集體的活動是有目的與動機的，有價值趨向的，價值趨向的行動構成歷史的動力」。因此，「價值與道德只能由目的論來說明，也只有目的論來判斷」。〔註70〕價值判斷是「理論歷史學」主要內容之一，他強調對歷史作價值判斷，但並不認同以王道反對霸道的歷史。其價值判斷論是建立在目的論基礎之上的，其主張的道德兼備功利主義和形式主義兩種形態。

建立在目的論基礎上的價值判斷論，價值以是否滿足目的而定。在胡秋原看來，「歷史學不僅要說明興衰治亂之由來，最後還要評價文化之成就與得失，爲因革損益之依據。此涉及科學技術、行爲制度、文學藝術之價值判斷。我由史學與科學、哲學之合作建立目的論，說明眞善美之原理，而以正義和文化創造力之解放爲文化批評之標準」。〔註71〕他將眞善美的欲求視爲生命的本性，「眞善美就是人類文化能否達成其目的的標準。眞善美是生命與文化之目的，即人生的共同希望與要求」。〔註72〕而判斷標準是合乎人性、自由和文化創造力，即普遍人性人道的立場。史學方法論和價值判斷論構成其文化哲學的基礎，而「此歷史哲學也便是人生哲學之根據」。他認爲理論歷史學是由「比較世界文化史與文化社會學之長期研究來」，該理論「以方法論與價值論爲經緯而形成的科學的世界史圖像，而驅使百科以成其大，提攜文學哲學亦成其高，研究世界之過去與將來，診斷人類文化之利弊得失」。〔註73〕由此可

〔註70〕 胡秋原：《歷史哲學與史學方法論再論》（下），《中華雜誌》1976 年 5 月號。

〔註71〕 胡秋原：《古代中國文化與中國知識分子》，臺北：學術出版社，1988 年，第 30 頁。

〔註72〕 胡秋原：《我的哲學簡述》，胡秋原：《哲學與思想》，臺北：東大圖書股份有限公司，1994 年，第 47 頁。

〔註73〕 胡秋原：《歷史哲學與史學方法論再論》（下），《中華雜誌》1976 年 5 月號。

以看出，他對應用理論歷史學分析中西文化的興衰成敗和預見世界歷史之變化寄予厚望。這也是他畢生為學的宗旨，即發揮史學因革損益、鑒往知來的功能，探索中國可能和應有的出路。他對歷史的研究，無論是史學方法論，還是價值判斷論，都是從同時比較法著手，致力於釐清「因果」，把握「價值」，其畢生的歷史著作可以印證這方面的努力。

3. 中國文化與中國知識分子

1935 年後，胡秋原因相信只有以人類文化活動為中心才能解釋人類歷史，又認為西方人所著世界史實為歐洲史，於是萌發撰寫一本世界通史，將中國與亞洲放在一個適當位置的想法。直到 1950 年代初，這種想法才得以實現。在將價值判斷論和史學方法論結合起來，構建文化批評後，並將其應用於歷史研究，即其標榜的「理論歷史學」。他認為「研究歷史必須在整個歷史發展中看各民族文化之興衰，對各民族文化之形成作比較研究，瞭解其得失興衰之故，也就可以瞭解我們中國人在世界史中的地位，進而博通世界上的經驗知識，於是才能談出路問題」。[註74]《古代中國文化與中國知識分子》是文化批評或「理論歷史學」的應用。

1949 年居港期間反思近代中國的悲劇，在《中國之悲劇》一文中，他痛感士氣衰落造就的中國悲劇，因此提倡知識分子要樹立自尊心、自信心和責任感。基於曾對《經學與理學》的研究，1952 年又撰寫了《中國文化之前途》，[註75] 思考中國文化前途。此後，他決定根據其「理論歷史學」撰寫一部《中國文化與學者精神》，不久發現，為說明這個問題不能不談學術源流、政教沿革和中外文化，完稿後經朋友提議改稱《中國文化與中國知識分子》。該書將中國文化的歷史放置在世界史框架中，與其他文化，尤其是同期西方文化作比較，是一部以中國知識分子為歷史主體的中國通史，有別於以往以帝王為中心的中國通史。在他看來，「一國盛衰強弱福禍興亡，主要責任不在帝王將相官吏，而在知識分子」，[註76] 而知識分子又是人民的代表。在比較研究中西文化的基礎上，他指出「中國之沉淪，僅近一二百年事」。使中國人重新為

〔註74〕 胡秋原：《哲學與思想・自序》，臺北：東大圖書股份有限公司，1994 年，第 25 頁。

〔註75〕 胡秋原：《中國文化之前途》，臺北：自由世界出版社，1953 年。

〔註76〕 胡秋原：《庚子懇談──對知識界及青年之進言》，胡秋原：《文化復興與超越前進論》，臺北：學術出版社，1980 年，第 418 頁。

「世界文化發揮其創造之功,乃中國史應有之最高意義」。過去研究中國史者,多是以帝王為中心的政治史,忽略文化創造者的知識分子。而「研究中國文化與知識分子,乃是研究中國歷史與將來之命運之鑰匙」;「孔子賢於堯舜」是「中國知識分子之真命脈與真精神」。今後的民主政治時期,也是「知識分子在政治上發揮獨立作用開始的時期」。中國文化中早有「人文精神」和「理性精神」,只是近代以來沒有完成「議會制與工業革命」,造成中西文化的差異。因此,「如何克繩祖武,益光前烈,開萬世之太平,是這一代中國人,尤其是讀書人的責任」。他不僅相信人類文化因人性相同而無根本差異,必趨於大同,而且中西文化也是相通的,強調知識分子應擔當起解決中國問題的責任。在闡述撰寫此書的目的時,他說:「在經由史學以明治亂興衰、因革損益之原因與教訓,集結國人之心力;鼓舞生氣,吹噓薪火,俾得蔚為鴻烈,會和風雲,見世運重開之盛;非發思古之幽情而已」。〔註77〕可見,他試圖從史學研究中總結興衰成敗的原因,為重開世運國運提供借鑒。

胡秋原認為:「文化,即一切德性、知性之創作,技術、制度、學藝之發明;是人格之標誌,亦是用以增進人道,擴張人力,維持和改進生活之工具」。基於這種認識,他將富蘭克林(Benjamin Franklin)提出「人是製造工具的動物」修正為「人是創造文化的動物」。〔註78〕總結人類歷史的治亂興衰、因革損益的成敗得失,構成歷史的基本法則,這便是歷史的教訓與意義。在他看來,文化是人類知性和德性之創造,人類史即文化史,只能以文化的變動解釋歷史。文化之進步是人心所同欲的,也就決定了歷史進步的大勢所趨。文化的創造和歷史的發展是多種因素相互綜合作用的結果,因此,他反對歷史決定論,主張內外構造分析法來解釋歷史的發展。

在對知識分子的界定上,胡秋原採用的是廣義。他將古代的「讀書人」和現代從事精神勞動者,統稱為「知識分子」。但他更多的是從社會功能的視角考察知識分子的,而不是學術思想史的進路來理解的。「所謂知識分子是一國最優秀人物,即最有學問與道德,代表一國智慧和良心的人物」。他將知識分子的功能概括為:「創造文化」、「政治上立法創製保護人民」、「應付危機解

〔註77〕 胡秋原:《古代中國文化與中國知識分子·自序》,北京:中華書局,2010 年,第 19～22 頁。
〔註78〕 胡秋原:《古代中國文化與中國知識分子》,北京:中華書局,2010 年,第 1～2 頁。

決疑難」三種功能。中國知識分子雖未促成西方的議會民主政治，但樹立了一個偉大的權威，即「道統」，「來均衡和限制皇權」；「政統是一時的，道統是永久的」，這構成了中國傳統政治政統和道統的二元架構。在解釋《古代中國文化和中國知識分子》的書名時說：「區區之意，除以歷史即文化史之外，即在使我們的道統論重新恢復其地位」。〔註79〕

討論知識分子問題時，他將其置於在世界史的大視野中來考察。在他看來，與西方文明相比，中國文化富於「有機性」，連續性，維持五千年之久，又富有「創造力，吸收力和包容力」，「本乎人情，合乎理性」，發明了「極聰明的文字，成爲東亞的一種世界文」。知識分子是文化的載體，與西方知識分子相比，中國知識分子有兩個特點：「人文主義發達」，「富於平民精神、民主精神」。換言之，富於人文性、現世性和平民精神，是中西知識分子的不同。「在未進入完全民主時代，一般是爲少數武力集團所統治，此武力集團形成一種貴族，乃中外所同然」。在數千年來的中國史上，使帝王權力有所限制，使人民得一定之保障，「這首先應歸功於中國知識分子之莊嚴努力」。他們「素來是平民的代表」，不僅「以此自任，且幾乎成爲不成文法」。他們「不僅在思想上維護平民利益，而且是在道義上，在行爲上，將其責任心、自尊心人格化」。他將中國歷史上的武力和貴族集團，乃至帝王始終不能獨霸天下歸功於知識分子的努力，而他們又代表平民利益。

他認爲「儒」、「墨」、「道」，與其說是三個學派，不如說「儒」、「俠」、「隱」是中國學者的「三態」。幾千年來，「中國知識分子以平民代表的資格，本忠恕立場，仁義原則，爲生民請命，必要時，挺身而戰，萬一無法，退保方寸之安，但無論如何，不受貨財暴利之淫屈，可殺而不可辱，這是中國知識分子之精神」。在他看來，無論在何種境遇中，他們應是知識、道德、理性的堅守者。在闡述知識分子與國運的關係時，他指出：「一個國家的生命，在其文化學術，而一個國家的生命力」，「在其知識分子之責任心與自尊心，唯其有責任心與自尊心，也才有創造力。所以，一個國家要生存和進步，首先是這國家能尊重學問，而這社會知識分子能有自尊心」。這裏他強調知識分子與國運的辯證關係，他將尊重知識分子視爲尊重眞理與公道，亦即人道和民主；而保持知識分子的尊嚴也是改革社會的武器。縱觀歷史，「不尊重學問，不尊

〔註79〕胡秋原：《近代中國知識分子之失敗》，胡秋原：《文化復興與超越前進論》，臺北：學術出版社，1980年，第440～443頁。

重知識分子，乃至摧殘虐害知識分子，是一個社會墮落與自殺之最顯著症候」。「沒有一個壓迫知識分子的國家能夠興盛的，而摧殘知識分子的統治階級，也斷乎是不能生存的」；「僅僅統治者兒戲學問，迫害知識分子，還不足以亡國。如果知識分子自己不尊重學問，自己不將自己當人，那就不僅亡國，而且要『亡天下』了。當知識分子違背了中國文化與知識分子的傳統，忘記了責任心與自尊心而自賤自辱之時，那就是國家之神經崩潰與心臟衰弱」。對那種將道德與知識，廉恥與文化割裂開來的論調，他駁斥道：「道義爲文化之本，而罪惡大抵起於無知」；「在人群交感與未來注視中發展德性才智，此即文化之創造。廉恥蕩然者，是責任心與自尊心喪失之結果」；「禮義廉恥不僅四維而已，那是國家的命根！」〔註80〕由此可見，他將國運與知識分子的責任、道德和尊嚴辯證的聯繫起來。

　　在駁斥西化派否認中國傳統文化的價值時，他指出：「整個中國文化傳統，即人文主義理性主義民主主義傳統」。在這一點上，中西文化「方向完全相同，內容完全相通」；「在近代中西相遇以前，中國也許沒有近代歐美之系統的自由民主制度和科學成就」；「也許中國沒有西歐文藝復興後的一個充分個性覺醒的運動，但中國實早有一個類似的自由獨立的精神」。「道不遠人，遠人以爲道，不可以爲道」，是「以人爲本位」。而「忠與信」是孔子所重視的「道德精神」；一切學問道德歸於「仁」字，即「人道之總稱」；「推己及人，寬容異己，亦可說是自由與民主」；「性相近，習相遠」，是「人格平等的哲學」；「毋意，毋必，毋固，毋我」，這是「自由主義最好信條」；「眾惡之，必察焉，眾好之，必察焉」等，都表示「理性主義態度」。因此，他認爲與同時代的柏拉圖、亞里士多德擁護奴隸制度相比，孔子具有偉大的胸襟，「集人文主義之大成」，既是「民主主義者」，又是「自由主義者」。〔註81〕

　　中國文化造成大一統王朝，也帶來了專制制度，知識分子的作用又變成開明專制。中國歷史既「因專制而腐敗，而瓦解之歷史」，又因「知識分子與皇朝合作，撤回合作，退隱重來的歷史」。漫長的歷史，「交織而爲中國之治亂循環，與否泰循環。這循環只有到民主時代，工業時代才能打破。我們沒有進入

〔註80〕胡秋原：《古代中國文化與中國知識分子》，北京：中華書局，2010年，第6、7、10、11、12、13頁。
〔註81〕胡秋原：《古代中國文化與中國知識分子》，北京：中華書局，2010年，第13、102～105頁。

民主與工業，因此不能跳出循環，亦即不能免於亂否。循環產生循環，這慣性亦妨礙我們進於近世民主」。爲何長達二千年的歷史，中國未能走出「治亂」、「革命」的循環，成爲民主工業國家？爲何富於民主精神的中國文化，在破除封建社會後，不能很快的進入一個民主制度國家？爲何在農業手工業技術上達到最高成就的中國，未能更進一步進於機器工業？馬克斯‧韋伯以中國文化沒有西方文化中的合理主義來解釋，蘇俄馬克思主義者套用馬克思所謂「亞洲社會公式」來解釋。梁漱溟認爲中國文化本身的性質決定了中國的「盤旋不進」。胡秋原認爲「這都是現象，不是原因」；「地理、政治、經濟任何一元的解釋」都是不合理的，「原因在各種因素之配合中，也在歷史文化之本身中」。

中國文化和知識分子，雖有「民主精神和傾向」，但無「一套辦法和制度，很快的使中國脫出治亂之惡循環，沒有由緩和專制，進而代替專制，變統一專制國爲統一民主國者」。胡秋原從歷史、政治、經濟方面詮釋其原因。一、歷史上，「儒家所言王政，有民主之意，但不算民主制度」。漢革秦命，不能走向民主制度，在於「只知因循秦之舊制，尤多采主尊臣卑之法」。二、政治上，「由大一統，安全與秩序而來的」。在民主政治以前，「專制大一統有利於禦侮」，然而，平民爲「安全而犧牲自由」，「不斷革命之苦痛，亦使中國人爲秩序而犧牲自由」；「近代的民主，非在國民經濟確立，產業發展之後，是不能穩定的」。三、「由經濟發展之迂緩而來的」。產業發達，社會富力提高，才有大批獨立人格的個人。世人不察，將國家或統制資本稱爲社會主義，以自由資本、私人資本稱爲資本主義，將兩者對立起來，這種認識「其實未之深思」，一般而言，「不經一定的資本主義之發達，民主力量無由發展；不經個人的國民的工業資本之發達，民主基礎無由穩定」；「中國之民主，天然要等待近代工業之發展」。〔註82〕

中國文化和知識分子在維護民族生存，改進民生，限制皇權，保障民權等方面都做出了很大貢獻，並構成東亞史的安定力和再生力，但其弱點和致命傷未能使中國步入民主政治和工業化國家。胡秋原指出其原因在於：一、「沒有控制皇權的方法」，雖「不缺乏民主理論──主權在民的理論，庶政公議的理論」，但「沒有在技術制度上分散皇帝權力，限制皇帝荷包因而駕馭皇帝權力的辦法，乃至一個由人民來選舉皇帝（總統）的辦法」。中國古代雖有三權

〔註82〕 胡秋原：《古代中國文化與中國知識分子》，北京：中華書局，2010 年，第 230、231、236、237、238 頁。

——行政、考試、監察，但「這往往使皇家控制臣權之方法，不是如立法、行政、司法控制政府的方法」。二、「沒有保障國民財富的制度」，中國文化中雖有不與民爭利的主張，但沒有在法律上積極保護人民財產。而在法律上，主要是刑法而幾乎沒有民法。「抑商政策，國營政策，是中國長期不能脫離治亂惡循環進入民主國家之大原因」；「也是知識分子不能有獨立生活之最大機會的陷阱，這是知識分子要負很大責任的」。三、「學問上的保守主義、崇古主義」。四、「仕與隱、客氣與潔癖、書生氣質」；「進仕與退隱，是中國知識分子兩條典型的出路」，也是「中國治亂標誌」，「專制與文化、知識分子之相剋，而只有民主政治與近代工業，才能保證知識分子之尊嚴及其才智之發揮而已」。國家長治久安，必須實行文官政治。要保持大一統，擺脫惡循環或盤旋不進，須「變專制為民主，變農業手工業為機械工業」。先決條件是「知識分子樹立自尊心，棄絕『家臣』心理，更不做外國人的『家臣』」！〔註83〕

　　他對中國文化和中國知識分子在歷史上積極作用和局限的辯證分析，其宗旨不在古而在今。他對近現代思想文化史有深入的研究，對近代中國遭遇的中西文化「二重危機」與政治變局中知識分子的處境也有深刻的體會。在他看來，「在失去個人的民族的主體立場之後，中國的許多洋務家或新文化的知識分子不僅不能正當的為學立國，而且在外國壓力之下，中國社會解體之中，外國主義分歧之中，不免自我外離，成為種種崇洋媚外之人，而日益不成其為中國人，亦即失去為人之道了。洋人侮辱、損害中國人不足怪，可怪者是中國人自己再損害和侮辱自己」。〔註84〕胡秋原在這裏揭示了近代中國危機，從某種意義上來說是中國知識分子的信仰危機。「五四時代中國知識界在學問上無力解決中西文化二重危機是由西化到俄化之關鍵」。新文化運動中的主流派認為「孔子以來全部舊文化不適於現代生活，中國之失敗，由於過去船炮，政治之西化不徹底，必須在全部文化上西化，才是中國的出路。這是中國文化危機意識之最高潮」。〔註85〕此後，在西化、俄化和外化中，知識分子的文化自信由此坍塌，崇洋媚外，全盤外化也由此而起。

〔註83〕 胡秋原：《古代中國文化與中國知識分子》，北京：中華書局，2010年，第244～253頁。

〔註84〕 胡秋原：《近代中國對西方及列強認識資料彙編・第一輯序言》，胡秋原：《文化復興與超越前進論》（下），臺北：學術出版社，1980年，第1140頁。

〔註85〕 胡秋原：《文化復興與超越前進論・前記》，臺北：學術出版社，1980年，第18、1頁。

　　胡秋原認為「中國近代的歷史，是一個墮落、衰頹的歷史」。近代中國的危機與墮落的根本原因，客觀上在於列強的入侵和「技術及武備的落後」，而主觀原因則由於「政治失修與民族精神的喪失」。〔註86〕其中「知識分子縱不負更大責任」，至少與政府「有同等責任」；「知識分子有防患未然之責，有振衰起蔽之責，更不能將一切責任諉於政府」；「中國之衰亡，知識分子責無可辭，這在近百年政治歷史上，尤其顯然」。他們「在學問上教育上，缺乏嚴肅的認真的獨立的自由精神，自由思想，好學深思的風氣」；「追隨他人，聽外國人指揮，以外國人的意見為意見」；「滿足於虛淺的常識，為物欲所左右，對環境屈服，團結的鬆懈，精神的錯亂、怯懦、淺薄，以及由此而來的整個道德的墮落」。〔註87〕留學歸國的知識分子在政治上在教育上地位較高，社會上以偶像視之。他們本應擔當起挽救民族危機的重任，由於近代中國深重的危機，立國建國的擔子甚重，但是「他們的地位與其能力多不相符」，「大多不甚『知稼穡之艱難』」，對「洋人之學，又往往一知半解」；「看不起中國和中國人民，但如何使國家進步，又實少真知。他們既必養尊處優，在政治上只有走上『腐敗無能』之路」。教育上，回國即為教授，「然而洋書未讀幾本，讀亦未通，只能大言欺詐者亦復不少，此自不能作育人才」，由於「西化派」在「政治上教育上有權位而無才能，也便使不滿的知識分子與青年以馬克思主義為批評的武器，唯由於崇洋媚外已成風氣」。〔註88〕他對教育界學術界墮落的批判鞭闢入裏，對政治腐敗，官場黑暗引起的國民精神的墮落，互相腐蝕的批判更是一針見血。「今日社會上布滿小利、虛榮、陰私、柔佞、苟且、麻木、輕浮、欺詐、腐化、無志氣、無節操」。〔註89〕抗戰勝利後，國民黨拒絕改革，引起了對走民主政治建國道路的知識分子的失望，證實了胡秋原的觀察和深切體會。

　　在分析近代中國知識分子救國運動失敗的過程時，他指出「知識分子亦

〔註86〕　胡秋原：《中國文化復興論》，胡秋原：《中西文化與文化復興》，重慶：時代日報出版社，1943年，第48頁。

〔註87〕　胡秋原：《近代中國知識分子之失敗》，胡秋原：《文化復興與超越前進論》，臺北：學術出版社，1980年，第439、446頁。

〔註88〕　胡秋原：《亞洲前途：現代化？還是以自己的方式發展？》，胡秋原：《文學與歷史》，臺北：東大圖書股份有限公司，1994年，第373頁。

〔註89〕　胡秋原：《中國文化復興論》，胡秋原：《中西文化與文化復興》，重慶：時代日報出版社，1943年，第50頁。

趨於現實主義，在勢利主義中浮沉，在世界潮流中飄蕩」。換言之，「因學問不足而建國無力，因建國不成而至於極弱，復因極弱而瓦解土崩的」。因此，他呼籲知識分子要繼承中國知識分子的優良傳統。「以強大的責任心自尊心自信心爲生民爲天下盡其心力，爲平民，爲知識及知識分子之尊嚴而奮鬥」；「這正是中國文化之血脈與心傳，而每一個受中國文化薰陶者，應該以承繼先賢志業自任」。在他看來，知識分子的尊嚴和責任是中國文化的血脈所在。在此基礎上，他提出了人格、民族、學問三大尊嚴說，這也是他對早年提出「人格、國家、科學」觀念的繼承和進一步闡釋，成爲 1963 年創辦《中華雜誌》的宗旨，也是他畢生立國處世、立身治學的根本原則。他主張知識分子應堅守三大尊嚴，護人道，提高人的價值，不趨炎附勢、不屈服於不義暴力。發揮傳統文化中的人文、理性、寬容精神，會通中西文化，謀求創造新文化。「知識分子具有一種抵抗力，不服從不義無理的環境、權力、風氣，一種『障百川而東之挽狂瀾於既倒』的『抵抗逆流』的勇氣」。〔註90〕在國運衰亡之際，知識分子有維護道統尊嚴，保持價值理想的責任，唯如此，人性與文化才有繼承之才能。與錢穆對中國史的溫情與敬意不同，胡秋原認爲近代中國的危機「一切應在世界史決算，愈研究世界史，才愈能衡量中國史或外國史之價值；我不因自己是中國人，即故意空言本國史之光榮」；「我不贊成一種唯我獨尊的種族主義」。可見，他是從世界史的背景中考察近代中國危機，思考中國前途的。「一二百年來，中國問題始終是一世界問題。我們必須在世界的平面上尋求解決，而這首先應由世界史來追根溯源。中國文化與知識分子，也必須在世界舞臺上，面對世界問題，吸收世界經驗，來再造中國文化，中國歷史」。只有「眞正瞭解中西文化，才可以確立一個世界的公平的歷史觀念，而這一觀念，乃是世界之新大同──大一統所必須有的精神基礎」。〔註91〕

　　胡秋原高揚中國傳統文化價值和知識分子優良傳統，對近代中國知識分子救國運動失敗原因的分析，目的借助歷史之鏡，映照今天，啓迪今人。通過對知識分子人性內涵、德性價值、理想追求、「三大尊嚴」的詮釋，提升個人和民族的道德和理想追求，使之煥發出「新的精神，新的氣魄，新的民質，

〔註90〕　胡秋原：《近代中國知識分子之失敗》，胡秋原：《文化復興與超越前進論》，
　　　　　臺北：學術出版社，1980 年，第 449、445 頁。
〔註91〕　胡秋原：《古代中國文化與中國知識分子》，北京：中華書局，2010 年，第 256、
　　　　　528、550 頁。

新的民德」。﹝註92﹞如果說在《古代中國文化與中國知識分子》中，他通過強調歷史上的「中國知識分子」來詮釋「中國文化精神」；那麼《中國英雄傳》則是通過歷史上「中國英雄」來闡釋「中華民族的壯氣、雄風」。﹝註93﹞不僅應尊敬「英雄」們的勇敢，也應體認其「氣概、見識、才能、機智」，對他們「不僅當崇德報功，還要由他們的人格和事業，勵志、益智」。﹝註94﹞他撰寫《中國英雄傳》的動機，是「痛感中國當時不但國家分裂，而且數十年來，國勢積弱，社會風氣頹廢；因此，他希望借這些中國英雄豪傑的英勇行為和光輝事跡，鼓舞青少年『有為者亦若是』，以天下國家為己任；弘揚士不可以不弘毅之風，重振大漢聲威，名垂中華青史」。﹝註95﹞無論是「中國知識分子」，還是「中國英雄」，胡秋原都不是將其作為抽象概念，也並非是一種觀念體現，而是通過高揚他們的道德理想追求，呈現出其對人性、德性、人格的理解，對民族道德理想的追求。

從歷史的視角反思 20 世紀中國知識分子的墮落緣由時，他十分推崇明末諸儒的思想，經常引用他們的言辭表明其學術襟懷。他將「明道救世」、「明道淑人」視為中國學者的傳統精神，只不過處在明清時代轉換之際的明末諸儒，將此精神闡述得更為深切著名而已。這種思想引起他的共鳴絕非偶然，由於他從中學時代開始就抱有「明道救世」情懷，其骨子裏具有傳統知識分子的「救世」精神，在民族危難關頭，從民族文化中尋求救國立國的思想資源就再自然不過了。「十六世紀王陽明出來大放光輝，發動了一個思想解放運動」；「很多人說明末諸儒是王學之反動，或以王學為玄學，此實大誤。有了王陽明之思想解放，才有明末諸儒光芒四射之書」。因此，他認為「復興中國文化，當由王陽明及明末諸儒出發」。﹝註96﹞赴臺後的「亡國」之痛，使他對類乎明末諸儒的遺民情結有了更深的體驗和理解。他對 1950 年後大陸知識分子的遭遇表示同情，撰文聲援梁漱溟、胡風、老舍等人。他指出：「迫知識分子表演『改造』『坦白』的醜劇，而其目的，一方面是滿足若輩

﹝註92﹞ 胡秋原：《古代中國文化與中國知識分子・自序》，北京：中華書局，2010 年，第 21 頁。
﹝註93﹞ 胡秋原：《中國英雄傳・前言》，北京：九州出版社，2010 年，第 2 頁。
﹝註94﹞ 胡秋原：《中國英雄傳》，北京：九州出版社，2010 年，第 322 頁。
﹝註95﹞ 胡卜凱：《新版校對後記》，胡秋原：《中國英雄傳》，北京：九州出版社，2010 年，第 327 頁。
﹝註96﹞ 胡秋原：《哲學與思想・自序》，臺北：東大圖書股份有限公司，1994 年，第 19、20 頁。

不學無術之報復心，一方面是破壞中國讀書人之廉恥與自尊，變成蘇俄之精神俘虜」。他抗議的以「坦白」「改造」之名，「對知識分子所作精神凌遲，靈魂污辱」的狀況，是 1950 年後那個時代知識分子的共同經歷。他進而指出「世間斷沒有一個不尊重自己人格而能愛自己的民族國家，能愛人類愛眞理的」。〔註97〕在分析一代「浩劫」的歷史成因時，他指出除客觀原因外，主觀原因在於由「西化」而「俄化」進而造成知識分子的「異化」。古代進仕與退隱構成知識分子的雙軌運動，而在以「階級鬥爭爲綱」的年代，這種知識分子的典型出路被阻斷。鑒於此，他提倡民族主義和人道主義，「啓多聞於來學，待一治於後生」。

　　儘管胡秋原「畢生立身爲人爲學的宗旨是正大光明，明道報國」，自認爲《中國文化與中國知識分子》「無愧於著作之林」。〔註98〕有學者也評價道：「在胡先生的文章中，自有一股西方學者們根本缺乏的精神力量，而這力量正是來自中國文化的深厚泉源和中國士人的特有勇氣。他指出中國文化之衰，中國知識分子的無力，只是一種失敗，而非根本無能」。而「一個民族集體努力的失敗可以暫被征服，終必奮發自由！」「今天中國知識分子自然更要精神獨立，人格獨立，以求國格之獨立」。〔註99〕他運用「同時比較法」，將中國文化和知識分子放置在世界史的背景中進行考察，呈現出其廣闊的視野。既超越狹隘的固守傳統的保守派，又超越了棄絕傳統文化的全盤西化派，同時也與新儒家不同。他將中國文化史大約等同於中國知識分子史，這種認識將中國文化的創造者簡單化了。事實上，在歷史發展過程中，中國文化及其核心價值的形成受多種因素的影響，是由全社會各民族各階層共同創造的。在對近代中國知識分子挽救民族危機運動的分析上，他的論斷也並非公允之論。客觀而言，近代中國知識分子在探索中國出路上，也盡其所能尋求富強之道，但並非如他所批判的完全是無知和淺薄，也不能將傳統派、西化派和俄化派提出的各種救國方案簡單的歸於盲從。

　　不可否認，胡秋原對中國文化和知識分子的辨析，也爲當下文化建設和知識分子問題提供一些啓示。在市場化的當下，部分知識分子自身存在的唯

〔註97〕胡秋原：《古代中國文化與中國知識分子》，臺北：學術出版社，1988年，第15、16頁。

〔註98〕胡秋原：《從香港到臺灣》，《文學與傳記》1999年7月15日。

〔註99〕黃震遐：《黃震遐先生序》，胡秋原：《古代中國文化與中國知識分子》，北京：中華書局，2010年，第17、18頁。

利是圖，對物欲和權力的追逐，良知和廉恥的喪失，道德的滑坡等一系列問題都令人憂慮。他對傳統知識分子的政治價值理念，平民精神和民主精神，制度設計、道德勇氣等方面的詮釋，對構建以人民爲主體的現代政治文明不無裨益，爲中國走向政治民主化提供了思想資源。正如胡卜凱所言，其父胡秋原的著作提供的史實再次佐證：「『民主政治』雖然有種種弊端，但從長期運作看，對大多數人民來說，它仍然是最有利的政治制度。因爲只有監督、制衡、法制和政權輪替等機制下，一般人民才有可能進行公平的『資源分配』活動。多數人民只有能夠在公平競爭下取得自身的基本生存和生活資源，才有所謂的『獨立』人格和行爲能力，也才不會走上被奴役之路」〔註100〕胡秋原對知識分子與國運的思考也爲我們提供一些啓示：在民主政治架構下，知識分子繼承道統，保持政治、學術、思想獨立，恪守「三大尊嚴」，成爲眞正有骨氣、有自尊，富於人道精神，眞正代表民意，在參與推動現代化的良性發展中發揮積極作用。

二、思想歸宿：超越前進論

「超越前進論」是胡秋原將其「理論歷史學」應用於考察中西歷史，分析興衰成敗，探求出路得出的結論。該理論是他畢生學術思想的最終歸宿，也是其爲未來中國建設現代化強國設計的理想藍圖。他的歷史哲學，既是對中西歷史哲學的揚棄，又是對現實尤其是近代中國民族危機的回應。在這個意義上，他畢生的學術事功都是以探索「中國向何處去」問題爲起點和歸宿的，而「超越前進論」是應用「理論歷史學」探索中國出路的「大道」。

1.「超越前進論」的思想內涵

1962 年，在臺灣發生的「中西文化論戰」中，胡秋原正式提出「超越前進論」。事實上，自 1931 年提出「自由人」、「自由知識階級」；1935 年後提出「新自由主義」以來，他就主張「超越前進」。1939 年在《中國文化復興論》中提出新文化的建設目標時，他曾說，這種文明既不是「舊文明之復活」，也不是所謂「全盤西化」或「蘇維埃式的文明」，而是「由中國所創造，爲中國之進步，表現中國之特點的現代文明」；「形式上是民族的，內容上是科學的」。

〔註100〕胡卜凱：《新版校對後記》，胡秋原：《中國英雄傳》，北京：九州出版社，2010年，第 326 頁。

〔註101〕超越傳統、超越西化、超越俄化的思想就此定型。1961 年 11 月，胡適在《科學發展所需要的社會改革》的演講中，批判東方文明沒有多少精神文明可言，對以科學技術為核心的近代西方文明必須做出客觀估量。對該問題的討論，胡秋原並未予以關注，在《文星》雜誌編輯邀請下才參加討論，發表了《超越傳統派西化派俄化派而前進》的長文。在該文中，胡秋原對胡適指出西方文明有其理性主義精神，東方人並無理由以精神文明自傲的觀點表示認可，但認為他對中西文化的議論大都站不住腳，其觀點是多年前全盤西化論的老調重彈。

令胡秋原始料未及的是有關「超越前進論」的主張，使其捲入「中西文化論戰」，並成為論戰中的焦點人物，受到李敖等人的攻擊。在《給談中西文化的人看看病》一文中，李敖批判胡秋原得了「超越前進病」，「這些文化選手們，一方面對中國文化假惺惺的不滿意，一方面對西洋文化熱烘烘的掘根子。這一派的大法師就是胡秋原」。胡秋原「口口聲聲勸人『由門戶之爭解放出來』，卻沒有想到他自己正是門戶之爭的健將！他並不是什麼『獨立而向前』的『兩不屬』的人，他實在屬於『傳統派』中的一個流派」。其論調，跟三百三十年前徐光啟的「超勝」論，跟二十七年前張季同的「創造的綜合」，跟香港唐君毅的「超越論」「同出一廠」。〔註102〕對此，胡秋原再次撰文進行反駁。由此引發了分別以胡秋原和李敖為首的「中西文化論戰」，最終演變為一場長達四十餘年的法律訴訟。

在「中西文化論戰」中，胡秋原詳細闡述了「超越前進論」。作為畢生以民族復興為志業、具有道義擔當精神的思想家，胡秋原對近代中國遭遇到中西「二重文化危機」有深刻的體察和精闢的分析。他認為西方在「工業革命以後，雖在國內發展了民主政治，然對外則發展了帝國主義」，「在學問上形成科學帝國主義」。東西方文化發展的不平衡造就了西方對外的帝國主義侵略政策；而科學的片面發展導致科學帝國主義，造就學術發展的不平衡。二者的結合最終導致虛無主義，蔑視道德和人之價值。進一步加劇了帝國主義的對外殖民政策，於是有「掠奪經濟，獨裁政治和強權外交」，國內的階級對抗和兩次世界大戰由此而起。「西方文化危機之發生，由他們不忠於自己的『自

〔註101〕胡秋原：《中國文化復興論》，《中西文化與文化復興》，重慶：時代日報出版社，1943 年，第 57、58 頁。
〔註102〕李敖：《給談中西文化的人看看病》，《文星雜誌》1962 年 2 月。

由』之原則而起，亦即由侵略東方的殖民主義而起。其結果也便造成東方與西方同時墮落。在西方產生了虛無主義，共產主義與納粹法西斯主義；而在東方，則有種種崇洋媚外主義」。〔註103〕

對於中國遭遇的文化危機，胡秋原認為自 17 世紀以來，由於科學技術的落後，中國文化已呈現出危機。鴉片戰爭以來，中國遭遇到西方列強的步步入侵，民族危機日益嚴重。面對所謂「三千年未有之變局」，中國傳統文化不能承擔起挽救民族危亡的重任，陷入前所未有的危機中。懷有「明道救世」傳統思想的中國知識分子，遵循器物——制度——文化的理路向西方學習。新文化運動將向西方學習的潮流推向高潮，傳統派沒落，西化派成為中國思想界的主導力量。他們將傳統文化束之高閣，甚至提出了全盤西化的主張。正當中國知識分子將西化視為中國文化出路之際，第一次世界大戰的爆發宣告了西化文化也陷入危機之中，中國人遭遇中西文化的「二重危機」。

當一國固有文化與外來優勢文化相遇時，發生「傳統」與「外化」之爭，在世界文化史上是普遍現象。經過「新」「舊」之爭，尋求自立自強的立國之道。胡秋原認為要瞭解中國遭遇的危機，必須將近代中國置於世界史和中西「二重文化危機」的背景下，才能認清危機的根源，從而提供解決危機的方案。他將仁人志士為解決「二重文化危機」提出的各種方案歸結為四種類型：傳統論、西化論、俄化論和折衷論，並對其提出批評。他認為「我們的傳統文化誠然是偉大的，無論現在與將來，有許多傳統還是要保持的，而向前進也還要由傳統出發，但傳統之尊重不應使我們主張傳統主義」。〔註104〕由此可見，他並非固守傳統文化的復古主義者，不僅反對保守的傳統派，而且主張學習和吸收西方的優秀文明以創造中國的現代文明。他將「發揚中國民族固有的光榮尊嚴的德性和偉大的創造精神」，以及「要充實民族力量，要補救自己弱點，要現代化，要科學化」視為建設新文化的方向。〔註105〕他認為中西文化二元論的觀點，即中國文化重精神，西方文化重物質的見解是錯誤的。他主張學習和吸收西方文明來彌補中國傳統文化的不足，但反對中國從而化

〔註103〕胡秋原：《西方文化危機與二十世紀思潮・前記》（上冊），臺北：學術出版社，1981 年，第 8、7 頁。

〔註104〕胡秋原：《一百三十年來中國思想史綱》，臺北：學術出版社，1983 年，第 209 頁。

〔註105〕胡秋原：《純民族主義》，胡秋原：《文化復興與超越前進論》，臺北：學術出版社，1980 年，第 28、29 頁。

之。面對以英美爲代表的西方資本主義文明，以蘇俄爲代表的社會主義文明，他站在民族主義立場上既反對「俄化」，又排斥「西化」。

　　由於在蘇俄的考察和體驗，他認爲馬克思主義是西方文化危機的產物，本是治療西方病態文明的藥方，然而蘇俄的社會主義與馬克思設想的相差甚遠，不是治療，並非眞正的社會主義。西方文化由於背離自由原則，對外侵略，從而走向帝國主義，社會主義和法西斯主義是帝國主義的產物。社會主義在俄國與沙皇主義和民粹主義相結合，「變爲布爾塞維克主義」，〔註106〕「列寧主義只是三分馬克斯主義，三分沙皇主義，四分民粹主義，到了斯大林，乾脆變爲新沙皇主義了」。〔註107〕而反對「西化」，在於他認爲西方文化尙未擺脫危機，更重要的原因是中國新文化的建設必須建立在自身民族傳統文化的根基之上。「問題不在於如何接受西方現代文明，而在如何發展自己的文明，如何在自由主義的路線上迅速前進，創造中國自己的現代文明」。〔註108〕

　　他對傳統派、西化派、俄化派和折衷派都提出批評。他認爲傳統派的中西文化精神和物質割裂開來之說，西化派主張的西方科學民主、個人主義、中國專制說，俄化派的中國封建主義、西方資本主義、蘇俄社會主義之說，都未認清中國文化危機的根源。「復古」和「西化」都是「抱殘守缺」，「復古派守自己之殘缺，西化派代受他人之殘缺。殘缺歸於殘缺，楊墨之爭，只有彷徨」。俄化派「以爲社會主義既『復古』（禮運大同！）又『科學』（科學社會主義！）」，日益傾向於從馬列主義中尋求思想資源，由西化轉向俄化。然而，「中西俄三派不對中外文化興衰之故作全盤研究，以求發展自己；而只是執著於三百年左右之事，說祖宗如何，西洋如何，蘇俄如何，作終古定論，如是只在『維持現狀』與『同化於他人』之間選擇其一，此所謂錯誤」。〔註109〕「他們的論據都站不住，他們的錯誤都是以一時之事勢立論，或誤信他人的宣傳，根本沒有學問的根據」。同時他又指出「折衷主義在政治上也許必要，在學問上則根本不可。因爲學問之目的就是要對於一個問題得出一個確實的

〔註106〕 胡秋原：《中國之悲劇》，胡秋原：《文化復興與超越前進論》，臺北：學術出版社，1980年，第249頁。

〔註107〕 胡秋原：《爲祖國、爲眞理、爲人道而工作》，胡秋原：《文化復興與超越前進論》，臺北：學術出版社，1980年，第326頁。

〔註108〕 胡秋原：《論中西文化與創造中國新文化》，胡秋原：《文化復興與超越前進論》，臺北：學術出版社，1980年，第236頁。

〔註109〕 胡秋原：《超越傳統超越西化超越俄化而前進》，胡秋原：《文化復興與超越前進論》，臺北：學術出版社，1980年，第533、528頁。

結論，沒有確實的結論，一切折衷也是錯誤而危險的」。〔註110〕在胡秋原看來，這些都是門戶主義之見。他們對中西文化興衰成敗的歷史和世界變局缺乏整體性研究，而只是循盲從之道，由傳統而西化進而俄化，卻不能提供解決「二重文化危機」的方案，也不能有效解決中國面臨的內外問題。因此不能「外化」或「異化」，必須探求中國自身的立國之道。

通過對「二重文化危機」深入分析和對上述四派批評的基礎上，他提出超越傳統、超越西化、超越俄化而前進的主張，這種新路向被他稱之為「超越前進論」。其構想，「意在基於確實根據，解決中國前途問題」。他認為此一觀念雖由他自得，但實在是「古今中外為學之通義」，不過將其「應用於國家前途問題上」；「為學之道，總必須繼續前人成就前進，必須自己有所創獲，以求後來居上」。〔註111〕「超越前進」不是他的發明或杜撰，而是從古今中西學者的論說中獲得啟示，綜合而來。

首先，他認為在中國，孔子之「見賢思齊」，「擇善而從」，孟子之「有為若是」，荀子之「青出於藍而勝於藍」，以至王陽明之「文采日勝」都包含超越前進之義。第一個介紹西洋學問的徐光啟是「會通超勝」論者。「只是很久以後，門戶主義起來，超越之義晦而不彰，弊害亦無法估計，我才重新提出」。其次，超越之義，又有康德所用之「Transzendenz」而來，「此有獨立，批評，反對獨斷與反懷疑，理性判斷，『勇於思考』或具有思考勇氣等義」。第三，至 20 世紀，「超越前進」之意始倡於德國史學家缺兒契（今譯為特洛爾奇 E.Troeltsch）。「其意義指通過歷史，解決當前西方文化及世界問題」。此後，當代西班牙最著名的歷史哲學家阿特加（Ortega Y Gasset）加以發揮。他「畢生與左右獨裁奮鬥，自動逃難，堅定地肯定西方自由主義，深刻的指出西方文明危機之由來，力主超越前進才能克服共產主義，復興西方文化」。知識社會學的建設者匈牙利人曼罕（今譯為曼海姆 K.Mannhein）將超越前進說得更為清楚。他力倡在今日「意識形態」之時代，「唯有知識分子超越一切意識形態，向歷史文化之最前的地位前進，才能建設民主社會」。第四，通常意義上的，「超越乎現實的世俗的勢、利、名以外之意義，斷乎不是不重要的。甚至

〔註110〕胡秋原：《文化復興與超越前進論‧前記》，臺北：學術出版社，1980 年，第 4、3 頁。
〔註111〕胡秋原：《一百三十年來中國思想史綱》，臺北：學術出版社，1983 年，第 208 頁。

無此，根本不能研究問題」。胡秋原所謂「超越」是綜合四義而來，「自有一種獨立精神，自然不受一切門戶之見的束縛」；「要之，一旦超越，必然前進，完成文化創造的功能」。〔註112〕他在解釋與康德所用「超越」不同之意時說：「康德使用之於『超越』後來的獨斷的理性與懷疑的經驗論之意。我使用『超越』即用於『外於』，『高於』傳統主義、西化主義、俄化主義及不受拘束（Beyond, above, and free from）之意，因而也當然超越折衷主義之意」。他認為折衷論者的主張可在超越論中找到其所有的東西，前進即向歷史之明日前進。換言之，「即向前走中國人自己的歷史的道路，首先求工業技術之進步」，〔註113〕在這一點上與傳統主義不同。

何謂「超越前進論」？他說：「所謂超越前進者，不是否定或不理中國傳統文化或現代西方文化的意思，甚至也不是否定馬克斯主義或社會主義中若干真理的意思。『超越』首先要瞭解，徹底瞭解；然後才能辨別其中何者是有價值的，何者是無價值的；然後才能用自己的心思才力，將有價值的加以結合和發展，形成為一新的東西。我所謂超越前進，在學問上說，是超越三種門戶之見以作獨立創造之思考之意；而其邏輯引申，自是超越世界上的種種意識形態，一切腐化、惡化，克服從來人類歷史一切落後、黑暗、鬥爭及一切不合理，來重建新中國新世界文明之意」。〔註114〕據此定義，他認為文化基於人性，就人性而言，人類又是相同的。儘管中西文化發展速度不同，但文化的價值卻是全人類共享的。由此，他既不認同湯因比（Toynbee）、斯本格勒（Spengler）和梁漱溟等人的文化類型論，也不認同孔德（Comte）和馬克思等人的發展階段的固化性之說，認為在世界文化發展史上各國文化時先時後，皆為正常，近代以來英法德美等國先後成為世界強國的歷史就是最好的注解。

在對中西文化的比較研究中，胡秋原認為中國傳統文化與西方文化有很多相通的東西。「尊重人道、尊重個性、尊重人格尊嚴」，「尊重理性、尊重學問、尊重寬恕」，「博愛和平」等觀念。「西方正統文明可以稱為自由主義，這自由主義有三個要素或階段，即人本主義，理性主義和進化主義，由此乃有

〔註112〕 胡秋原：《由精神獨立到新文化之創造》，胡秋原：《文化復興與超越前進論》，臺北：學術出版社，1980 年，第 570～571 頁。

〔註113〕 胡秋原：《一百三十年來中國思想史綱》，臺北：學術出版社，1983 年，第 209～210 頁。

〔註114〕 胡秋原：《中西歷史之理解》，臺北：中華雜誌社，1966 年，第 149 頁。

現代西方的學術政教，民主與工業，而這三者，也是中國思想的核心與源泉，不過沒有西方文化發展得深切著明而已」。〔註115〕這些方面是中國向西方學習的內容，但不是學習西方的一切，而是與「與我們精神不相衝突的，學我們所不及的」。即學習西方的科學技術、工業化、民主制度、法治精神，誠信與合作精神、服務意識、平等的道德觀念等，但拒絕其對外侵略的帝國主義政策。

胡秋原所主張的「超越前進論」，是一篇「精神獨立宣言」，意在打破「門戶主義之虛妄」（The Fallacy of Partizanship）。若「不超越門戶之見，根本不能認清問題，解決問題」。超越云者，「不是超越中西文化等等及其研究之外，而是超越三種門戶主義成見之外」；「超越論」只是「論」，「不是要樹立第四個門戶」，〔註116〕也就是「要超越一切民族、階級、黨派偏見」；「通過歷史之流，由源頭游泳到歷史邊界（frontier）之盡頭，亦即前進到歷史明日之前夕（eve）。於是從來之歷史皆在回頭中顯出新的配景，於是應用文化、社會、歷史學的分析，看出當代史之形成」。由此來瞭解歷史的變化，走向「使人類文明向更高發展之可能之路，即克服民族鬥爭，階級鬥爭，到達人類普遍自由平等和平統一之路」。〔註117〕

對其他各派探索解決近代中國危機的努力，胡秋原也表示理解。他說：「我決不懷疑傳統派、西化派諸先生之良好動機，就是最早的俄化派，例如陳獨秀，其愛國之熱，人品之高，思想之銳，幾人能比？」近代中國的危機，不僅是帝國主義侵略造成的，也與中國自身的愚弱應付和知識分子提不出有效的解決方案密切相關。因此，他既不贊成「傳統派完全將責任放在外國」，「西化派完全將責任放在自身」，「否認帝國主義」，也反對「俄化派專罵西方帝國主義，而為服務俄國帝國主義之藉口」。儘管如此，他表示「對三派也都有一定的諒解與同情」。〔註118〕無論西化派還是俄化派，其「原始動機處於救國之心，是毫無問題的。而結果是不僅都沒有解決中國問題，而且造成兩派之相

〔註115〕 胡秋原：《論中西文化、共產主義與新自由主義》，胡秋原：《文化復興與超越前進論》，臺北：學術出版社，1980年，第291、292頁。

〔註116〕 胡秋原：《由精神獨立到新文化之創造》，胡秋原：《文化復興與超越前進論》，臺北：學術出版社，1980年，第569頁。

〔註117〕 胡秋原：《中西歷史之理解》，臺北：中華雜誌社，1966年，第149頁。

〔註118〕 胡秋原：《由精神獨立到新文化之創造》，胡秋原：《文化復興與超越前進論》，臺北：學術出版社，1980年，第589、602頁。

爭和長期內戰，以及中國在美俄二超強之冷戰中之分裂，而且在世界冷戰終結後依然妨礙中國人之統一復興」。〔註119〕在他看來，固守門戶主義之見是上述各派不能提出解決中國問題方案的根本原因。

有鑒於此，他指出：「超越論是鑒於門戶派之弊，基於歷史與哲學之研究，有系統的主張，而且是注目於國家與世界之將來的」。三派對「中西優劣差異之關鍵處何在，並非深知」，「傳統派認爲在船炮之類，西化派認爲在一切，俄化派認爲西方文化只是帝國主義而已，但僅欲充俄帝的『反西帝之先鋒』」，超越論認爲「差異在資本主義發展之程」。因此，「學習西方的關鍵首先在學問（科學）、政治（民主）、經濟（工業）」。〔註120〕他將近代中國的失敗，歸結爲「缺乏獨立精神，對世界學術，世界形勢缺乏眞知，因而對立國之道不內行之結果」，所以「中國問題歸結於創造和發展中國文化問題」，這就必須「由精神獨立始，學術獨立終」。精神獨立是指思想上從傳統主義、西化主義、俄化主義中解放出來，外交上從閉關、崇洋媚外中解放出來。學術獨立即「求中國人之知識技術、工業不遜於人，乃至有勝於人。爲了保存國力之團結，應該在政治上實行民主」。〔註121〕

胡秋原主張超越前進的目的，是「創造中國新文化，使中國具有並世大國同等的精神物質力量，才有自由、平等、獨立、統一可言。而第一步必須超越三種門戶主義，獲得精神自由獨立，然後始能循學問之正道，發展全國青年與人民之聰明才智，研究自己，研究世界，研究敵人，且必以超過古人、他人而後已」。〔註122〕不難看出，他旨在「破」門戶派，「立」超越派。20世紀中國之悲劇，是文化上由傳統而西化進而俄化的結果，這是由於文化門戶主義造成的失敗，其原因是知識分子未能在文化上確定正確的航向。之所以堅信「超越前進論」是中國未來發展的唯一出路，是因爲他認爲「超越前進論」一方面「基於史學方法與價值理論的歷史哲學或理論歷史學來」；另一方面「由近百餘年世界形勢與中國之失敗教訓來」；因此將其視爲「解決中國立

〔註119〕胡秋原：《哲學與思想・自序》，臺北：東大圖書股份有限公司，1994年，第8頁。

〔註120〕胡秋原：《由精神獨立到新文化之創造》，胡秋原：《文化復興與超越前進論》，臺北：學術出版社，1980年，第589、603頁。

〔註121〕胡秋原：《一百三十年來中國思想史綱》，臺北：學術出版社，1983年，第219～220頁。

〔註122〕胡秋原：《由精神獨立到新文化之創造》，胡秋原：《文化復興與超越前進論》，臺北：學術出版社，1980年，第579頁。

國之道或中國前途問題的原理，也是解決當前民族危機的原理」。〔註123〕唯如此，才能擺脫左右各派的紛爭，建立解決中國問題的正道，因此他強調「我不是左派，我不是右派，我是正派」。〔註124〕

在比較研究中西文化後，胡秋原從文化層面對傳統派、西化派、俄化派和折衷派進行綜合分析考察的基礎上，從思想史角度提出「超越前進論」，思考近代中國危機，其觀點頗有新意。其宗旨是衝破百年以來各執一端的門戶主義，建立一個新理論解決中國出路。這種「超越論」對當下複雜的社會轉型和日益深重的社會危機，破除門戶之見，超越非左即右的思想紛爭頗有啓示。他依據知識分子群體所屬的政治立場或學派歸宿，將其劃分為傳統派、西化派、俄化派的做法，很大程度上是將其爭論看作意識形態的紛爭，然而這種劃分是否合理值得商榷。如他所說：「所謂傳統、西化二派，應以八股、洋務為不祧之宗，而李鴻章且兼為俄化之外祖」。〔註125〕傳統派中未必都是保守派，西化派中也並非都是主張全盤西化論者，將李鴻章視為「俄化之外祖」更是有失公允。他對三派的劃分，不能簡單地看作是政治派別的劃分，在《一百三十年來中國思想史綱》中，他將三派放置於近代中國思想史演變的脈絡中進行考察，但將其完全看作思想流派的劃分也未必恰當。西方各種思潮在中國都可以找到各自的受眾，但這些思想流派並非嚴守僵硬的教條，固執己見，畫地為牢，也會有所發展和超越。由於胡秋原堅守「自由人」和民族主義的立場，他所謂「超越」也指超越政治立場和意識形態，民族國家利益高於黨派利益之意。

儘管如此，無論是在臺灣，還是在大陸，「超越前進論」不僅在社會上遭到冷遇，而且在學界也反響不大，影響力極其有限。這種遺憾，固然由於他政治身份複雜，多年來為國共兩黨所不喜等多種外部因素的影響，然而更重要的原因還在於他對理論的詮釋不夠清晰，可操作性也不夠具體。如有論者評價道：「胡秋原在論證的過程中，『破』的功夫多於『立』的思慮，給人留下的更多是『去文化形態觀』的意義，而沒有提供一種可操作性的文化建設

〔註123〕 胡秋原：《一百三十年來中國思想史綱》，臺北：學術出版社，1983年，第227、226頁。

〔註124〕 劉添財：《堂堂中華道路》，《中華雜誌》編輯部編著：《胡秋原先生之生平與著作》，臺北：學術出版社，1981年，第275頁。

〔註125〕 胡秋原：《由精神獨立到新文化之創造》，胡秋原：《文化復興與超越前進論》，臺北：學術出版社，1980年，第577頁。

指引，超越了傳統、西化、俄化、折衷之後，文化究竟怎樣前進？怎樣確立文化前進的方向性？尚有待進一步探究之處」。〔註126〕這種評價較爲中肯，筆者深以爲然。

「中西文化論戰」中，胡秋原參與「閩變」一事，被李敖等人視爲叛國行爲。認爲他是「共（產）黨聯合戰線閩變分子」，給其戴著「紅帽子」的罪名。而這正是胡秋原最忌諱提及之事，表明他在歷史的風雲際會中的弔詭心情。爲此，他在「立法院」提出咨詢，又告到法庭，但作爲「立法委員」，此舉是要求當局干涉言論自由，有挾權爲己的嫌疑。《文星》雜誌老闆兼社長蕭孟能認爲：「胡秋原曾經爲了出版法的修訂，宣告出版法不廢除，他決不回『立法院』。他說了，也做了，如今爲了自己，不但回到了『立法院』，還要官方來壓制民間的言論，自相矛盾，莫此爲甚，是一大敗筆。筆戰討論的是思想問題，怎麼可以打到法院去呢？難怪這件事會搞得騰笑中外」。〔註127〕無論胡秋原，還是李敖，雙方均超出了學術討論的範圍，演變爲具有濃厚政治色彩的論戰，最終走向法律訴訟。當時誰也說不清此番論戰孰勝孰負，但事過遷境，重新審視這場發生「質變」的論戰，就論戰而言，兩敗俱傷。儘管雙方對中西文化的認知有所不同，理論上這些問題都可以通過辯論來解決，但當論戰演變爲謾罵和人身攻擊，論戰則很難有理性、客觀和寬容的態度，多了暴戾乖張之氣。甚至當時海峽兩岸都處在威權的對峙時期，給胡秋原戴上親共「紅帽子」的罪名，面對死亡威脅，他又豈能坐以待斃？政治的威權壓過了學術思想上的是非，但其呈現出來的歷史影像卻超出了論戰本身。

這場論戰最終演變成長達四十餘年的訴訟，也耗費了胡秋原大量精力，以至於其有些學術著作終生都未完成。正如其子胡卜凱所言：「我認爲父親最大的損失，不是落到和李某這種人對簿公堂的境地，而是他浪費了幾十年寶貴的時間和精力，不能專注在讀書和著述，以致他老人家沒有能完整地建立他在知識領域的觀點或理論。這不只是他個人的損失，也是學術界的損失」。「父親對我來說，他和李某之間的訴案，並不是個人意氣之爭，而是爲了捍

〔註126〕 何卓恩：《胡秋原民族主義論的三個面相及其評析》，《江蘇社會科學》2010年第6期。

〔註127〕 陶恒生整理：《蕭孟能2001年未刊談話錄》（2001年2月15日）；轉引自范泓：《四十年前的一場「中西文化論戰」──〈文星〉雜誌與一椿訴訟》，《書屋》2005年第2期。

衛人格和學問尊嚴。我認為人格和學問尊嚴的確應該維護和伸張；不過，也許可以在另一個層次、選另一位選手、用另一種方式進行」。〔註 128〕

　　胡秋原的「超越前進論」，儘管還存在一些值得商榷之處，應當承認，他揚棄傳統派、西化派、俄化派的主張，提出的超越前進的方向是正確的，在理論上也把文化研究推向更高層次。李敖以非此即彼的思維模式，將非西化論者一概斥為傳統派，以至於認為胡秋原的超越論實際上是傳統派的論斷，有失公允。有學者評價說：「胡先生能夠從傳統與西化的百年門戶之爭中超脫出來並認識到這種門戶之爭的嚴重危害，是他的識見過人處。他對中國文化發展方向的一些構想以及對西方文化的評價態度，反映了他在此類問題上的理智和冷靜」。〔註 129〕李敖的「全盤西化論」錯誤在于堅持「有機文化論」，忽略了文化交流中的取捨，文化各部分的聯繫和獨立性。將全盤西化論等同於現代化的觀念，是忽略了現代化是一個複雜的、涉及多層次的歷史過程。從這一點來說，胡秋原的主張又是頗有說服力的。李敖後來也放棄全盤西化，承認傳統文化的價值，走向了文化的「選擇」，又印證了胡秋原對其批判的合理性。胡秋原的中西文化觀，啓示後人要以開放的心胸探討中國文化問題，也使後來者的討論態度趨於理性。對中西文化問題，必須基於科學的客觀認識的方法進行審視和分析，「既不存心呵護，也不故意曲解」。〔註 130〕臺灣後來中西文化問題的研究，能夠從寬廣的世界學術思想視野觀察中國文化，既擺脫「廉價的論爭方式」，又突破了「傳統與西化」的固有框架，將中國文化放置於世界文化史變遷的背景中，避免了情緒化色彩。這種認識，某種程度上印證了胡秋原中西文化觀的合理性。

2. 對現代化理論的批判

　　由於近代中國嚴重的民族危機，「中國向何處去」成為知識分子不斷思考和探求的問題。胡秋原將近代中國的危機歸結為中國文化本身的問題，即科學技術不發達，以及西方列強的帝國主義侵略政策。同樣，西方文化

〔註 128〕胡卜凱：《胡秋原先生後傳（1950～2005）》，張漱菡：《胡秋原傳‧附錄一》，武漢：湖北人民出版社，第 377 頁。

〔註 129〕崔衛東：《六十年代臺灣中西文化論戰述評》，《清華大學學報》（哲學社會科學版）1989 年第 3、4 期。

〔註 130〕韋政通：《巨變與傳統》，楊國樞、金神寶主編：《現代化與民族主義》，臺北：中國論壇社，1980 年，第 56 頁。

危機也不僅是道德與科學的分裂，也是東西方文化發展不平衡的結果。在他看來，東西文化發展不平衡，與其說西方資本主義和科學技術太多，不如說是東方資本主義和科學技術落後。唯有實現東西方各民族文化的平衡發展，才能解決西方文化危機。東方發展必須以適合自己的方式發展其民力國力，不能步西方科學帝國主義的後塵，走侵略他國的殖民主義道路。這種平衡發展主要體現在工業化的發展上，但此工業化並非「西方化」和西化的「現代化」。

20世紀50年代以來，哈佛大學費正清（John King Fairbank）教授領銜的中國學研究，爲美國政府的對華政策提供了理論支撐。但其對中國的研究及其提出的「東方社會論」等理論，是基於冷戰思維模式下對中國的研究結論，具有強烈的意識形態色彩。在當時特定的環境中，臺灣思想理論界對費正清的中國史論著產生很大的反彈。費正清認爲「不能用『帝國主義』解釋中國現代史，要用『現代化解釋』中國現代史」。對帝國主義的侵華政策也要重新解釋，因爲它給中國社會「注入現代精神，於是有現代的民族主義與工業化」。〔註131〕費正清提出了「衝擊——反應」說，以鴉片戰爭爲界，將中國史劃分爲「傳統史」和「現代史」，借用馬克斯・韋伯（Max Weber）「現代」與「前現代」的概念，對鴉片戰爭以來的中國和西方進行區分。對此，胡秋原撰文系統梳理「東方社會論」的源流，在對中西歷史對比研究的基礎上，揭示了費正清的中國觀實際上是爲帝國主義侵華政策辯護的本質。他批判頗爲流行的西方中心論解釋中西歷史的論說，糾正其間的偏頗。客觀而言，他的批判並非簡單的意識形態的論爭，而是深入到文化史層面進行反駁。這也是他對美國學界以現代化模式解釋中國歷史的最初回應。此後，又多次組織批判費正清的活動，還在其1963年創辦的《中華雜誌》上開設專欄，成爲批判費正清的主陣地。

1965年，由美國資助，在韓國漢城舉辦「亞洲現代化問題國際學術會議」，向亞洲各國推銷「現代化理論體系」。胡秋原作爲應邀的中國學者之一，因臺灣當局限制其出境而未與會，但其論文《亞洲之歷史的道路》寄予主辦方。在該文中，他認爲「現代化」一詞，「意義曖昧」，其理論是「馬克思與韋伯觀念之hybrid（混血兒），實即西化」，主張亞洲各國勿要盲目接受這種理論，

〔註131〕胡秋原：《中西歷史之理解・自序及提要》，臺北：中華雜誌社，1966年，第1～2頁。

應以「自己的方式發展」。〔註132〕1968 年，胡秋原到韓國當年主辦會議的高麗大學，作了有關亞洲現代化問題的報告，對其見解進行詮釋。1967 年，國民黨主導的「中華文化復興運動」逐漸流於形式漸趨保守之際，西化主義甚囂塵上。從美國歸來的學者因受現代化理論的影響，鼓吹「現代化」和「行為科學」，攻擊民族主義。胡秋原稱之為「新西化派」，與中西文化論戰中的李敖等西化派以示區別。因他在《中華雜誌》上提倡人格、民族、學問三大尊嚴，是臺灣民族主義的重鎮，也因此成為被攻擊的矛頭。對此，他先後撰文系統批判現代化理論。

　　現代化理論是當代社會發展理論的一個主要流派，核心概念是「傳統」與「現代」。現代化即從傳統向現代的轉化。在 20 世紀的五六十年代，美國學界把前現代視為傳統，將其看作與「現代」對立的範疇，是實現現代化的障礙，必須全盤摒棄。這種理論在西方頗為盛行，影響深遠。在胡秋原看來，美國的「現代化理論」帶有濃厚的尋求世界霸權的意識形態色彩，是為與蘇俄爭奪霸權的需要。馬克斯・韋伯被認為是現代化理論的主要奠基者，又與馬克思主義密切相關。他認為美國人的現代化理論，「主要是摩爾幹、斯賓塞、馬克斯、韋伯的雞尾酒，而百分之八十以上是韋伯，不過他們亦皆有所變造」。現代化理論「只是採用馬克斯的資本主義社會形成之理論，而掩飾其批評，再對韋伯斷章取義，亦不注意三十年代來對現代社會的批評，自不能拼湊成一個新理論」。韋伯的理論將「現代化」「當作一個社會變遷的法則，因而使美俄偶像化，神像化，作為對低開發國的政策之理論根據」。韋伯「將恩格斯廢棄的亞細亞生產方法論變為東方社會論」，儒家文化沒有「合理主義」，所以「只能停在前現代而不能進入現代資本主義」；「中國的儒家官僚制度，使中國社會刻板化，停滯化，阻滯了中國資本主義之發展」。這些論斷，在胡秋原看來，是「穿鑿附會，或與事實不符，或充其量是程度問題而不是類型問題」；其「東方社會論只是西方偏見，在史學上根本站不住。他的不問價值說，乃因其新教的資產階級價值立場」。〔註133〕現代化理論對馬克思主義理論中的「異化」論隻字未提，該理論只是形式合理，而實質上並不合理。將任何一

〔註132〕胡秋原：《由馬克斯與韋伯論現代化之理論與實際》，胡秋原：《哲學與思想》臺北：東大圖書股份有限公司，1994 年，第 282 頁。

〔註133〕胡秋原：《由馬克斯與韋伯論現代化之理論與實際》，胡秋原：《哲學與思想》臺北：東大圖書股份有限公司，1994 年，第 282、302、303、289、290 頁。

個社會的歷史都納入這種解釋模式並不準確。即便是在美國，沃勒斯坦（Immanuel Wallerstein）等學者提出「世界體系論」對其進行批判。〔註134〕該理論將世界劃分爲「中心」、「半邊緣」和「邊緣」三個等級，通過對政治、經濟和文明三個層次的分析，深刻揭示各國地位的發展變遷，但三個等級並非一成不變。

　　以經濟史的觀點來看，現代化實際上是工業化的過程，但西方的工業化是以帝國主義的殖民主義政策來實現的，決不是中國所傚仿的榜樣。在思考近代中國乃至亞洲工業化失敗的原因時，胡秋原指出：「亞洲國家工業化運動以及其他建國運動之失敗」最主要的原因，在於「不問自己的需要與條件，只打聽西方『最新潮』」而追逐之。「過去模傚歐洲，於今有的模傚蘇俄，有的模傚美國」；「立國之道，要緊的是問自己的需要，並充實此需要之條件」。在學習西方國家方面，必須跳出意識形態，精神上獨立自主，否則便「造成政治不安，經濟之無成，此所以革命易而建國難」的原因。中國必須學習西方先進的科學技術，但「不能不求超越，否則依然落後。西洋民主制度之長處是可學的，但也不能完全傚仿。然而西方之腐敗與勢利主義，是斷不可沾染的」。同時要有自己的研究，以平衡西方中心主義之說。在論述亞洲如何實現現代化時，他指出：「亞洲國家必須超越傳統、西化、俄化，向新社會、新世界而前進」。換言之，「亞洲國家必須依照自身方式而發展（development in her own way）。即首先研究今日先進國一般的知識、經濟和其他的成就與方法，依照自身的條件和需要，提高自己的文化的、政治的、經濟的水準，先求對等，再求超越。此種發展才是能生長的（viable）」。這是一種以自己的方式發展與進步的新文化創造之路，與過去那種模傚西化、俄化的道路是不同的。

　　中國的根本任務是工業化，在胡秋原看來，發展工業化的有效辦法是在「自由經濟原則下，發展和利用國民的、國家的、國際的資本」。積極發展民族工業，力求工農業、公私企業的平衡發展，防止壟斷資本主義的形成，充分發揮區域經濟合作，在社會經濟發展道路上開闢一新的形式，使世界走向更適於人類眞正和平共存發展之路。這是有效發展工業化之路，也是「自動

〔註134〕 伊曼紐爾・沃勒斯坦（1930～），西方學界「新馬克思主義」的主要代表人物，世界體系理論的主要創始人。沃勒斯坦著，羅榮渠譯：《現代世界體系第一卷：16世紀的資本主義農業與歐洲世界經濟體的起源》，北京：高等教育出版社，1998年。

歸於真正民主之路」。他進而指出:「西方民治其初尊重資本權,其後尊重勞動權,而對與知識權,迄無應有尊重」。現代民主政治並非只是意味著「文人政府、獨立審判、政黨政治,民權保障」等原則,還應尊重知識權。這可以「解消資本主義與社會主義之對立,因而亦可使學術界勢力與社會上獨立的勢力合作,來平衡政黨以及大工商團體、大工會團體之專斷傾向」。此外,還應對少數民族一視同仁,實現普遍人權。建立起比西方更符合民主精神,「更充分的保障資本、勞力、知識三權的民主政體」。〔註135〕以此來實現東西方文化的平衡發展,以普遍合作來維護國際的正義和平。他指出了中國前途是工業化和民主政治,這無疑是正確的,但對西方國家不尊重知識權之說並非公允之論。正是由於對知識的尊重,造就了西方國家科技強國的地位,這也是中國值得學習之處。

　　如何對待中國傳統文化,是中國的現代化進程中必然要面對的問題。針對有人主張廢棄中國傳統文化中的人文主義,以與西方文化中的合理主義相調和的論調。胡秋原並不認為「西方的價值觀念特別富於合理主義,或足為新世界的道德原則」。儘管代表自由派的馬克斯・韋伯,極力鼓吹西方文化特色在於合理主義,儒家文化不能產生現代化,但他在晚年發現了西方合理主義之矛盾:「資本主義只有『手段合理』,而社會主義只有『目的』合理」。胡秋原不僅不認同韋伯的論斷,而且還指出「亞洲的固有價值觀念,並不構成工業化的障礙」。對那種批判儒學的五倫觀念、家族主義、孝道、不重視機械、缺乏合理觀念的觀點,他認為這都是對儒學的誤解。在中國歷史上,「家族也是人民平衡王權、官權的一種制度」,而「現代資本主義也是以家族為搖籃的」,現代西方國家的家族企業即是證明。「儒家以仁孝並稱,並說『老吾老以及人之老』,說繼志也說跨竈,何嘗只教你只為一家謀」;「求器惟新」,「工欲善其事,必先利其器」是東方文化利用機械的證據。「入情入理」、「天理國法人情」等都是儒家哲學之基礎。「勤儉立身,更是中國相傳的基本道德;福國利民、富國強兵,則是中國相傳的政治目標」;「儒家的價值觀念有合理核心,有發展之可能與方法,加以發展以後,可為新世界人類相與之道之原則」;「儒家道德觀念沒有西方的兩級衝突性」,「儒家道德不是死板教條,而是一

〔註135〕胡秋原:《亞洲前途:現代化?還是以自己的方式發展?》,胡秋原:《文學與歷史》,臺北:東大圖書股份有限公司,1994年,第359、350、380、381、384、385、388、392、388頁。

個原則，一個標準。他由個人出發，有己推人，由近推遠。儒家倫理之精義忠恕仁義四字」。在對待傳統文化方面，他要比全盤西化派棄絕的態度更客觀、更合理；對儒家文化價值的認知與新儒家也是相通的。

經濟上，「儒家主張因民之利而利之，反對壟斷獨登，也反對與民爭利。而主張義以為利，即與民同樂同利，含有可以超越資本主義、社會主義的理想」。政治上，「儒家主張人民是國家的根本，人民第一，國家第二，政府第三」。「儒家主張選賢興能」，這與西方國家的專家政治之意相符。而在國際即戰爭與和平問題方面，「四海之內皆兄弟」的「天下大同的思想」，「國雖大，忘戰必危，國雖強，好戰必亡」的教訓，更是開明而實際。為何這些道德觀念在農業手工業時代，在亞洲流傳，但在工業時代，似乎顯得不合時宜呢？胡秋原指出這種看法的原因在於「將技術落後變為價值負責」，「對儒家倫理作後退解釋以符合若干人之私利」，「不知這個世界並非最後的世界，而我們亦非採取西方的價值觀念所能有效的」。儒家倫理具有超越時空的價值，其核心觀念也比西方道德具有更大的普適性。「儒學價值觀念之核心在承認人道與理性的根核，並教人不斷存養擴充之。這教人保持和發揮人格尊嚴、學問尊嚴。而擴大之道則著重於『推』。用於事物，與西洋之推理同。用於人事，由一己以推於世界，則西方尚缺此義」。儒家「教人堅持正義」，所以「儒家道德之實行，歸結於『勇』，所謂『見義不為無勇也』」。理論上，他將儒家的仁義觀念視為價值判斷的標準之一；實踐上，道義是抵禦勢利主義和罪惡的源泉。他對儒家文化的闡釋及其哲學思想表明，「除了現代新儒家之外，儒學在 20 世紀中國思想世界也可以通過其他形態開展。這種儒學在現代新儒學之外的新開展，也是儒學在 20 世紀中國繼續生存發展的一種體現」。〔註136〕

在中國以自己的方式進行工業化的進程中，他認為這些儒學價值不僅不應拋棄，而且是應加以繼承和發展。採取「依自身方式發展」的觀念，要樹立自立自決的精神。「為有效發展工業，勢必刻刻注意自身的需要與條件，本勤勞正義原則，利國福民原則、國際互助原則，發展民德、民智、民力，發展生產力，維護和平，既不為過去傳統所束縛，同時力求超越西化的、俄化的意識形態，就絕沒有墮入貪污腐敗，獨佔資本主義和極權主義之危險」。〔註

〔註136〕李維武：《胡秋原哲學思想的心學特徵》，《孔子研究》2011 年第 1 期。
〔註137〕胡秋原：《亞洲前途：現代化？還是以自己的方式發展？》，胡秋原：《文學與歷史》，臺北：東大圖書股份有限公司，1994 年，第 396、399、398、400、401、402、403、407、408 頁。

137〕對於「亞洲世紀」、「中國世紀」的論調，在他看來是不自知的、陳腐的。由此不難看出，他認為儒家的核心價值不僅不會妨礙中國的工業化進程，而且有助於穩定社會發展秩序，實現民主政治的大道。他對儒家文化的思考和揚棄，既與棄絕傳統文化的全盤西化派不同，又與堅守傳統文化的保守派不同，他從傳統文化中返本開新的立場和新儒家是相通的。超越傳統、超越西化、超越俄化而前進，是他畢生探索中國出路的結論，也是中國立國建國應走的大道，這是他的理想方案，也是他思想的最終歸宿。

小　結

　　1949 年後，旅居臺灣的胡秋原依然活躍於學術和政治之間，思想上再次轉向，進入其畢生思想演變的第三階段。在綜合前兩期思想的基礎上，從歷史與哲學的研究中，繼續探尋中國出路和世界前途，提出了「理論歷史學」，亦稱為文化哲學或文化批評，即是他的歷史哲學。他將一切哲學研究歸結於比較歷史研究或文化批評，具有普遍的學術意義。將此理論應用於思考和尋求中國與世界的前途，得出的答案稱為「超越前進論」，即超越傳統、超越西化、超越俄化而前進。這是他深入文化層面對近代中國危機的思考，也是他畢生思想的最後歸宿。由於他對中國現實政治的介入之深，其思想建立在史學和哲學的結合上，以史學為依託來闡發他對歷史與現實的哲學思考，類似於歷史哲學或思辨歷史學。呈現出他對人性、德性、人格的理解，對個人和民族的道德理想的追求和倡導。如他所言：「我對學問，常周旋於歷史與哲學之間」。〔註138〕他提出重建中國史學以求民族之復興，並以其為己任。在創造中國新文化的過程中，他由學術探討中國前途，提倡人格民族學問三大尊嚴與信念，以此為基礎超越傳統、超越西化、超越俄化而前進，成為他為未來中國設計的理想藍圖。

　　自 1931 年因「九·一八」事變放棄赴日留學，繼而提倡「自由人」，胡秋原的思想就歸結到「自由」和「民族」的立場上來，這也是其畢生堅守的信念。無論是在抗戰時期，還是赴臺後對中國前途的思考都歸結到民族主義立場上來。1958 年的《出版法》和 1960 年的雷震案中，他大聲疾呼捍衛言論

〔註138〕胡秋原：《古代中國文化與中國知識分子·自序》，北京：中華書局，2010 年，第 19 頁。

出版自由、維護司法獨立、保障人權。提出言論自由是「天經地義，背之不祥」，並從歷史上考證，輯錄成書《言論自由在中國歷史上》，證明中國民主傳統是歷史俱來的。〔註139〕儘管他將自由和民主思想視為中國文化的傳統未必恰當，但他秉持「自由人」理念，反對壓制言論自由，維護自由民主的理念值得稱道。正如其子胡卜凱所說：「這使我從他們身上領會到董仲舒『明其道不計其功』，及孟子雖千萬人吾往矣的氣概」。從他們「為了原則和理念，置自身安危於度外的行為，瞭解為什麼父親終身信奉孔孟之道，以及為什麼他對中國文化滿懷信心和驕傲」。〔註140〕

　　1963 年 8 月創刊的《中華雜誌》以民族主義為己任，「謀國家的復興」。換言之，「中華之目的是要探討中國之前途，但這必須由學問，而不是由教條與意識形態出發，必須研究中國和世界歷史，中國的需要、內外條件與世界形勢」。〔註141〕特別關注大陸，放眼天下。這實際上也是他一直堅守的理念。在海峽兩岸意識形態尖銳對立的威權時代，1969 年中蘇間珍寶島事件爆發後，他不畏權勢，站在民族主義立場上聲援大陸同胞，鼓吹兩岸進行和平統一談判，並認為這是中國人的立場和出路。1979 年中越戰爭時，在臺灣輿論幾乎一致偏袒越南之際，他在《中華雜誌》發表社論，批評國民黨當局立場不合民族大義。1970 年開始《中華雜誌》發起保衛釣魚島運動，1971 年舉行「抗日座談會」，主辦「七七」抗戰紀念會。1988 年任「中國統一聯盟」名譽主席，並訪問大陸，開啟了海峽兩岸交流的新篇章，被譽為「兩岸破冰第一人」。在被國民黨開除黨籍後，他表露心跡：「秋原一介老儒，平日服膺橫渠四為之教，提倡三大尊嚴，八十老翁，除中國之富強、同胞之幸福之外，尚復何求？」〔註142〕他多次呼籲海峽兩岸進行和平統一談判，〔註143〕這些活動和言論是他強烈的民族主義立場的真實寫照。

　　就中西文化觀而言，他屬於以西方文化之長來彌補中國文化不足的折衷派，但在選擇上往往偏離貌似客觀公正的立場，向左或向右遊走。在中西文

〔註139〕胡秋原：《言論自由在中國歷史上》，臺北：民主潮社，1958 年。
〔註140〕胡卜凱：《胡秋原先生後傳（1950～2005）》，張漱菡：《胡秋原傳‧附錄一》，
　　　　武漢：湖北人民出版社，1997 年，第 376 頁。
〔註141〕胡秋原：《三十三年來筆舌生活紀要》（上），《中華雜誌》1989 年 4 月號。
〔註142〕胡秋原：《大陸之行的初步報告》，張漱菡：《胡秋原傳──直心巨筆一書生‧
　　　　附錄三》，臺北：皇冠出版社，1988 年，第 1172 頁。
〔註143〕胡秋原：《民主統一與國家再建》，臺北：學術出版社，1988 年。

化論戰中他的立場明顯向右，而在 1977 年掀起的「鄉土文學論戰」中，其政治立場和學術思想明顯「左」傾，他主張復歸中國人立場，是其民族主義思想的表達。反對主流文壇以反共之名，以文藝政策壓制「鄉土文學」，實際上是其「文藝自由思想」在新時期的反映。1980 年高雄發生「美麗島事件」，當時臺灣「黨政軍」和學界幾乎都認爲應嚴懲事變人物時，他引用雨果「赦免是人類語言文字中最高貴」的話，勸諫當局寬大處理，勿製造更多仇恨。他將「鄉土文學論戰」的時代使命歸於對中國民族憂患的體認，復古中國人立場。然而在道義和民族立場背後，他並未「準確把握當時臺灣整個文化思潮的流向，也未充分預料到『鄉土文學運動』背後所隱含的巨大的政治顛覆潛能，而對『鄉土文學運動』所涉及的關於『民族』、『鄉土』的歧義叢生的想像與表述也缺乏辨析」。由於他思想上歸宿到其標榜的「超越前進論」，思想一旦固化便失去了對文化生態演變的敏感度和批判力度。不僅如此，「超越俄化」思想，客觀上與國民黨的思想文化宣傳有共通之處，其標榜的文藝自由和民主原則淹沒於反共革新的要求之中。這也使他儘管恪守民族主義立場，卻未能充分釐清「鄉土」和「民族」內涵的複雜性，對「西化派」的積極角色缺乏客觀的評價。

在論戰中，他批判和捍衛的對象有著詭異的錯位，儘管他反對當局壓制「鄉土文學運動」，但在民族主義的立場上，他卻與其反對者是一致的，他聲援的鄉土文學陣營中有不少知識分子實際上已潛藏了臺灣主體意識甚至臺獨思想。其間纏繞的意識形態的複雜性使論戰者分裂爲「統派」和「獨派」，「鄉土文學論戰是關係到臺灣未來前途的意識形態之爭，而其中所涉及的關鍵詞如『鄉土』、『民族』、『臺灣意識』等即使到現在仍然懸而未決」。〔註 144〕在「美麗島事件」中，儘管胡秋原是基於道義立場，但客觀上爲這些有臺獨思想傾向的人提供了庇護。儘管他旗幟鮮明地反對「臺獨」，反對分裂，主張兩岸統一，但對「美麗島事件」的態度成爲他被指責爲臺獨分子「所包圍利用」的來源，這也是臺灣當局對他不滿的原因之一，這是他始料未及的。

總之，1949 年後胡秋原的思想歸結到民族主義立場。將近代中國的危機放在世界史的背景下，思考中國前途問題，呈現了他不囿於一家之言和寬廣的學術視野。就他對中國出路的思考而言，既要復興民族傳統文化，又要建

〔註 144〕蕭寶鳳：《自由之軛：從胡秋原參與的兩次論戰説起》，《汕頭大學學報》（人文社會科學版）2009 年第 1 期。

設現代化的民主政治和工業化國家,如何將兩者統一起來,這是他致力探索的問題,「超越前進論」是他提供的答案。他對中西文化的比較分析和思考,以及「超越前進」的主張,對會通中西和復興傳統文化,超越當前思想界左右紛爭,對當前的社會發展和文化建設不無啓示。

結論：獨立人格與自由主義
——胡秋原思想再評價

　　本文上述各章，在歷史的發展變化和時代背景中，結合胡秋原一生政治立場和學術思想的多次轉向，詳細梳理分析了其思想演進的脈絡，以個案形式展現了那個時代知識分子尋求中國出路的思想求索。通過上述分析不難看出，胡秋原思想的不斷轉向，反映了和他同時代的對社會發展有憧憬，具有強烈憂國憂民情懷的青年知識分子曾經的思想求索歷程，由此也折射出中國思想界的漩渦與斑駁。基於上述各章論述，將胡秋原的思想演進，置於 20 世紀中國知識分子追求國家富強的背景中，與他所評述的傳統派、西化派和俄化派進行比較，以此切入總結和評述胡秋原思想發展演變的脈絡。

一

　　在近代中國遭遇中西文化「二重危機」和日益嚴重的民族危機中，尋求富強、科學救國曾經是近代中國知識分子的共識和追求，胡秋原的目標也同樣如此。在近代中國救國思潮由傳統轉向西化，進而轉向俄化的過程中，胡秋原也和大多數知識青年一樣，受新文化運動的「洗禮」，「自由民主」成為其思想理念，樹立「科學報國」之志，這是當時知識分子的共同願望和抱負。因對社會主義充滿憧憬，投身於大革命的洪流中，以期實現救國理想。然而大革命的種種挫折，讓他陷入了迷茫、苦悶和彷徨之中，這是那個時代青年知識分子共同的經歷和心態。這也讓胡秋原對一度追隨的「主義」產生懷疑，

他開始獨立思考中國社會問題，探究馬克思主義的「本質」。他以「自由主義的價值觀」和「馬克思主義的方法論」相結合作為自己思想的立足點，試圖對當時被認為是截然對立的兩種思潮──自由主義和馬克思主義進行折衷調和，提出「自由主義的馬克思主義」，以求重估馬克思主義的價值，力圖證明社會主義是自由主義的發展，自由、民主、人道主義也是社會主義的核心價值。顯而易見，他對馬克思主義的認識，與那種生吞活剝式理解和應用馬克思主義的左翼知識分子是不同的，因而引發了與「左聯」的思想論戰。

1933 年參與「閩變」實際上是其政治思想的表達，也是「自由主義的馬克思主義」在政治上的應用，即「調和自由主義和馬克斯主義，折衷於歐美與蘇俄之間的社會民主主義」。〔註1〕據他自述：「如說我當時思想近乎民主社會主義是可以的」；〔註2〕「自由主義的馬克斯主義」，「近乎現在東歐的人文馬克斯主義」。〔註3〕鄭學稼回憶說當時的胡秋原是「一個社會民主主義者」。〔註4〕這也反映了不滿國共兩黨的中間知識分子的思想傾向，反對左右獨裁，要求思想自由，試圖在國共之外走第三條道路。「閩變」失敗後流亡歐洲期間，對西方自由主義和蘇俄社會主義進行實地考察，認為西方背棄了自由主義的原則，蘇俄社會主義也並非真正的馬克思主義，這兩種道路都不能為中國所傚仿。於是在理論探索和實踐考察後，思想為此一變，放棄「自由主義的馬克思主義」，轉向新自由主義，自立文化史觀。在《歷史哲學概論》中，他以文化的民族的歷史觀代替馬克思經濟的階級的歷史觀，由此奠定了後來正式提出的「理論歷史學」的思想和理論基礎，以「民族」和「自由」構建其歷史哲學。他在比較中西文化興衰成敗的基礎上，從文化層面上思考抗戰建國之道。在《中西文化與文化復興》和《新自由主義論》中，他認為中西文化本質相同，推崇明末諸儒的思想，批評「中體西用」、「中國本位」、「全盤西化」和「學術中國化」四個口號。提出中國建設的現代文化，「在形式是民族的，在內容上是科學的」；「由中國創造，為中國之進步，表現中國之特點之現代文明」。這種文明既不是「舊文明的復活」，也不是「全盤西化或蘇維埃

〔註1〕 胡秋原：《一百三十年來中國思想史綱》，臺北：學術出版社，1983 年，第 133 頁。

〔註2〕 胡秋原：《關於一九三二年文藝自由論辯》，《中華雜誌》1969 年 1 月號。

〔註3〕 胡秋原：《文學藝術論集‧前記》，臺北：學術出版社，1979 年，第 1 頁。

〔註4〕 鄭學稼：《現代中國知識分子的鏡子》，《中華雜誌》編輯部編著：《胡秋原先生之生平與著作》，臺北：學術出版社，1981 年，第 38 頁。

式的文明」。〔註 5〕後來提出的「超越前進論」思想由此定型。中國應當建立的是獨立自由、經濟工業化、政治民主化的現代憲政國家。

1945 年抗戰勝利後，針對知識分子墮入現實主義的傾向，胡秋原認爲急需一個精神革命加以糾正，這也促使他思想上再次轉向。在綜合前兩期思想的基礎上，重新思考其歷史哲學，又在研究現象學、知識社會學、邏輯實證論等西方哲學思想後，他對新自由主義的文化史觀進行修正，稱之爲「普遍的歷史哲學或理論歷史學」，亦稱文化批評或文化哲學。而將其應用中外歷史，分析歷史因革損益和興衰成敗，探求國家與社會出路，進而得出所謂文化上的「超越前進論」，即中國需要超越傳統、超越西化、超越俄化而前進，這是他學術思想上的最後歸宿。

概括上述思想演進的三次轉變，畢生學術思想研究的問題和結構可用下圖來表示。

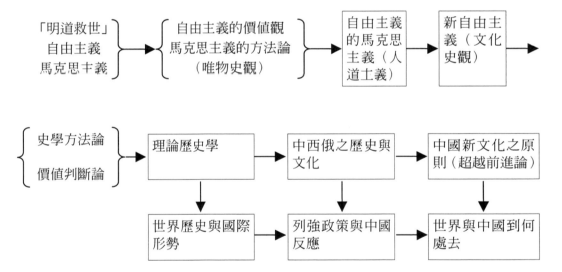

胡秋原思想的三次演變，與宋明諸儒「出入釋老，反求六經」的過程類似。早年受儒家思想和自由主義的影響，接受馬克思主義，折衷調和後又放棄馬克思主義，轉向新自由主義，進而再次修正，在揚棄傳統、西化的基礎上，最終提出「超越前進論」。在他思想演進的脈絡中，自由、民主、人道、公平、正義等價值，以及民族、文化、祖國、人類等概念貫穿和構成他的思

〔註 5〕 胡秋原：《中國文化復興論》，胡秋原：《中西文化與文化復興》，重慶：時代日報出版社，1943 年，第 58 頁。

想體系。他著眼於人類文化的比較研究和批評,由人類文化之共性,詮釋中國文化的核心價值,從中西歷史的同時比較研究中,探討中西文化危機,歸結到「超越傳統、超越西化、超越俄化而前進」的理路中,這是一種哲學的、文化的、人道的、普遍的民族主義,也是從中西歷史的鑒往知來和因革損益中,為未來中國設計的理想藍圖。這是他一生追求的目標,也是其畢生思想的起點和歸宿。這既要徹底拋棄傳統文化中的專制主義,實行民主政治,避免傳統派的因循守舊、拒絕學習西方優秀文化進行改革的保守思想;又要避免否認中國文化價值、主張全盤西化的西化主義,學習西方民主政治也要力求避免西方社會出現的兩極分化,忽視對人的關懷和社會公道的考慮;更要避免俄化派主張的蘇俄暴力革命給社會帶來的極大震蕩,以及個人獨裁,否認自由、忽視人權等非人道行為。這是一種「依自不依他」,﹝註6﹞不盲從其他文化主張且破除門戶之見,以民族利益為依歸的中國文化復興之路。

二

以上是胡秋原思想演變脈絡的分析,他的思想探索在所處時代有何特點和價值?在現代思想譜系中對他如何定位?借用他的同時比較法,將其置於歷史比較的視野中,和他評述的傳統派、西化派和俄化派進行比較分析,對其思想進行審視,總結其思想價值。在近代中國遭遇到的文化危機和民族危機中,建立強大的現代民族國家成為絕大多數國人的共識,並成為國人努力的方向和目標,然而如何擺脫危機,走向「現代」,思想界有多種爭論。歸結起來大致有傳統論、西化論、俄化論、折衷論和超越論。因此對各家各派要慎思明辨、斟酌權衡,不應盲目相信一偏之說。在胡秋原看來,全盤西化者,只知西方,不知自己,殊不知西方也在衰落之中;傳統派只知復古,只知自己,不知西方,自以為至高無上;俄化派以蘇俄為宗,陷入教條主義,敵視中國傳統,忽視中國革命的實踐。折衷派是折衷於三派之間,唯有揚棄和超越上述各派,才是符合中國自身情況的立國之道。

傳統論的主張者中,筆者選取新儒家的代表人物熊十力和梁漱溟的文化主張,與胡秋原進行比較。梁漱溟認為歐化和俄化兩條道路對中國而言都是

﹝註6﹞ 胡秋原:《一百三十年來中國思想史綱・代序》,臺北:學術出版社,1983年,第16頁。

不通之路，因爲這一切都與「中國民族精神」不合。〔註7〕在他看來，中國社
會有其本來面目，有不變之傳統，有倫理本位，與西方階級社會不同，中國
歷史「盤旋不進」；中國不向科學和工業革命前進，也無西洋的法治民主，都
是民族精神使然，因此無法向西方學習。中國照固有特性發展，將來自有前
途。在歐化和俄化的潮流中，「他說一切政治經濟必須合乎中國自身之精神與
情況，不能專事模倣他人，亦抉發了我們幾十年的大病，提出了自救的出發
點」。〔註8〕梁漱溟對中國文化有很多特殊性的認識是合理的，然而他說中國
必然停滯盤旋，不能進於工業與科學等現代文明，卻墮入了東方社會論的窠
臼。在堅守儒家文化的人格尊嚴、道德觀念、維護道統、不屈服於威權和反
對不義暴力，肯定中國文化中無宗教無階級觀念上，以及必須結合自身情況
不可專事模倣他人，拒絕蘇俄的共產主義方面，胡秋原和梁漱溟是　致的。
但對中西文化和歷史的認識上，二人卻有很多分歧。胡秋原認爲中國歷史不
僅不是停滯和「盤旋不進」，而是一直前進的，只是到了近代才落後於西方；
中國傳統文化富有自由民主精神，科學不發達也僅是近代以來之事；並承認
中國文化也有許多不足，必須學習西方之長補己之短。由此可見，在對中西
文化的認識上，胡秋原比梁漱溟更客觀。

　　如果說梁漱溟是絕對的傳統派，那麼熊十力則是折衷派色彩的傳統派。
胡秋原與熊十力有師生情誼，二人的淵源可追溯到 1925 年，熊先生是武大招
考時國文試卷的出題者和閱卷者，十分欣賞胡秋原的答卷，胡秋原考入日本
早稻田大學後，獲得官費補助時熊先生給予很大幫助。當時的胡秋原以「自
由主義的馬克思主義」自喜，但與熊先生之說，自有距離。此後流亡歐洲期
間，隨著見聞日廣，思想上轉向新自由主義，自立其說。抗戰歸國後，開始
大量閱讀中國傳統文化典籍，「尤自信所見不虛」；「要以孔孟陽明爲歸宿，益
信中西道術之相通。是凡以中西文化異同立說者，無論其爲『中國派』或『西
方派』，皆未敢苟同」。1944 年胡秋原到北碚拜訪熊先生，歸來後收到要求做
其弟子的來函。據他自述：「頗以學孤年老自傷，而言外之意，似欲我有以繼
先生之學。我既感先生之盛意，又不敢欺先生，復不敢拂先生」。〔註9〕他對

〔註 7〕 梁漱溟：《中國民族自救運動之最後覺悟》，上海：中華書局，1933 年。
〔註 8〕 胡秋原：《一百三十年來中國思想史綱》，臺北：學術出版社，1983 年，第 67
　　　　頁。
〔註 9〕 胡秋原：《入學及回國》，《民主潮》第 10 卷第 14 期，1960 年 7 月。

熊先生一向以師禮相待，但自覺思想上與其不同，覆函述及思想淵源。他說：

> 先生平章華梵，力大思精，要歸於反求諸己，明心盡性，全體大勇，力行知恥，所以保族而安民。船山而後，學者尚未見所造若先生之孤深。余不學，於經學取古文，理學擇陸王，而以文獻經制之學爲本。於西方之學，則以文藝復興與啓蒙諸子而後，雖群山競秀，萬壑爭流，唯實證之學尚不離乎中行。要在尚自由、尊理性、盡人智、振民力，以求濟乎祖國與蒼生。思路或有小異，而志則竊願從乎先生。俚語寄意，略誌淵源嚮往，及半生區區之志之所存。〔註10〕

「思路或有小異」是指熊先生出入儒釋，胡秋原比較中西文化；而「誌則企竊願從乎先生」是指「好生而自得，盡心而太和，實千聖之所同歸」。〔註11〕熊先生接到這封言辭懇切的《述學》後，不以爲忤回信贊其「子通才也」。〔註12〕

　　在對待傳統文化的態度上，胡秋原與熊十力有許多精神相通之處。他在回信中表示「吾國之學要以孔孟爲宗，而墨子亞之，不可以陋儒之故遷議前哲」。在綜述近世西方文明的利弊後他指出「今日以積弱之餘，大底以古今中外爲依傍。然如無獨立意氣，拓荒精神，學習以求若人，會通以求超勝，中夏亦無復興之日」。〔註13〕在信中不僅梳理了中國思想史的線索，而且更重要的是以思想自由不能爲傳統所拘束，這是盡理性之功能。儘管胡秋原認爲中國之學要以孔孟爲宗，但又表示不能爲傳統所拘束，必須會通中西，始能超越、創造和復興。在這一點上又與熊十力不同。

　　據胡秋原自述：「先生於我有師生之義。嘗勉我以事功，並屢諷示欲我繼續其學。先生大力精思，至意無非欲國人自知其自性，共宏愛其族類之心。此實儒學之血脈，爲我無刻或敢忘」。然而「我不能同意傳統論及先生者」，主要在於其「有折衷論色彩」，「以爲必知自己本來面目，而後可以外化；意謂科學、民主、社會主義早已開端於六經，故溫故可以和會新知」；「學問之功在繼續創造，非以和會爲能事」。將西方資本主義工業文明中的

〔註10〕 胡秋原：《述學上熊十力先生》，《民主政治》第 6、7 期合刊，1945 年 11 月。
〔註11〕 胡秋原：《入學及回國》，《民主潮》第 10 卷第 14 期，1960 年 7 月。
〔註12〕 熊十力：《答胡生（胡秋原）》，《十力語要》，上海：上海書店出版社，2007 年，第 246 頁。
〔註13〕 胡秋原：《述學上熊十力先生》，《民主政治》第 6、7 期合刊，1945 年 11 月。

民主和科學精神等新事物，視爲六經中早已有之東西。這種看法「並無超勝之成就自見，又何以見六經之廣義精微耶？」謂周禮「爲社會主義，亦臆斷傳會之詞」。〔註14〕由此可見，胡秋原一方面對儒學之血脈的遵守，但另一方面又認爲對將西方文明中的科學、民主和社會主義視爲六經本以有之的東西，是臆斷傳會之詞。這也是他和熊十力思想上的不同之處。他雖未成爲熊十力的弟子，卻有師生情誼，與其弟子徐復觀成爲好友至交。在治學上，胡秋原主張的「自由人」與熊十力提倡的「孤往」精神內涵上卻有相通之處。

　　1945 年抗戰勝利後，寓居上海的熊十力認爲「哲學須不僅馳於思辨，而當自證心體之理」。責備胡秋原時說：「以你之才，也只管向外馳逐，實爲你惜」。而胡秋原自認爲思想上並非如熊先生所說之淺，而是「主張德智雙修的，而思辨乃一不斷內外交流，反射，迴旋過程，外求內證，亦非不同之兩道」。1949 年後，胡秋原曾致信熊先生勸其南下，在中共擁護其北上之際，致函胡秋原說：「每與汝相見總無好語，而汝始終如是，至今思之，真爲難得」，並以任重道遠相勉。胡秋原表示「自出中學，我曾受教者甚多，然自願以師事者，唯先生而已」。〔註15〕儘管思想上存在差異，但熊十力對其影響由此可見一斑。在談到熊先生對其學問上的提攜和鼓勵，以及給予自己堅持獨立人格、追求民族理想時說：「我在民國十四年以一篇試卷受知於熊十力先生。最後一句是『吾不得自逸矣』，我不敢負少年時代的初心」。〔註16〕從人生歷程和思想特點上來看，他雖「認同儒學的歷史意義和現代價值，但並不是嚴格意義上的文化保守主義者，更非現代新儒學人物」。其思想更直接的指向歷史和現實，主要關注、思考和探討中西古今文化問題。其哲學思想與熊十力重建哲學本體論的努力不同，「而是開展於史學與哲學之間，表現爲對現實的人的精神世界的關注，特別是對人性、德性、人格等問題的思考，既體現出鮮明的心學特徵，又吸取了合理的理學內涵」。〔註17〕從比較文化史的路向來審視，胡秋原的思想歸於文化民族主義立場，其基本主張是「超越傳統派、西化派、

〔註14〕 胡秋原：《一百三十年來中國思想史綱》，臺北：學術出版社，1983 年，第 70 頁。

〔註15〕 胡秋原：《入學及回國》，《民主潮》第 10 卷第 14 期，1960 年 7 月。

〔註16〕 胡秋原：《國事四書‧致留美學界》，臺北：學術出版社，1972 年，第 43 頁。

〔註17〕 李維武：《20 世紀心學開展的三種形態——以來自鄂東之地的熊十力、徐復觀、胡秋原爲中心》，《中山大學學報》（社會科學版）2013 年第 1 期。

俄化派而前進」，〔註 18〕強調「會通中西文化發揚自尊精神」。〔註 19〕

在談及與新儒家徐復觀的思想異同時，胡秋原說：「論學不盡相同，然以孔孟為國脈所繫，則吾人一致信念」；「他的思想接近傳統派，而我是在傳統、西化、俄化三派之外的」；「不為勢利屈，不為不義屈，是我生平的主張與立場」；「我們都以孔孟儒學為中國思想之正宗，不過他尊重宋學，亦即程朱，因此他批評清代的漢學」。胡秋原對中國學術思想的看法，曾在上熊十力先生書中談及，以後又自道：「文宗漢晉，學主陽明。我不一定主張清人的漢學，但我更不喜清人之宋學，因此也不贊成漢宋之爭」。他認為徐復觀有時推崇中國文化過甚，也曾批評中國專制政治，而又「多少認為西方人在主張個性或個體價值方面為中國文化所不及，因為儒學缺乏個性或個體自覺階段」。胡秋原認為儒學並不缺乏個性，孔孟「匹夫」，即是個人，傳統文化富於自由民主精神。「秦漢後，中國不是封建社會而在經濟與文化上相當於西方 15～18 世紀之專制主義社會」。〔註 20〕西方專制是絕對的，中國專制還是相對的，即「開明專制」。對中國傳統文化，孔孟之後，胡秋原推崇王陽明和明末諸儒的學問。「在西方，他最推重康德，這是因為康德道德哲學主張人格尊嚴，良心命令，主張善意，人應以人相待，人應視人為目的而非手段，最與儒家之說相合」。〔註 21〕他自稱「文宗漢晉，學主陽明」，由此會通西方斯賓諾莎（Baruch de Spinoza）、洛克（John Locke）等啟蒙時代以來的思想，以弘揚自由與人道，為人類文化之命脈。在他看來，近代中國因學問落後而被列強所欺，繼而又因崇洋媚外自誤，歸根結底，只有學問救國。因此，為探索中國出路，治學方向轉向史學，試圖從史學的鑒往知來，治亂興衰，因革損益中尋求民族復興之路，重建被西化派誤解的中國史學，表彰中國文化的真精神，駁斥對中國文化的曲解和侮辱，指出創造新文化的途徑。

他立身於道統，繼承中國傳統文化的血脈，並撰文論述道統與政統的關係。〔註 22〕據他自述：「我是以道自任的。何為道？即人道，自由之道，學問

〔註 18〕 胡秋原：《超越傳統派、西化派、俄化派而前進》，胡秋原：《哲學與思想》，臺北：東大圖書股份有限公司，1994 年，第 317 頁。

〔註 19〕 胡秋原：《古代中國文化與中國知識分子》，北京：中華書局，2010 年，第 13 頁。

〔註 20〕 胡秋原：《回憶徐復觀先生》，《中華雜誌》1984 年 4 月號。

〔註 21〕 胡蜀石：《我的父親》，《中華雜誌》編輯部編著：《胡秋原先生生平與著作》，臺北：學術出版社，1981 年，第 435 頁。

〔註 22〕 胡秋原：《論道統與政統》，《中華雜誌》1980 年 4 月號。

之道，和平之道」。﹝註23﹞「道不遠人，道統並非不問政治。他並且認爲如果
道統不立，政治即無標準可言。而在中國固有道統已經破壞之後，必須確立
新的道統。能以常識穩健之心從事政治之人尚多，而道統之事他自覺還義不
容辭。而這是他在抗戰勝利以後，即決心以道自任的」。﹝註24﹞他不僅推崇儒
家文化，而且以孔孟、太史公、王陽明、明末諸儒等人爲榜樣。受儒家學說
影響很深，在其身上，「可以看到眞正儒家的影子」；「待人處世的忠恕之道似
乎頗受孔子影響；剛強之氣頗受孟子影響，在自尊自重方面，頗受韓愈影響，
在關切世事方面，則頗受明末大儒如顧炎武等之影響」。﹝註25﹞他常以明末諸
儒自比自勉，以「明道救世」思想自任，「爲五千年之古國鳴其不平，爲五萬
萬之蒼生鳴其不幸」，其所言爲求「一代興亡之故，所望爲萬世自立之心」。﹝註
26﹞這是他畢生研究的出發點和歸宿。在《中國文化復興論》中引用張載之言：
「爲天地立心，爲生民立命。爲往聖繼絕學，爲萬世開太平」。這是中國傳統
的道統精神，結合他一生的學問和事功來看，不能簡單地將這種精神歸結於
一種學院式的、帶有理想主義和浪漫主義色彩的迷思。

三

　　就思想影響而言，胡秋原是受新文化運動「洗禮」之人。西方自由主義
成爲他思想的底色，自由民主價值是他畢生的追求。其自由主義思想來源較
全盤西化論者要複雜得多。受西方自由主義啓蒙思想家斯賓諾莎、洛克和法
國啓蒙派的影響，1930 年代初，他提出的「自由人」的觀念固然是由許多書
上得來的，而「最初大概是由斯賓諾莎來的」。他表示：「喜歡與斯賓諾莎同
時主張民主的洛克，而也由他，瞭解哲學上的知識論問題。而這兩人，我至
今尊重」。﹝註27﹞在英美曾拜訪拉斯基和杜威等自由主義思想家，西方其他重
要思想家在其論著中或多或少都有所體現。不僅如此，他還認爲中國傳統文

﹝註23﹞ 胡秋原：《青年時代思想之回憶》，《民主潮》第 9 卷第 13 期，1959 年 7 月。

﹝註24﹞ 《中華雜誌》編輯部：《五十年來胡秋原先生的治學主張》，《中華雜誌》編輯
　　　 部編著：《胡秋原先生之生平與著作》，臺北：學術出版社，1981 年，第 394
　　　 頁。

﹝註25﹞ 曾祥鐸：《胡秋原先生的爲人與思想》，《中華雜誌》編輯部編著：《胡秋原先
　　　 生之生平與著作》，臺北：學術出版社，1981 年，第 527、529 頁。

﹝註26﹞ 胡秋原：《世紀中文錄·自序》，臺北：今日大陸社，1955 年。

﹝註27﹞ 胡秋原：《由文藝史到思想史》，胡秋原：《西方文化危機與二十世紀思潮》，
　　　 臺北：學術出版社，1981 年，第 4 頁。

化中富於自由色彩。他所謂自由主義「指中西正統思想而言」。他認為「孔子、蘇格拉底以來，人類思想史即自由思想史。凡確認人格尊嚴，及本乎理性者，皆是自由主義。人格與理性尊嚴之原則是人性之自然發展」。〔註28〕在他看來，中西文化本質相同，人類思想史都是向自由主義思想演進。他認同西方文化在民主政治制度上的建構作用，批評中國傳統文化不能使中國步入民主政治制度的諸多弊端，但反對全盤西化派對傳統文化的否定態度，也不贊成科學主義的觀點。

他與西化派不同在於，西化派「主張以歐美為模型」，而他「只主張採他人經驗，發展自己的模型。民主與資本主義以及科學皆天下公器，非西方專利品。中國皆有之，唯未充分發展」。他認為「自由民主精神是中國固有傳統。不但『忠恕』是自由民主，『正心誠意』也是自由民主。這無可懷疑無可反對的」；「不過西洋人將此發展為具體可行之制度，具有較高成就。我們應見賢思齊，甚至駕彼等而上之」。他還指出西化派「大多未曾瞭解西洋文化之基本依據在什麼地方」，在「資本主義，在民富而國富」，不明白「貧弱之源在資本主義不發展」。〔註29〕因此，他主張不能盲目模倣西方，更不能全盤西化，而是要根據中國自身情況學習西方。「中國出路既是發展民族工業而又必須促進民主，則鑒於中國過去現在及將來之情形，必須採取自由資本主義」。〔註30〕

在 1930 年代的思想論戰中，對自由主義者的梁實秋和胡適等人進行批判，使他的文藝自由思想與自由主義者判然有別。在文化觀念上，雖說雙方的差別，沒有像胡秋原與「左聯」的關係那樣複雜微妙，但仍相差懸殊。1935年後他聲稱放棄馬克思主義，信奉新自由主義，但赴臺後，在其著述言行中，與胡適、殷海光等自由主義者明顯不同，呈現出與純粹自由主義的異質性。以致引來李敖懷有惡語卻一語中的的稱謂「學術荒腔，思想走板」。〔註31〕

〔註28〕胡秋原：《談我自己的思想》，胡秋原：《世紀中文錄》，臺北：今日大陸社，1955 年，第 602 頁。

〔註29〕胡秋原：《文化復興與超越前進論》，臺北：學術出版社，1980 年，第 482、468～469 頁。

〔註30〕胡秋原：《一百三十年來中國思想史綱》，臺北：學術出版社，1983 年，第 214 頁。

〔註31〕轉引自張寧：《同途‧殊途‧同歸——魯迅與胡秋原》，《文史哲》2012 年第 6 期。

　　胡秋原早年受時代思潮影響，對馬克思主義唯物史觀產生興趣，並與馬克思主義有 10 年之「蜜月期」。然而，與左翼接受的從蘇俄傳播到中國的馬列主義不同，他接受的馬克思主義，就思想來源而言，來自普列漢諾夫。據他自述：「由於我的馬克斯主義之知識是由樸列漢諾夫出發的──普氏是『俄國馬克斯主義之父』，亦列寧之師，但是與其學生是相反的。所以，我當時的馬克斯主義近於德國社會民主派，遠於蘇俄布爾什維克。我希望將中國與西方的自由主義和馬克斯主義結合起來」。〔註32〕在「文藝自由論辯」中，他以「自由人」相標榜，試圖超越黨派的意識形態，提出文藝自由論，遭到左右兩翼夾擊。客觀而言，胡秋原對馬克思主義理論的研究要比左翼深刻得多，這一點當年連「左聯」的領導人馮雪峰也承認。多年後，中共理論家對文藝自由論和人道主義思想的回應，證實了胡秋原當年思想的合理性。他不僅是自由、民主價值和人道主義思想的守望者，而且呼籲應在現實革命實踐中付諸實施。因而無論是抗戰期間，還是赴臺後，鼓吹實行民主政治和憲政制度。他對個人自由、人道主義的表達，並非限於個體生命的關懷，而是上陞到民族文化高度，認爲這是中國文化傳統。

　　在他看來，西化派和俄化派都「鄙視及否定中國文化或傳統」。後者認爲「中國是封建社會，拿『封建』來否定中國之一切」。前者認爲「中國傳統以儒家思想爲主，不適於現代生活。又說中國是東方社會，儒學是『權威主義』」。兩派「對中國文化鄙視之深到了根本否定中國文字的程度。一個主張羅馬化，一個主張拉丁化」。兩派之最大不同，是前者主張西方式的自由民主，而後者認爲中國應行俄式社會主義。「這兩派將中國人精神分裂，不僅增強內鬥之敵愾心，而且也就容易或甘心受美俄的指使或暗示，終於造成兩岸之實質分裂」。對這兩派，他開始是傾向將二者調和折衷的。據他自述：「我是經由對中國、西方和俄國的歷史與文化之辛勤研究和實地考察之後，知道傳統主義爲西化主義開路，西化主義又爲俄化主義開路之過程，也深知他們都根本錯誤，誤導國民，浪費無數生命和精力，所以我自抗戰以來，就主張超越傳統派、西化派、俄化派走自己的路」。〔註33〕他表示「我不贊成中西俄三派，但非對三派一切主張皆反對，尤其是前二派，我能贊成者不少」。他認爲西化派

〔註32〕胡秋原：《史學方法與歷史哲學之要點》（上），《中華雜誌》1970 年 3 月號。
〔註33〕胡秋原：《解除俄化主義西化主義之鎖鏈與障礙，發揮三大尊嚴，自易達成統一再建共識》（上），《中華雜誌》1990 年 8 月號。

和俄化派都有人才,「我對兩派,凡是出於眞誠研究的,都甚尊敬,但兩派基本皆難苟同」。他們「對中西文化的瞭解,有時不免甚淺」。由於胡秋原相信中西文化並無本質不同,只是發展遲速而已,因此唯有從中西歷史文化中去研究中國得失興衰之故,才能尋求適合中國自身發展之路。在他看來,鴉片戰爭以來的知識界,「雖研究不足,但他們提出的一個目標是完全正確的」,即「富強」,然而「五四後漸爲人忽視。代替的社會主義,革命,國民革命乃至世界革命」。〔註34〕這並非公允之論,五四後知識界對於富強目標的認識並未被忽視,無論是國民革命,還是中共領導的革命都是爲了實現國家富強。

　　他反對西化、俄化,主張走自己的路,並非要走傳統之路,依賴古人。所謂超越前進,「乃是生於當世的中國人,應本當世知識,走自己獨立的路。這一主張,並非基於任何情緒偏見,而是今日世界獨立國家無不如此,而是經過了五十六年的思索,並在學問方法上,比較史學研究以及當時國際關係研究而來,而傳統主義、西化主義、俄化主義又皆是經試驗而失敗的」。〔註35〕「知天下之勢之所以流極而至於此」是明末諸儒研究的問題,也是胡秋原思考的問題。如何救之?在他看來,「古法用夏」的辦法已不能解決當下面臨的問題,而「超越前進論」是救國之道。正如有學者評價道:「他的主張由對中國前途的目標來,而這目標也不是陳言口號,而是由史學理論來。而史學理論不是由任何外國人的理論,而是由方法論、價值論的長期探討來,有現狀到此前途,由原因與結果,目的與手段的研究,才提出他的政治主張的。全部理論到實際都是科學的。他的超越前進論是超黨派的,爲全體中國人民的共同利益而來的,這是中國之正道。這在理論上,以超越論發揚中國之道統,在實行上以法統爲實現正道之本」。〔註36〕

　　他主張超越傳統並非固守傳統,而是對明清以來陷於危機的傳統返本開新。他對儒學的歷史意義和現代價值表示認同,但他並不是文化保守主義者。他指出「中國舊制度不能應付新局勢,是無可否認的。不如人就得學,學習西洋文化沒有什麼不對」;「要保存中國好傳統,誰又能反對?中國總是中國,

〔註34〕 胡秋原:《文化復興與超越前進論》,臺北:學術出版社,1980年,第458、460、482頁。

〔註35〕 胡秋原:《七十年來的見聞與思想》(下),《中華雜誌》1986年8月號。

〔註36〕 《中華雜誌》編輯部:《五十年來胡秋原先生的政治主張》,《中華雜誌》編輯部編著:《胡秋原先生之生平與著作》,臺北:學術出版社,1981年,第422頁。

建國要合乎中國本身的需要和條件，這道理尤其是正當的」。然而，「中國派固多未曾瞭解中國優良傳統何在」，中國傳統文化中也有「民主」，只是沒有達到西方的程度而已。〔註37〕1988年訪問大陸時，他說：「我不是國粹主義者，但是一個民族必須有自己的文化出發點。沒有歷史和文化，就沒有人格國格。我們的傳統文化中有許多寶貴的東西，如崇尚博愛、正義、氣節、文明等，這些都是需要繼承的。當然，傳統文化也有醜陋的東西」。他「主張對傳統文化應該因（繼承）、改（改革）、省（揚棄）、益（增添新的內容）」，而「各個國家都應該有自己獨特的社會學體系。因爲各國的歷史不同，國情不同。臺灣的經濟學教科書，全是照搬美國的，大陸的經濟學教科書，以前是照搬蘇聯的」。這些都是不妥當的。〔註38〕與新儒家的思想分歧，表明他不屬於現代新儒家之列，但他的哲學思想正是對「儒學核心價值觀念的吸取與弘揚，從一個方面鮮明地體現了儒學核心價值觀念在20世紀中國思想世界的生命力與影響力」。〔註39〕

　　超越西化，也並非排斥西方文化。他深入研究和梳理西方文化的發展，揭露西方文化的危機，雖不無針砭西方文化病症的良苦用心，但更重要的還是在於矯正西化派崇洋媚外、全盤西化拒斥傳統文化的心態。他雖批判西方文化，但也承認「西方文化雖趨衰落，仍有可法者在，而新的西方文化尤有其長，我們應當學習，以期能人之所能」；「學習他人之長，就是增進自己能力。自己能力增進之後，自己固有文化自然隨之而發展，決不會失去的。只是自己因落後無知而不能自保之時，才會失去自己的文化」。這清楚的表達出他主張吸收西方文化之長，以彌補和超越明清以來傳統文化的不足。他認爲儒家文化的核心價值「在學問上、政治上、經濟上充分以新科學技術表現出來，就可與西方國內的文化平衡發展，蘇俄國內的人權運動聯合起來，促進人類的新文明和新世界之出現」。〔註40〕體現了他對傳統文化的自信，誠如有學者評價道：「由此亦可概見胡秋原所謂『超越傳統』的眞實涵義乃是返本開新」。他的中西文化觀「實際上完全不相矛盾，而恰恰是一種以我爲主、兼收

〔註37〕　胡秋原：《文化復興與超越前進論》，臺北：學術出版社，1980年，第468頁。
〔註38〕　王國耀：《天下誰人不識君──胡秋原先生故鄉行》，《中國建設》1988年第12期。
〔註39〕　李維武：《胡秋原哲學思想的心學特徵》，《孔子研究》2011年第1期。
〔註40〕　胡秋原：《西方文化危機與二十世紀思潮》，臺北：學術出版社，1981年，第1147、1486頁。

並蓄的文化主體意識和處剝知復、守先待後的民族文化信心」。〔註41〕由於西化主義思潮在中國有相當深厚的社會心理基礎，甚至在當下，依然有人鼓吹西方文化而貶低中國文化，這種缺乏批判分析的文化觀值得警惕，他的「超越西化」思想無疑具有現實意義。

「超越俄化」也並非否認蘇俄社會主義道路的價值。由於他 1934～1936 年在蘇俄一年半的經歷，使他對蘇俄式的社會主義有深切的觀察和體驗，因此他認為這並非真正的馬克思主義，也並非是中國所要追尋的革命前途。「超越俄化」思想表達了他對蘇俄革命道路的思考和批判，通過梳理和研究馬克思主義在蘇俄和中國的流變，從學理上揭示出馬克思主義與列寧主義的區別和聯繫，試圖從文化層面對馬克思主義作真偽之辯，以求重估馬克思主義的價值。他在論述國家興亡與文化興衰時表示：「馬克斯說『人類有文字以來的歷史是階級鬥爭史』，但世界上的主體是民族，不是階級；必先有民族，然後才有階級」；「我認為歷史是民族競爭和鬥爭的歷史，平時各以其文化競賽，在戰時，各以其文化為武器（包括戰場上的武器）進行戰爭」。〔註42〕由此可見，他站在文化民族主義的立場，從學術研究中來尋求民族獨立的精神，以復興中國文化為依託復興中國。對馬克思主義，他表示「我不是一概否定馬克斯主義（此不可能），亦非對其作技術批評（此無大用處），而是由歷史之全局研究建立更高統一的理論而超越之」。〔註43〕1988 年訪問大陸時，他表示對馬克思主義的研究「多元化就是不同意見可以爭論，馬克思是一位大思想家，但是不能把他的學說教條化」。〔註44〕希望通過研究尋求建立人類文明的共識，推動人類文明的進步。他儘管批評馬克思主義，但他始終是以學者的立場，省思和重估馬克思主義的價值。

四

胡秋原思想演進的脈絡與時代思潮、政治局勢的變化密切相關，理論和

〔註41〕 胡治洪：《超越西化——論胡秋原的西方文化觀及其意義》，《齊魯學刊》2010 年第 5 期。

〔註42〕 胡秋原：《我的哲學簡述》，胡秋原：《哲學與思想》，臺北：東大圖書股份有限公司，1994 年，第 59 頁。

〔註43〕 胡秋原：《史學方法與歷史哲學之要點》（下），《中華雜誌》1970 年 12 月號。

〔註44〕 王國耀：《天下誰人不識君——胡秋原先生故鄉行》，《中國建設》1988 年第 12 期。

學術思想的探索都指向現實政治。作為一個兩度輾轉於大半個地球，一生幾乎見證了 20 世紀中國現代重大歷史事件的文化人，他不是一個書齋裏的思想家或理論家，而是一個對中國現實政治介入相當深之人。他不僅是「一個固守書齋的學問家，還是一個懷抱道德理想，積極參與、批評、指導現實政治立身於道統的公共知識分子。他以融貫中西的深厚學養，不囿於任何學術門派，超然於政治意識形態之上」。〔註 45〕他先後捲入了多次論戰之中，這些論戰不是單純的思想論戰，大多帶有濃厚政治色彩。他因時常過問政治而飽受爭議，影響了其做學問的專精道路。對國共兩黨若即若離的態度，也使他在國共兩黨鬥爭的歷史長河中，一直扮演著邊緣人物。政治立場和思想的多次轉向，使他身份複雜，為國共兩黨所不喜。「他青年時醉心馬克思主義，但卻扛著自由主義戰旗；雖然他做過國民政府參議員、立法委員，卻因批評時政，敢於說真話，也不為政府親近。總的來說，他是一位自由主義者，局外人難以理解他的愛國情操」。〔註 46〕與「左聯」有過激烈的論戰，也一度成為中共的朋友，卻因與中共的恩怨和對蘇俄的批判使他最終倒向國民黨的立場。從抗戰到赴臺後，他都在國民黨體制內任職，但始終與國民黨高層保持距離，時常批判時政。他雖「長期有國民黨黨籍，卻不專門地黨言黨語」。〔註 47〕這也正是他為何撰寫那麼多政論而無甚影響的原因。據他自述：「我所寫有關世局或中國政治問題之文，總不下一千萬字。而我瞭解，其影響等於零」。〔註 48〕

這些政治的「不正確」，都歸結於他的思想支點始終建立在民族和國家利益高於黨派利益的立場之上。這意味著無論是社會主義的階級解放，還是自由主義的個人權利都應置於民族國家的立場之下。在他的歷史哲學中，他以民族和文化史觀取代階級史觀，以知識分子為歷史主體代替以帝王為主體來詮釋歷史，即是他對民族利益高於階級利益的公開宣示。置個人前途於不顧，公開聲明反對《中蘇條約》，被免本兼各職，印證了民族國家利益高於一切的

〔註 45〕 郭齊勇：《胡秋原論中國知識分子》，《南京大學學報》（哲學‧人文科學‧社會科學）2011 年第 4 期。

〔註 46〕 張放：《敢說真話的自由主義者──敬悼胡秋原先生》，《文訊》（香港）第 225 期，2004 年 7 月。

〔註 47〕 陳孟堅：《盛名重言陰翼多》，錢江潮等合編：《胡秋原八十‧九十壽辰紀念文集》，臺北：學術出版社，2001 年，第 87 頁。

〔註 48〕 胡秋原：《同舟共濟》，臺北：自由世界出版社，1961 年，第 3 頁。

價值取向。居港臺期間，他的基本政治立場是「反共抗俄」，但他的動機純屬民族主義，與國民黨當局爭奪政權的立場不可同日而語。1950 年代後歷次運動中，他對知識分子的遭遇深表同情，對中蘇和中越關係惡化，以至於發生武裝衝突，他均公開聲援，與國民黨的冷漠態度形成鮮明對比，表達出其強烈的民族主義立場。他晚年多次呼籲海峽兩岸召開國民會議，1988 年衝突阻力訪問大陸，以實際行動表明他致力於民族統一的立場。他呼籲兩岸進行和平統一的方向是正確的，但他並未提出具體的辦法。

這種民族主義立場也是他學術思想的反映，「自由」與「民族」是他畢生堅守的信念。1950 年後，他更是致力於在民族、文化和知識分子之間建立聯繫。「大抵一國政治失修，該民族逐漸衰落，一般文化亦隨之衰落，但一個民族要轉弱爲強，亦必須該國文化有一種新興的精神與力量，特別是該國先進之士能夠振衰起蔽，然後才能振興民族」。〔註49〕作爲一個文化民族主義的原有論者，胡秋原認爲歷史上中國早就是類似的民族國家了，民族主義觀念要比西方早千餘年以上。但他也意識到中國缺乏西方那種近代民族國家的意識，近代中國的危機使民族自尊心墮落爲民族虛無主義，在政治和文化取向上傾向於西化和俄化。這兩種取向儘管師法對象不同，但都鄙視中國文化，導致民族虛無主義，喪失創造力。在新儒學興起後的思想路向中找到構建其歷史哲學的理論依據，他認爲唐末至宋明後的知識分子在「學問思想上大都經過『出入二氏（釋道），反求六經』的過程」，而苦於救亡圖存的當世中國知識分子的立國之道是「放棄二化，反求中國文化之眞精神」。〔註50〕在他「一生志業之所存，心力之所在」，〔註51〕「畢生用力最大的一部書」──《古代中國文化與中國知識分子》中，他「將中國文化的歷史放在世界史秩序中，與其他文化，尤其是與同時期的西方文化作比較；不以帝王爲歷史之主體，而以知識分子爲歷史之主體」。在他看來，知識分子是「人民的代表」，〔註52〕其目的是繼承中國知識分子的道統，「樹立一個精神的，道義的權威」，「以本

〔註49〕 胡秋原：《中國文化復興論》，胡秋原：《中西文化與文化復興》，重慶：時代日報出版社，1943 年，第 43 頁。

〔註50〕 胡秋原：《答謝之詞》，李敏生主編：《胡秋原學術思想研究》，北京：社會科學文獻出版社，1996 年，第 45 頁。

〔註51〕 胡秋原：《同舟共濟‧周（棄子）序》，臺北：自由世界出版社，1961 年，第 3 頁。

〔註52〕 胡秋原：《六十年來我的重要著作和主張》（三），《中華雜誌》1991 年 2 月號。

於對國家和人民，對學問和自己的責任感」。〔註53〕五四以來在中國文化建設問題上，無論是本位文化派，還是全盤西化派，都具有濃厚的文化民族主義精神，通過上文胡秋原與兩派的比較分析，在文化民族主義的思想脈絡中，不難看出他的文化批判理論、理論歷史學和超越前進論的思想價值。

對胡秋原文化民族主義的思想價值，有學者評價道，他代表中國讀書人的傳統，即「以其學問文章忠於百姓，忠於國家的傳統」。其學問涉獵人文社會科學的諸多領域，「對哲學、歷史、文學、藝術、政治、經濟，都有深入的研究，不過秋原可貴的，還不在此，秋原對各科學問都是入而復出，以民族觀念爲中心，打破各科的界限，加以融會貫通，鎔鑄成他個人獨有的體系，一家之言」。〔註54〕其中史學是他用力最勤貫通最充分的學科，從史學中探求中國前途。在他看來，史學不是過去之學，而是將來之學，但「將來來自現在，而現在來自過去，所以我終於走向歷史」。〔註55〕他一生爲學宗旨，是發揮史學鑒往知來、因革損益的功能，從史學研究中探求中國可能和應有的前途。「秋原之文，雖曰論政，其實在『論道』」。「幾十年來，中國的知識分子，非攀草附木，依門傍戶，即無以自聊」。而「他雖則顛沛崎嶇，自幸尚能挺立於『漢宋』、『新舊』、『中西』、『國共』、『左右』等等的千門萬戶之外」。依據現行標準對其試行歸類，但結果無論是「學者」、「文豪」、「名士」、「賢達」等等都不像。他是一位「志於道」的「士」。在思想演進過程中，他最終「站在文化史的立場，探求中西文化進退興衰之故」。他「對古人的文章，最愛司馬遷，次之六朝諸人，而私自位置，他卻願附先秦諸子之列。他不屑措意於間架結構，而自信素學名理，非無條貫」。〔註56〕從這一點來看，胡秋原是「現代中國知識分子的鏡子」的評價較爲中肯。〔註57〕

他強調知識分子承載道統，維護中國文化的血脈和慧命於不絕，注重對

〔註53〕 胡秋原：《近代中國知識分子之失敗》，胡秋原：《文化復興與超越前進論》，臺北：學術出版社，1983年，第461頁。

〔註54〕 朱雲影：《胡秋原先生與其文章》，《中華雜誌》編輯部編著：《胡秋原先生之生平與著作》，臺北：學術出版社，1981年，第25～26頁。

〔註55〕 胡秋原：《謝啓並自述八十年來我的思想之來源》，錢江潮等合編：《胡秋原先生八十、九十壽辰紀念文集》，臺北：海峽學術出版社，2001年，第42頁。

〔註56〕 胡秋原：《同舟共濟·周（棄子）序》，臺北：自由世界出版社，1961年，第3、4頁。

〔註57〕 鄭學稼：《現代中國知識分子的鏡子》，《中華雜誌》編輯部編著：《胡秋原先生之生平與著作》，臺北：學術出版社，1981年，第42頁。

現實政治權力的指導和限制，但他放過了歷史上政治人物所應承擔的歷史責任，忽略了社會內部自身力量自發成長的現代性意義，帶有唯知論的傾向。對近代中國知識分子挽救民族和文化危機過程中的西化和俄化取向，在他看來是無知和盲從，這並非公允之論。客觀而言，面對近代中國嚴重的文化和民族危機，救國問題的緊迫性和複雜性，促使知識分子從不同路徑思考、尋求救國之道，再自然不過了。本著求同存異、理性探討和分析綜合的心態，縮小分歧增加共識，最終有益於「超越前進」，建設現代化強國。此外，對於學生運動，一方面，他勸告臺灣青年要安心讀書，不可參加政治活動，要有「我行我素」堅定愛國主義的志氣和「官逼民不反」的修養，〔註 58〕這可以看作他對青年的愛護；另一方面，他聲援大陸的學生運動。這種態度豈不矛盾？還是另有邏輯依據？

　　致力於學術思想研究，使他「名滿天下，著作等身，可算功成名就」。介入政治也使遭遇多次波折，「原因無非他憂國情殷，愛國心切，不能忘情於實際政治問題。有所批評，即有所反應，難免弄得是非糾結，難解難分。而政治的是非，見仁見智，是不但容易定論的」。對他捲入這些是非恩怨，他的朋友勸他「與其為這些事勞心費時，似不如專心致志學術的研究和著述。既可避免一些無謂的困擾，又可對國家、社會有更大更多的貢獻。這不值得考慮一下嗎？」「勸他放棄現實政治的一切關心，完全埋頭到學術著作上去」者有之，勸他「戒之在鬥」者有之。〔註 59〕但他不為所動，堅持認為其立場是維護知識分子尊嚴，維護中國文化道統。然而，捲入這些論爭耗費其太多精力，尤其是晚年與李敖長達 40 餘年的訴訟，最終兩敗俱傷，使其本應完成的學術論著被耽擱，留下了終生遺憾，對他本人和學界都是一種損失。

　　綜上所述，究其一生，在 20 世紀中國相當多的論戰中，身份複雜的胡秋原在很多具體問題上，都是站在知識分子的立場上，扮演著「反潮流」的辯手角色，由此展現出他終身論辯性的學術思想特色，在中國現代思想文化史的許多重要論題上發出了獨立批駁的聲音。由於他政治和學術思想的多次轉向，以及對中國現實政治的介入之深，其言論和立場顯得複雜多變，依據現

〔註 58〕董良駿：《長者的啓迪》，錢江潮等合編：《胡秋原先生八十、九十壽辰紀念文集》，臺北：海峽學術出版社，2001 年，第 92 頁。

〔註 59〕黃德馨：《秋原兄七十大慶獻言》；徐復觀：《人生道上突破中的友誼》；沈雲龍：《我與胡秋原的四同三異》，《中華雜誌》編輯部編著：《胡秋原先生之生平與著作》，臺北：學術出版社，1981 年，第 5、27、490 頁。

在的學術標準，很難在現代思想譜系中對他進行清晰明確的定位。縱觀其一生的學術思想，無論如何轉向，「明道救世」的學問追求和繼承五四啓蒙思想尋求中國出路，是他畢生一以貫之的思想線索。他的思想演進最終歸宿到「超越前進論」，在中國傳統、西化和俄化之間，試圖尋求一種超越三派之上，具有中體西用式的符合中國民族文化主體性的立國之道，呈現出一種會通中西的學術理路和對五四時期知識分子追求「再造文明」思想的堅守。從這個意義上來審視，他的確是立身於中國知識分子「道統」的「士」。

他試圖將自由主義、民族主義、傳統文化融於其歷史哲學理論中，而不致引起彼此的衝突和消解，並非易事。民族主義可能使自由主義思想伸展張力的可能性受到限制，而在其建構史學理論架構的過程中，追本溯源設計的「超越前進論」的立國藍圖，在現實政治空間中卻又未必具有可行性。「超越前進論」是其思想的歸宿，但思想一旦固化，卻失去了敏感性和批判力。1950年代後，在臺灣威權體制下，民族主義思想和重估自由主義的現實空間是狹隘的。他雖皈依自由主義思想，但與胡適、殷海光等人純粹自由主義思想還是存在很大差別，以至於在「中西文化論戰」中忽視合理的西化主義思想。總體而言，他思想的整體情調是積極和樂觀的，然而在時空割裂措道的歷史場景中，卻陷入了「理論的時空局限性」的困境，甚至難免也感受到主體失落和自由被置換的思想宿命。在總結其學術思想時，他說：「生平所爲文字中內容雖駁雜，實則僅二範圍，即歷史與哲學」；「嘗念三十年來，悲奔走風塵之中，即耗神紙筆之際。半生勞碌枯淡，大似行腳頭陀」。〔註60〕這也許是作爲歷史中間物的知識分子在歷史進程中難以避免的苦境。

胡秋原長期游離於政治與學術之間、左翼和右翼之間，畢生政治和學術立場多次轉向，與國共兩黨保持若即若離的關係，左派攻擊他爲右派，右派又懷疑他爲親共的左派，乃至爲臺獨分子「所包圍利用」。西化派稱他爲傳統派，他自己也表示「臺港的西化派，在文字上，乃至在講臺上，都將我當作『傳統派』攻擊」，也爲「最高權力所不喜」。〔註61〕而傳統派說他是西化派，甚至被攻擊爲以折衷爲名的保守派和政治上的「兩面派」。有些學者今日懷著對自由主義的理解，將他的思想歸到自由主義一脈，筆者以爲並不十分準確。結合他一生的學問和事功來審視，要對其思想進行準確的價值定位是很困難

〔註60〕 胡秋原：《世紀中文錄·自序》，臺北：今日大陸社，1955 年。
〔註61〕 胡秋原：《三十三年來筆舌生活紀要》（下），《中華雜誌》1989 年 8 月號。

的。從上文的分析中可以看出，事實上，他既不是新儒家，也不是馬克思主義者，與純粹的自由主義者也有差距，儘管如此，他仍然是一個思想上傾向自由主義的學者。

如將他會通中西、「超越前進」的思想理路，置於東亞現代思想史的視野中進行考察，可以發現，除理論對象和立場上不同甚至對立外，在民族主義的內涵和思想理念的脈絡上，和他生於同年的日本學界著名思想家竹內好，二戰後著力清理的日本「近代的超克」論頗為相似。〔註 62〕在他們的思維世界中，「主體性」是其思想的出發點和核心，思想旨歸都立足於世界史的立場或世界史的哲學上，站在世界文化和構建亞洲現代化的宏大視野中，批判分析許多社會和思想問題，圍繞著探索建構各自國家的文化自主而展開論證，思想的全部重點歸結到現代化主體性的建立，這種探索無疑對超越當下思想界的左右紛爭，為建設中國自主的現代化提供了可資借鑒的思想資源。從這個意義上來審視，胡秋原所謂「超越前進論」又屬於典型的現代東亞思想譜系中的一員。

〔註62〕對「近代的超克」概念的詮釋，參見：〔日〕竹內好著，李冬木等譯：《近代的超克》，北京：生活・讀書・新知三聯書店，2005 年；孫歌：《竹內好的悖論》，北京：北京大學出版社，2005 年；〔日〕高阪史郎著，吳光輝譯：《近代之挫折：東亞社會與西方文明的碰撞》，石家莊：河北人民出版社，2006 年。

參考文獻

一、胡秋原論著、譯著、資料集

論　著

1. 《日本侵略下之滿蒙》，上海：大東書局，1928 年。

2. 《唯物史觀藝術論——樸列汗諾夫及其藝術理論之研究》，上海：神州國光社，1931 年。

3. 《抗戰建國之根本問題》、《中國革命根本問題》、《戰局與歐局》、《雪恥與兵役》、《統一與抗戰》、《肅奸與懲貪》、《士風與學風》、《國防與經濟道德與科學》、《領袖與抗戰建國》，漢口：時代日報社，1938 年。

4. 《中西文化與文化復興》，重慶：時代日報出版社，1943 年。

5. 《宋元學案明儒學案節補》，重慶：中央周刊社，1944 年。

6. 《民族文學論》，重慶：文風書局，1944 年。

7. 《新自由主義論》，南京：民主政治社，1948 年。

8. 《歷史哲學概論》，上海：商務印書館，1947 年。

9. 《思想・道德・政治》，南京：新中國出版社，1948 年。

10. 《俄帝侵華史綱》，臺北：中央文物供應社，1952 年。

11. 《中國文化之前途》，臺北：自由世界出版社，1953 年。

12. 《世紀中文錄》，臺北：今日大陸社，1955 年。

13. 《言論自由在中國歷史上》，臺北：民主潮社，1958 年。

14. 《少作收殘集自序》（即胡秋原青年時代的回憶），《民主潮》第 9、10、11、12 卷，1959～1962 年。

15. 《同舟共濟》，臺北：自由世界出版社，1961 年。

16. 《〈在唐三藏與浮士德之間〉及其他》，臺北：胡秋原自刊本，1962 年。

17.《帝俄侵華史綱》，臺北，中華文化出版事業委員會，1962 年。

18.《維護辯論原則學界尊嚴》，《世界評論》第 10 卷第 13 期，1962 年 9 月。

19.《反對誹謗及亂戴紅帽》、《此風不可長》、《誹謗集團公然煽動政治清算問題》，臺北：學術出版社，1963 年。

20.《中西歷史之理解》，臺北：中華雜誌社，1966 年。

21.《偉大的愛國者和思想家黃梨洲》、《顧亭林之生平及其思想》，《中華雜誌》1967 年 6、7 月號。

22.《東方社會論源流》，《中華雜誌》1966 年 7 月號。

23.《馬克斯唯物史觀及其批評》，《中華雜誌》1967 年 10 月號。

24.《復社及其人物》，臺北：學術出版社，1968 年。

25.《馬克斯主義、共產主義的總批評》，《幼獅學誌》第 7 卷第 1 期，1968 年第 1 期。

26.《關於一九三二年文藝自由論辯》，《中華雜誌》1969 年 1 月號。

27.《史學方法與歷史哲學之要點》（上、下），《中華雜誌》1970 年 3、12 月號。

28.《關於〈紅旗〉對胡秋原先生的誹謗及文藝自由與統一救國等問題》，《中華雜誌》1972 年 8 月號。

29.《馬克斯之〈資本論〉》、《自我割讓問題與當代思想》，《中華雜誌》1973 年 2 月號。

30.《胡秋原演講集》，臺北：學術出版社，1973 年。

31.《歷史哲學與史學方法論再論》（下），《中華雜誌》1976 年 5 月號。

32.《瞿秋白論》（上），《中華雜誌》1979 年 6 月號。

33.《論馬克斯〈1844 年經濟學哲學手稿〉與外化超越論》，《中華雜誌》1979 年 9 月號。

34.《文學藝術論集》，臺北：學術出版社，1979 年。

35.《文化復興與超越前進論》，臺北：學術出版社，1980 年。

36.《馬列主義之將來》，《中華雜誌》1981 年 1 月號。

37.《西方文化危機與二十世紀思潮》，臺北：學術出版社，1981 年。

38.《論魯迅並說到周揚》，《中華雜誌》1982 年 11 月號。

39.《一百三十年來中國思想史綱》，臺北：學術出版社，1983 年。

40.《馬克斯死後百年之社會主義與馬克斯主義》，《中華雜誌》1983 年 12 月號。

41.《回憶徐復觀先生》、《論道統與政統》，《中華雜誌》1984 年 4 月號。

42. 《由二十年代到八十年代的鄭學稼先生》（上），《中華雜誌》1984 年 8 月號。

43. 《張君勱先生之思想》（下），《中華雜誌》1986 年 4 月號。

44. 《七十年來的見聞與思想》（上、下），《中華雜誌》1986 年 6、8 月號。

45. 胡秋原口述，宋江英整理：《胡秋原的青年時代》，《人間》1987 年 3 月。

46. 《論馬克斯主義與中國問題》（上中下），《中華雜誌》1987 年 3、9、10、12 月號。

47. 《古代中國文化與中國知識分子》，臺北：學術出版社，1988 年。

48. 《民主統一與國家重建》，臺北：學術出版社，1988 年。

49. 《三十三年來筆舌生活紀要》（上、下），《中華雜誌》1989 年 4、8 月號。

50. 《論西方文化危機、馬克斯主義危機與中國》，《中華雜誌》1990 年 2 月號。

51. 《八十年來——我的思想之來源與若干心得》，《中華雜誌》1990 年 7 月號。

52. 《解除俄化主義西化主義之鎖鏈與障礙，發揮三大尊嚴，自易達成統一再建共識》（上），《中華雜誌》1990 年 8 月號。

53. 《六十年來我的重要著作和主張》（一、二、三），《中華雜誌》1990 年 12 月、1991 年 1、2 月號。

54. 《文學與歷史》，臺北：東大圖書股份有限公司，1994 年。

55. 《哲學與思想》，臺北：東大圖書股份有限公司，1994 年。

56. 《我反對蔣介石割讓蒙古的經過》，《文學與傳記》1999 年 4 月 15 日。

57. 《倉皇辭廟，逃出武漢》，《文學與傳記》1999 年 5 月 15 日。

58. 《從香港到臺灣》，《文學與傳記》1999 年 7 月 15 日。

59. 《近百年來中外關係》，臺北：海峽學術出版社，2004 年。

60. 《中國英雄傳》，北京：九州出版社，2010 年。

61. 《古代中國文化與中國知識分子》，北京：中華書局，2010 年。

譯 著

1. 〔俄〕佛理采：《藝術社會學》，上海：神州國光社，1931 年。

2. 〔日〕平林初之輔：《政治的價值與藝術的價值》，《小說月報》第 21 卷第 1 期，1930 年 1 月。

3. 〔德〕繆勒利爾著，王禮錫、胡冬野（胡秋原）合譯：《家族論》北京：商務印書館，1935 年。

4. 〔英〕T. H. Wintringham（溫群漢）著，The Coming World War（《迫近的世界大戰》），上海：中華書局，1937 年。

5. 〔俄〕《赫魯曉夫秘密演說全文》，臺北：自由世界出版社，1956 年。

6. 〔德〕馬克斯：《一八四四年經濟學哲學手稿》，《中華雜誌》1979 年 10、12 月號。

研究胡秋原著作及相關資料

1. 中華雜誌編輯部編著：《胡秋原先生之生平與著作：祝賀胡秋原先生七十壽辰文集》，臺北：學術出版社，1981 年。

2. 張漱菡：《胡秋原傳——直心巨筆一書生》，臺北：皇冠出版社，1988 年。

3. 李敏生編：《中華心——胡秋原政治文藝哲學文選》，北京：社會科學文獻出版社，1995 年。

4. 毛鑄倫、劉國基合編：《志業中華——胡秋原學術思想研討會論文集》，臺北：海峽學術出版社，1996 年。

5. 李敏生主編：《胡秋原學術思想研究》，北京：社會科學文獻出版社，1996 年。

6. 錢江潮、毛鑄倫、蔡天進合編：《胡秋原先生八十·九十壽辰紀念文集》，臺北：海峽學術出版社，2001 年。

7. 毛鑄倫編：《人格的自由與學問的尊嚴：中國當代民族主義思想家胡秋原先生逝世週年紀念文集》，臺北：海峽學術出版社，2005 年。

8. 張漱菡：《胡秋原傳》，武漢：湖北人民出版社，2007 年。

9. 裴高才：《胡秋原全傳》，北京：中國文聯出版社，2008 年。

10. 謝遠筍：《胡秋原》，昆明：雲南教育出版社，2012 年。

二、中文參考資料

期　刊

《北新》、《北斗》、《創造月刊》、《東方雜誌》、《動力》、《讀書雜誌》、《國魂》、《國民外交》、《紅旗周報》、《軍事與政治》、《建國青年》、《經緯》、《流沙》、《理論與現實》、《民族戰線》、《民主政治》、《民主論壇》、《民主與統一》、《民意周刊》、《青年中國季刊》、《前途》、《前鋒月刊》、《日本評論》、《時代精神》、《時代生活》、《時事月報》、《時代日報》、《三民主義半月刊》、《天下文章》、《文風雜誌》、《文化月刊》、《文化評論》、《文化雜誌》、《文化批判》、《文藝新聞》、《文化建設》、《文學》、《文學月報》、《外交季刊》、《現代文獻月刊》、《新地月刊》、《新思潮》、《新壘月刊》、《新中國》、《現代》、《現代中國》、《現代文化》、《中國與世界》、《中央周刊》、《智慧》、《戰鬥周報》、《政論》、《語絲》

報　紙

　　《北京日報》、《北平晨報》、《大公報》、《國聞周報》、《救國時報》、《江聲報》、《民國日報》、《人民日報》（1933 年福州）、《人民日報》（北京）、《香港時報》、《申報》、《文藝報》、《眞報》（香港）、《益世報》

檔案及相關資料集

1. 王禮錫、陸晶清編輯：《中國社會史的論戰》第 1 輯，上海：神州國光社，1932 年。

2. 蘇汶編：《文藝自由論辯集》，上海：現代書局，1933 年。

3. 華振中、朱伯康編：《十九路軍抗日血戰史料》，上海：神州國光社，1933 年。

4. 中華文化建設協會編：《十年來的中國》，上海：商務印書館，1937 年。

5. 張其昀主編：《蔣總統集》第 1 冊，臺北：國防研究院，1961 年。

6. 中國人民政治協商會議福建省委員會文史資料編輯室編：《福建文史資料選輯》第 1 輯，福州：福建人民出版社，1963 年。

7. 中國人民政治協商會議全國委員會文史資料研究委員會編：《文史資料選輯》第 59 輯，北京：中華書局，1979 年。

8. 中國革命博物館、湖南博物館編：《新民學會資料》，北京：人民出版社，1980 年。

9. 中國文學藝術界聯合會編：《中國文學藝術工作者第四次代表大會文集》，成都：四川人民出版社，1980 年。

10. 中國社會科學院文學研究所現代文學研究室編：《革命文學資料》，北京：人民文學出版社，1981 年。

11. 中國社會科學院近代史研究所翻譯室編譯：《共產國際有關中國革命的文獻資料》第 1 輯，北京：中國社會科學出版社，1981 年。

12. 中國社會科學院文學研究所、《左聯回憶錄》編輯組編：《左聯回憶錄》，北京：中國社會科學出版社，1982 年。

13. 福建省檔案館編：《福建事變檔案資料：1933.11～1934.1》，福州：福建人民出版社，1984 年。

14. 薛謀成、鄭全備選編：《「福建事變」資料選編》，南昌：江西人民出版社，1984 年。

15. 上海社科院歷史研究所編：《「九‧一八」——「一‧二八」上海軍民抗日運動史料》，上海：上海社會科學院出版社，1986 年。

16. 瞿秋白：《瞿秋白文集‧文學編》第 2 卷，北京：人民出版社，1986 年。

17. 黃陂縣政協文史資料研究委員會編：《黃陂文史》第 1、2 輯，黃陂：黃陂縣政協文史資料委員會，1988 年。

18. 秦孝儀主編：《中華民國重要史料初編──對日抗戰時期》第 7 編《戰後中國（一）》，臺北：國民黨中央委員會黨史委員會，1981 年。

19. 陳修良：《我走過的道路》，1989 年，未刊稿。

20. 瞿秋白：《瞿秋白文集·文學編》第 3 卷，北京：人民文學出版社，1989年。

21. 吉明學、孫露茜編：《三十年代「文藝自由論辯」資料》，上海：上海文藝出版社，1990 年。

22. 中國左翼作家聯盟成立大會會址紀念館、上海魯迅紀念館編：《「左聯」紀念集》，上海：百家出版社，1990 年。

23. 中共中央馬克思恩格斯列寧斯大林著作編譯局譯：《列寧全集》第 12 卷，北京：人民出版社，1990 年。

24. 中央檔案館編：《中共中央文件選集》第 4、5、8 冊，北京：中共中央黨校出版社，1991 年。

25. 中共中央文獻編輯委員會：《毛澤東選集》第 1～4 卷，北京：人民出版社，1991 年。

26. 瞿秋白：《瞿秋白文集·政治理論編》第 4 卷，北京：人民出版社，1993年。

27. 中共中央文獻編輯委員會：《鄧小平文選》第 3 卷，北京：人民出版社，1993 年。

28. 中共中央文獻編輯委員會：《鄧小平文選》第 2 卷，北京：人民出版社，1994 年。

29. 文集編選組：《周揚文集》第 5 卷，北京：人民文學出版社，1994 年。

30. 武漢市洪山區政協文史資料委員會編：《洪山文史》第 7 輯，武漢：武漢市洪山區政協文史資料委員會，1994 年。

31. 中共中央馬克思恩格斯列寧斯大林著作編譯局編譯：《馬克思恩格斯全集》第 1、19 卷，北京：人民出版社，1995 年。

32. 馬克思：《1844 年經濟學哲學手稿》，北京：人民出版社，2000 年。

33. 宋原放主編：《中國出版史料》（現代部分）第 1 卷上冊，濟南：山東教育出版社，2001 年。

34. 魯迅：《魯迅全集》第 3、4、7、10、13、16 卷，北京：人民文學出版社，2005 年。

35. 中共中央黨史研究室第一研究部譯：《共產國際、聯共（布）與中國革命檔案資料叢書》第 14 卷，北京：中共黨史出版社，2007 年。

36. 中共中央文獻研究室：《建黨以來重要文獻選編（1921～1949）》第 10 冊，北京：中央文獻出版社，2011 年。

著　作

1. 藍玉光編:《第三黨討論集》,上海:黃葉書局,1928 年。

2. 王禮錫:《李長吉評傳》,上海:神州國光社,1930 年。

3. 郭湛波:《近三十年中國思想史》,北平:大北書局,1933 年。

4. 中國文藝年鑒社編輯:《中國文藝年鑒》(第一回,1932 年),上海:現代書局,1933 年。

5. 梁漱溟:《中國民族自救運動之最後覺悟》,上海:中華書局,1933 年。

6. 何乾之:《中國社會性質問題論戰》,上海:生活書店,1937 年。

7. 李何林:《近二十年中國文藝思潮論》,上海:生活書店,1948 年。

8. 馮雪峰:《回憶魯迅》,北京:人民文學出版社,1957 年。

9. 鄭學稼:《第三國際史》,臺灣:商務印書館,1977 年。

10. 龔楚:《龔楚將軍回憶錄》,香港:明報月刊社,1978 年。

11. 鄭學稼:《社會史論戰簡史》,臺北:黎明文化事業股份有限公司,1978 年。

12. 劉心皇:《現代中國文學史話》,臺北:正中書局,1979 年。

13. 逯耀東:《中共史學的發展和演變》,臺北:時報文化出版事業有限公司,1979 年。

14. 楊國樞、金神寶主編:《現代化與民族主義》,臺北:中國論壇社,1980 年。

15. 陳公博:《苦笑錄》,北京:現代史料編刊社出版,1981 年。

16. 蔡廷鍇:《蔡廷鍇自傳》,哈爾濱:黑龍江人民出版社,1982 年。

17. 茅盾:《我走過的路》,北京:人民文學出版社,1984 年。

18. 鄭學稼:《我的學徒生活》,臺北:帕米爾書店,1984 年。

19. 胡蘭畦:《胡蘭畦回憶錄(1901~1949)》,成都:四川人民出版社,1985 年。

20. 侯外廬:《韌的追求》,北京:生活‧讀書‧新知三聯書店,1985 年。

21. 胡光凡:《周立波評傳》,長沙:湖南文藝出版社,1986 年。

22. 胡適:《胡適作品》(9),臺北:遠流出版事業股份公司,1986 年

23. 李雲漢:《從容共到清黨》,臺北:中國學術著作獎勵獎助委員會出版,1987 年。

24. 李澤厚:《中國現代思想史論》,上海:東方出版社,1987 年。

25. 錢理群:《中國現代文學三十年》,上海:上海文藝出版社,1987 年。

26. 周子東等編著:《三十年代中國社會性質論戰》,上海:知識出版社,1987 年。

27. 民革中央宣傳部編：《陳銘樞紀念文集》，北京：團結出版社，1989年。

28. 蕭延中、朱藝編：《啓蒙的價值與局限——臺港學者論五四》，太原：山西人民出版，1989年。

29. 呂智敏主編：《文藝學新概念辭典》，北京：文化藝術出版社，1990年。

30. 吳振聲：《國民政府時期的地方派系意識》，臺北：文史哲出版社，1992年。

31. 李輝凡：《二十世紀初俄蘇文學思潮》，北京：社會科學文獻出版社，1993年。

32. 朱光潛：《朱光潛全集》第9卷，合肥：安徽教育出版社，1993年。

33. 邵伯周：《中國現代文學思潮研究》，上海：學林出版社，1993年。

34. 金立人、李華明、李小蘇著：《王明「左」傾冒險主義在上海》，上海：遠東出版社，1994年。

35. 梅昌明整理：《梅龔彬回憶錄》，北京：團結出版社，1994年。

36. 唐寶林：《中國托派史》，臺北：東大圖書股份有限公司，1994年。

37. 施蟄存：《沙上的腳跡》，瀋陽：遼寧教育出版社，1995年。

38. 唐德剛：《李宗仁回憶錄》，上海：華東師範大學出版社，1995年。

39. 趙慶河：《讀書雜誌與中國社會史論戰》（1931~1933），臺北：稻禾出版社，1995年。

40. 陳光明：《勁旅之亡——十九路軍兵敗福建紀實》，北京：解放軍文藝出版社，1996年。

41. 戴向青、羅惠蘭著：《AB團與福田事件始末》，鄭州：河南人民出版社，1996年。

42. 蔣夢麟：《現代世界中的中國——蔣夢麟社會文談》，上海：學林出版社，1997年。

43. 朱宗震、汪朝光編：《陳銘樞回憶錄》，北京：中國文史出版社，1997年。

44. 張光明：《馬克思傳》，北京：中共中央黨校出版社，1998年。

45. 曹聚仁：《曹聚仁書話》，北京：北京出版社，1998年。

46. 許紀霖：《許紀霖自選集》，桂林：廣西師範大學出版社，1999年。

47. 夏衍：《懶尋舊夢錄》，北京：生活·讀書·新知三聯書店，2000年。

48. 梁實秋：《梁實秋文集》第7卷，廈門：鷺江出版社，2002年。

49. 沈寂主編：《陳獨秀研究（第二輯）》，合肥：安徽大學出版社，2003年。

50. 劉錫誠：《在文壇邊緣上——編輯手記》，開封：河南大學出版社，2003年。

51. 張廣志：《中國古史分期討論的回顧與反思》，西安：陝西人民出版社，2003年。

52. 溫樂群、黃冬婭合著：《二三十年代中國社會性質和社會史論戰》，南昌：百花洲文藝出版社，2004 年。

53. 瞿秋白：《赤都心史》，桂林：廣西師範大學出版社，2004 年。

54. 王凡西：《雙山回憶錄》，上海：東方出版社，2004 年。

55. 孫歌：《竹內好的悖論》，北京：北京大學出版社，2005 年。

56. 姚辛：《左聯史》，北京：光明日報出版社，2006 年。

57. 胡適：《胡適留學日記》，合肥：安徽教育出版社，2006 年。

58. 艾曉明：《中國左翼文學思潮探源》，北京：北京大學出版社，2007 年。

59. 冷溶主編：《中國社會科學院馬克思主義研究論叢（史學編）》，北京：社會科學文獻出版社，2007 年。

60. 熊十力：《十力語要》，上海：上海書店出版社，2007 年。

61. 楊玉清：《肝膽之剖析——楊玉清日記摘鈔》，北京：中國時代經濟出版社，2007 年。

62. 鄭欣淼等主編：《1981～2005：多維視野中的魯迅研究》，鄭州：河南文藝出版社，2007 年。

63. 許紀霖、朱政惠：《史華慈與中國》，長春：吉林出版集團有限責任公司，2008 年。

64. 中國社會科院歷史研究所等編：《「封建」名實問題討論文集》，南京：江蘇人民出版社，2008 年。

65. 葉文憲、聶長順：《中國「封建」社會再認識》，北京：中國社會科學出版社，2009 年。

66. 陳峰：《民國史學的轉折——中國社會史論戰（1927～1937）》，濟南：山東大學出版社，2010 年。

67. 潘頌德編著：《王禮錫研究資料》，北京：知識產權出版社，2010 年。

68. 楊晦著，董文學編選：《楊晦文選》，北京：北京大學出版社，2010 年。

69. 楊奎松：《「中間地帶」的革命：國際大背景下看中共成功之道》，太原：山西人民出版社，2010 年。

70. 楊奎松：《毛澤東與莫斯科的恩恩怨怨》，南昌：江西人民出版社，2011 年。

71. 丁偉志：《裂變與新生：民國文化思潮述論》，北京：社會科學文獻出版社，2011 年。

72. 武漢大學哲學學院編：《哲學評論》第 9 輯，武漢：武漢大學出版社，2011 年。

73. 孫伯鍨、張一兵主編：《走進馬克思》，南京：江蘇人民出版社，2012 年。

74. 張一兵主編：《當代國外馬克思主義的哲學思潮》，南京：江蘇人民出版社，2012 年。

論　文

1. 齊思和：《近百年來中國史學的發展》，《燕京社會科學》第 2 卷，1949 年 10 月。

2. 李敖：《給談中西文化的人看看病》、《胡秋原的真面目》，《文星雜誌》1962 年 2、10 月。

3. 翰青：《陳銘樞搞閩變的癥結所在》，《春秋》1968 年 9 月。

4. 雷軍：《為什麼要提倡讀一些魯迅的雜文？》，《紅旗》1972 年第 3 期。

5. 蔣君章：《愛國老人丘念臺先生（二）》，《傳記文學》第 26 卷第 2 期，1975 年 2 月。

6. 劉惠林：《對胡秋原關於馬克思巴黎手稿的批判的批判》，《社會科學戰線》1980 年第 3 期。

7. 吉明學：《試論「自由人」》，《揚州大學學報》（人文社會科學版）1980 年第 4 期。

8. 李旦初：《「左聯」時期同「自由人」「第三種人」論爭的性質質疑》，《中國現代文學研究叢刊》1981 年第 1 期。

9. 葉德浴：《關於對「第三種人」鬥爭的幾個問題》，《中國現代文學研究叢刊》1981 年第 1 期。

10. 俞巴林：《關於神州國光社的情況》，《古舊書訊》1981 年第 3 期。

11. 鄭學稼：《中國社會史論戰五十週年感言》、炎炎：《社會史論戰五十週年訪嚴靈峰先生》，《中華雜誌》1981 年 10 月號。

12. 錢宗義：《評〈試論「自由人」〉》，《揚州師院學報》（社科版）1983 年第 2、3 期。

13. 丁玲：《「九‧一八」和「一‧二八」期間我在上海參加的幾次抗日救亡活動》，《黨史資料叢刊》1983 年第 3 輯。

14. 姜新立：《鄭學稼先生對馬列主義的研究》，《中華雜誌》1984 年 8 月號。

15. 張大明：《堅持輿論一律保留個人風格──編〈周揚文集〉札記》，《文藝評論》1985 年第 3 期。

16. 徐怨宇：《我所知道的胡秋原》，《春秋》1988 年第 1 期。

17. 張曉東：《中國社會性質問題論戰與福建事變》，《福建論壇》（人文社會科學版）1988 年第 2 期。

18. 王國耀：《天下誰人不識君──胡秋原先生故鄉行》，《中國建設》1988 年第 12 期。

19. 戴杜衡（蘇汶）：《一個被迫害的紀錄》，《魯迅研究動態》1989 年第 2 期。

20. 崔永東：《六十年代臺灣中西文化論戰述評》，《清華大學學報》（哲學社會科學版）1989 年第 3、4 期。

21. 何兆武：《歷史研究中的一個假問題——從所謂中國封建社會的長期停滯論說起》，《百科知識》1989 年第 5 期。

22. 蔡清富：《胡秋原與革命文學論爭》，《魯迅研究月刊》1989 年第 9 期。

23. 李國權：《〈胡秋原傳〉讀後》，《中華雜誌》1990 年 5 月號。

24. 吳大琨：《重視「亞細亞生產方式」的研究》，《社會科學》1990 年第 6 期。

25. 何梓焜：《評胡秋原對普列漢諾夫藝術理論的研究》，《江漢論壇》1990 年第 9 期。

26. 杜正勝：《中國古代社會史重建的省思》，《大陸雜誌》1991 年第 1 期。

27. 熊顯長：《自由人論戰時期胡秋原文藝思想論析——兼與魯迅文藝觀比較》，《湖北大學學報》（哲學社會科學版）1991 年第 2 期。

28. 《蘇聯共產主義死亡之意義》，《中華雜誌》1991 年 9 月號社論。

29. 周廣禮：《孫倬章》，《巴鄉村》1992 年第 1 期。

30. 蔣建農：《神州國光社與十九路軍》，《史學月刊》1992 年第 3 期。

31. 吳家榮：《「左聯」與胡秋原的論爭及其歷史反思》，《社會科學戰線》1992 年第 4 期。

32. 劉逢敏：《魯迅與「自由人」胡秋原——從〈魯迅全集〉一個注釋談起》，《張家口師專學報》1994 年第 3 期。

33. 陳銘樞遺著：《〈神州國光社〉後半部史略》，《中華雜誌季刊》1993 年 3 月號。

34. 劉炎生：《「自由人」再認識》，《中國現代文學研究叢刊》1994 年第 3 期。

35. 朱伯康：《王禮錫與社會史論戰》，《檔案與史學》1994 年第 3 期。

36. 邢天生：《神州國光社回憶片斷》，《編輯學刊》1995 年第 2 期。

37. 何兆武：《對歷史學的若干反思》，《史學理論研究》1996 年第 2 期。

38. 梅方義：《回憶〈神州國光社〉與〈時代周報〉》，《中華雜誌季刊》1993 年 12 月號。

39. 葛紅兵：《胡秋原、蘇汶的文藝自由論》，《益陽師專學報》1996 年第 3 期。

40. 沈寂：《鄭超麟與胡秋原的〈隔海書簡〉》，《世紀》1998 年第 6 期。

41. 馬俊山：《現代自由主義作家與新文學人文合法性》，《文藝理論研究》1999 年第 1 期。

42. 陳琳琳：《從原始期刊看 30 年代文藝論爭的焦點》，《浙江學刊》2000 年第 1 期。

43. 殷育文：《發生在江西的國民黨黨派紛爭內幕》，《黨史文苑》2000年第2期。

44. 梅嶱明、梅昌明、梅建明：《父親梅龔彬的革命生涯》，《湖北文史資料》2000年第2期。

45. 《普列漢諾夫的政治遺囑》，《馬克思恩格斯列寧斯大林研究》2000年第2期。

46. 余虹：《革命與文學——30年代文藝自由論辯的限度》，周勳初等主編：《文學評論叢刊》第3卷第2期，南京：江蘇文藝出版社，2000年。

47. 李洪岩：《從〈讀書雜誌〉看中國社會史論戰》，中國社會科學院近代史研究所編：《中國社會科學院近代史研究所青年學術論壇》（1999年卷），北京：社會科學文獻出版社，2000年。

48. 徐文廣：《錯位的文學對抗——重評三十年代「文藝自由論辯」》，《山東社會科學》2001年第1期。

49. 馮雪峰：《我在上饒集中營》，《新文學史料》2001年第2期。

50. 韓雪臨：《衝突：文學話語與政治話語》，《福州大學學報》（哲社科版）2001年第4期。

51. 周平遠：《20世紀30年代初胡秋原的庸俗社會學批判》，《南昌大學學報》（人社版）2002年第1期。

52. 何茲全：《我所認識到的唯物史觀和中國社會史研究的聯繫》，《高校理論戰線》2002年第1期。

53. 蔣建農：《陳銘樞與神州國光社》，《百年潮》2002年第5期。

54. 朱曉進：《政治化思維與三十年代中國文學論爭》，《中國社會科學》2002年第6期。

55. 羅新慧：《讀書雜誌與社會史大論戰》，《史學史研究》2003年第2期。

56. 李明清：《評「自由人」、「第三種人」的自由主義文藝思想》，《重慶教育學院學報》2003年第1期。

57. 孟慶澍：《話語夾縫中的思與辨——略論「自由人」時期胡秋原的文藝理念》，《中州學刊》2003年第5期。

58. 吳勇利、王向陽：《「話語霸權」陰影下的「自由人」——對「左聯」與「自由人」論爭的一點認識》，《婁底師專學報》2004年第3期。

59. 童清峰：《兩岸知識界的傳奇展現讀書人的良心與膽識——耿直敢言的胡秋原去世》，《亞洲周刊》2004年6月6日。

60. 張放：《敢說真話的自由主義者——敬悼胡秋原先生》，《文訊》2004年7月。

61. 何慶華：《胡秋原先生生平事略》，《傳記文學》第58卷第2期，2004年8月。

62. 周英才：《王禮錫與神州國光社》，《文史精華》2004 年第 9 期。

63. 竹林：《眾人皆醉我獨醒──悼念胡秋原先生》，《作品》2004 年第 11 期。

64. 范泓：《四十年前的一場「中西文化論戰」──〈文星〉雜誌與一樁訴訟》，《書屋》2005 年第 2 期。

65. 徐元紹：《論胡秋原的文藝自由觀》，《聊城大學學報》（社會科學版）2005 年第 3 期。

66. 邢占國、張靜：《略論德里克的「中國社會史論戰」研究》，《歷史教學》2005 年第 10 期。

67. 陳峰：《馬克思主義史學研究的海外視角──評〈革命與歷史：馬克思主義歷史學的起源 1919～1937〉》，《史學理論研究》2006 年第 2 期。

68. 張寧：《走出彌達斯邏輯──關於「祛左翼化」與「歷史本質論」》，《鄭州大學學報》2006 年第 4 期。

69. 張靜如：《關於「中國化」》，《黨史研究與教學》2006 年第 5 期。

70. 王學典：《唯物史觀派史學的重塑》，《歷史研究》2007 年第 1 期。

71. 徐元紹：《盟主的氣度，歷史的高度──「文藝自由論辯」中魯迅對胡秋原保持緘默態度原因之探析》，《山東教育學院學報》2007 年第 4 期。

72. 黃德志：《左翼對自由人與第三種人的誤讀》，《中國現代文學研究叢刊》2007 年第 4 期。

73. 金敏：《〈讀書雜誌〉與中國社會史問題論戰》，《浙江學刊》2007 年第 5 期。

74. 鄭大華、譚慶輝：《20 世紀 30 年代初中國知識界的社會主義思潮》，《近代史研究》2008 年第 3 期。

75. 李方祥：《二十世紀三四十年代「學術中國化」與「馬克思主義中國化」的思潮互動》，《中共黨史研究》2008 年第 2 期。

76. 榮劍：《論「中國封建主義問題」──對中國前現代社會性質和發展的重新認識與評價》，《文史哲》2008 年第 4 期。

77. 周建偉、陳金龍：《亞細亞社會理論在中國社會史論戰中的命運及啟示》，《華南師範大學學報》（社會科學版）2008 年第 4 期。

78. 秋石：《胡秋原與魯迅的論戰與糾葛》，《粵海風》2008 年第 5 期。

79. 蕭寶鳳：《自由之軛：從胡秋原參與的兩次論戰說起》，《汕頭大學學報》（人文社會科學版）2009 年第 1 期。

80. 葛飛：《文人與革命：從「第三種人」問題生發的左翼諸面相》，《中國現代文學研究叢刊》2009 年第 1 期。

81. 鞠新泉：《論神州國光社的政治意圖與文化策略（1930～1933）》，《歷史教學》（高校版）2009 年第 2 期。

82. 張景蘭：《隱含話語、政治策略與倫理立場的夾纏──再論左聯、魯迅與「第三種人」的論爭》，《文史哲》2009 年第 2 期。

83. 劉志琴：《請為「封建社會理論研究」鬆綁！》，《讀書》2009 年第 6 期。

84. 陳峰：《在學術與意識形態之間：1930 年代的中國社會史論戰》，《史學月刊》2010 年第 9 期。

85. 胡梅仙：《文學的方向與傾向──左聯時期魯迅與「自由人」、「第三種人」的論爭》，《文史哲》2010 年第 1 期。

86. 謝寶成：《學術史視野下的社會史論戰》，《學術研究》2010 年第 1 期。

87. 張世飛：《二十世紀二十年代「中國化」和「馬克思主義中國化」的思潮互動》，《中共黨史研究》2010 年第 2 期。

88. 蕭自力：《十九路軍從擁蔣到反蔣的轉變》，《歷史研究》2010 年第 4 期。

89. 胡治洪：《超越西化──論胡秋原的西方文化觀及其意義》，《齊魯學刊》2010 年第 5 期。

90. 張景蘭：《「藝術正確」與歷史困境──論「文藝自由論辯」中胡秋原與左聯理論家的分歧》，《江海學刊》2010 年第 5 期。

91. 何卓恩：《胡秋原民族主義論的三個面相及其評析》，《江蘇社會科學》2010 年第 6 期。

92. 李維武：《胡秋原哲學思想的心學特徵》，《孔子研究》2011 年第 1 期。

93. 葉德浴：《關於魯迅扣給胡秋原的兩頂「帽子」》，《粵海風》2011 年第 1 期。

94. 何剛：《「革命」與「學術」的雙重變奏──中國社會史研究 80 年》，《黨史研究與教學》2011 年第 2 期。

95. 郭齊勇：《胡秋原論中國知識分子》，《南京大學學報》（人文社科版）2011 年第 4 期。

96. 裴高才：《胡秋原見證陳獨秀的最後歲月》，《世紀行》2012 年第 2 期。

97. 朱慈恩：《波克洛夫斯基與中國史學》，《俄羅斯學刊》2012 年第 3 期。

98. 張寧：《同途‧殊途‧同歸──魯迅與胡秋原》，《文史哲》2012 年第 6 期。

99. 李維武：《20 世紀心學開展的三種形態──以來自鄂東之地的熊十力、徐復觀、胡秋原為中心》，《中山大學學報》（社會科學版）2013 年第 1 期。

100. 李勇：《胡秋原的歐美史寫作──以〈歷史哲學概論〉為中心》，《四川師範大學學報》（社會科學版）2013 年第 1 期。

譯　著

1. 〔蘇〕弗理契（佛理采）著；雪峰譯：《藝術社會學底任務及問題》，上海：大江書鋪，1930 年。

2. 〔蘇〕《聯共（布）歷史簡明教程》（中文版），北京：人民出版社，1954年。

3. 〔蘇〕斯大林：《中國革命和共產國際的任務》，北京：人民出版社，1954年。

4. 〔德〕卡爾・考茨基著，馬清槐譯：《恐怖主義和共產主義》，北京：生活・讀書・新知三聯書店，1963 年。

5. 〔德〕考茨基著，鄭學稼譯：《論無產階級專政》，臺北：黎明文化事業股份有限公司，1975 年。

6. 〔蘇〕貝爾查也夫著，鄭學稼譯：《俄羅斯共產主義之本源》，臺北：黎明文化事業股份有限公司，1978 年。

7. 〔蘇〕米・約・列夫楚克、依・庫爾巴托娃著，宋洪訓等譯：《普列漢諾夫傳》，北京：三聯書店，1980 年。

8. 〔蘇〕柯靜采夫著，齊久譯：《文藝學中的庸俗社會學》，《文藝理論研究》1982 年第 3 期。

9. 〔蘇〕阿・梅特欽科著，石田、白堤譯：《繼往開來——論蘇聯文學發展中的若干問題》，北京：中國社會科學出版社，1983 年。

10. 〔日〕丸山升著，胡世璨譯：《魯迅的「第三種人」觀——關於對「第三種人」論爭的再評價》，《雲南師範大學學報》（哲學社會科學版）1986年第 2 期。

11. 〔日〕伊藤虎丸、劉伯青、金川敏編：《日本學者研究中國現代文學論文選粹》，長春：吉林大學出版社，1987 年。

12. 〔美〕費正清、費維愷編，劉敬坤等譯：《劍橋中華民國史》（1912～1949）下卷，北京：中國社會科學出版社，1994 年。

13. 〔德〕羅梅君著，孫立新譯：《政治與科學之間的歷史編撰——30 和 40年代中國馬克思主義歷史學的形成》，濟南：山東教育出版社，1997 年。

14. 〔美〕柯偉林：《中國的國際化：民國時代的對外關係》，《二十一世紀》（香港）1997 年總第 44 期。

15. 〔美〕伊曼紐爾・沃勒斯坦著，羅榮渠譯：《現代世界體系第一卷：16 世紀的資本主義農業與歐洲世界經濟體的起源》，北京：高等教育出版社，1998 年

16. 〔德〕羅莎・盧森堡著，殷敘彝等譯：《論俄國革命・書信集》，貴陽：貴州人民出版社，2001 年。

17. 〔美〕阿里夫‧德里克著，翁賀凱譯：《革命與歷史：中國馬克思主義歷史學的起源，1919～1937》，南京：江蘇人民出版社，2005 年。

18. 〔日〕丸山升著，王俊文譯：《魯迅‧革命‧歷史——丸山升現代中國文學論集》，北京：北京大學出版社，2005 年。

19. 〔日〕竹内好著，李冬木等譯：《近代的超克》，北京：生活‧讀書‧新知三聯書店，2005 年。

20. 〔日〕高阪史郎著，吳光輝譯：《近代之挫折：東亞社會與西方文明的碰撞》，石家莊：河北人民出版社，2006 年。

21. 〔美〕田辰山著，蕭延中譯：《中國辯證法：從〈易經〉到馬克思主義》，北京：中國人民大學出版社，2008 年。

碩博論文

1. 周玉山：《「中國左翼作家聯盟」研究》，臺灣政治大學東亞研究所碩士論文，1975 年。

2. 吳安家：《中國社會史論戰之研究，1931～1933》，臺灣國立政治大學東亞研究所博士論文，1986 年。

3. 呂超：《揭開歷史冰山的真實一角——論三十年代的「第三種人」現象》，山東大學碩士論文，2004 年。

4. 毛劍：《「左聯」時期馬克思主義文藝理論的引進與發展研究》，山東大學博士論文，2006 年。

5. 徐元紹：《論胡秋原的文藝自由觀》，聊城大學碩士論文，2006 年。

6. 陳波：《胡秋原三十年代文藝思想初探》，首都師範大學碩士論文，2007 年。

7. 梁銀妹：《政治‧學派與學術——20 世紀 30 年代「亞細亞生產方式」的論爭》，華南師範大學碩士論文，2007 年。

8. 張春英：《審美與自由——胡秋原文藝思想研究》，汕頭大學碩士論文，2007 年。

9. 李迎迎：《胡秋原文藝思想初探》，山東師範大學碩士論文，2008 年。

10. 張體坤：《20 世紀 30 年代中國自由主義文學思潮探源——兼對「泛自由主義」傾向的批評》，陝西師範大學碩士論文，2008 年。

11. 吳建萍：《論胡秋原的自由文藝觀》，蘇州大學碩士論文，2009 年。

三、英文參考資料

1. Hu Chow yuan: The Nineteenth Route Army, Amerasia: *A Review of America and the Far East*, vol.1, no . 3（May 1937）.

2. Hu Chow yuan: *The Prospect Of Chinese Communism And The Third World*, A Lecture Given at St. John's University, Jamaica, N. Y. February 19, 1972.

3. Schaff, Adam: *Marxism and the human individual*, New York: McGraw-Hill Book Company.

4. Robert C. Tucker: *Philosophy and myth in Karl Marx*, Cambridge University Press, 1972.

5. Leszek Kolakowski: *Main currents of Marxism*, Oxford: Clarendon Press, 1978.

6. D.F.B. Tucker: *Marxism and individualism*, Oxford：Blackwell, 1980.

後　記

　　看到論文能在 3 月 20 日前最終完稿，並按學校要求提交，有一種如釋重負的感覺。幾個月來，壓抑在我心中的憂鬱、苦悶和壓力隨之減輕了許多，終於可以對一直以來關心支持我的師友和親人有個交待了。

　　我永遠忘不了那個「黑色的周日」——2013 年 11 月 17 日。是日晚 9 時許，電腦在沒有任何先兆的情況下，突然死機，再也無法打來。由於我的無知和愚蠢，遠赴臺灣查閱的資料，以及已經撰寫的近 18 萬字的論文沒有備份，讓我陷入了前所未有的困境，有一種欲哭無淚、撕心裂肺的感覺。接下來的兩周我四處奔波尋求解決之道，當維修人員第一次告訴我硬盤損壞無法修復時，我仍然不死心，還抱有一線希望，一次次尋找更專業的工程師維修，甚至和國家信息中心聯繫。當接到最後還是無法修復的電話後，我徹底死心。在此過程中，我心理上已經有了最壞的打算，一面尋求硬盤修復的解決之道，一面不得不自我安慰，重新撰寫論文。時間緊迫，對是否能按時完成論文，我心裏沒底，但我暗暗給自己定下目標，一定按時提交論文，絕不能辜負家人的期望。看到自己經過努力，最終按期完成論文，又怎能不長長鬆一口氣呢？

　　南大三年求學時間轉瞬即逝，在即將離別之際，心中充滿了無限感概！在求學生涯中，感謝那些關心、幫助和支持我的人。首先感謝導師申曉雲教授。承蒙申師不棄，2011 年 9 月將我招入門下，有幸成爲申門一員，勉強從事近現代史的學習和研究。由於我天生愚鈍，又從古代史轉向近現代史，因此在論文寫作中讓申師指導起來頗費心思，一遍遍的悉心指導，既讓我心懷內疚，又十分感激其不厭其煩的指教。論文從選題、研究思路、擬定提綱、

撰寫修改到最終定稿，都凝結了導師申曉雲教授的心血。在論文撰寫過程中，語言行文一度擺脫不了胡秋原的影響，申師時時提醒要跳出其思維視野，要站得比研究對象更高，與之對話，構建自己的詮釋體系。師之所言切中問題所在，每次指教，都讓我頗受啓發。申師高屋建瓴的指教，怎奈我學識淺薄，在論文撰寫過程中深深感到「書到用時方知少」，未能全面領悟師之意見，故此文中謬誤之處，均有本人承擔。申師治學嚴謹，博採眾家之長，可謂是「傳道、授業、解惑」的典範。教給我的不僅是知識的學問，還有樂觀處世的學問。在此，向申師致敬，謝謝！

其次，感謝我的碩導宋冬霞教授。讀研期間，感謝她在生活上的關心，學業上的指導。宋師指引我進入學術門徑，她一直以來的提攜、鞭策和鼓勵給予我前進的力量。

再次，感謝南京大學歷史系的諸位老師，崔之清教授、李良玉教授、李玉教授、馬俊亞教授、陳謙平教授等，諸位先生博學嚴謹，獨到的見解，使我受益匪淺。歷史系學人薈萃，遺憾的是還未向他們請教。

李良玉教授、董國強教授、胡成教授在開題時給本文提出了許多寶貴意見，限於筆者學識所限，或許未能完全體現其建議，有待於進一步吸收。感謝李玉教授對筆者的關心和指教。特別感謝李良玉教授，在我的導師申曉雲教授出國之際，承擔起我的論文答辯事宜，並給予指導，謝謝！

赴臺灣查閱資料時，臺灣大學圖書館、臺灣政治大學圖書館、臺灣圖書館、「國史館」爲筆者提供了極大的方便，他們熱情的服務使筆者銘記在心。感謝曾擔任《中央日報》總經理助理、《湖北文獻》總編輯的車守同先生、臺灣清華大學博士生劉威志、香港大學碩士生董宇飛、華南師範大學蕭自力教授等爲筆者無償提供的資料。師妹張寧、師弟何志明、胡繼軍分別從臺灣、香港等地幫助筆者查閱的資料，在此一併感謝。

同門的師兄、師弟、師妹是一個團結和諧的大家庭，三年相處，不僅有學業上的交流，還留下了彌足珍貴的友誼。王尤清師兄曾多次和筆者暢談其思想史研究的經驗，使我頗受啓發。師弟何志明、胡繼軍、楊成、程玉祥、白文傑、師妹唐園園爲校正本文提供了幫助，甚是感謝！感謝三年來一起學習和生活的同窗胡中升、王榮華、段銳、周明長、龍天貴、柳德軍、胡吉偉、陳志剛等，與他們的融洽相處也是一份美好的回憶。感謝一路走來，那些知名和不知名提供幫助之人，願他們一生平安！

　　最後，感謝我的父母和妻子。父母含辛茹苦供我讀書，本應享受天倫之樂，然已過而立之年的我不僅不能侍奉雙親，還要請他們幫助我照看妻小，甚爲慚愧。妻子陳麗娟在我求學期間，承擔起家庭的重擔，使我無生活之憂。我虧欠他們的太多太多，他們的理解、支持和付出，是我克服困難，不斷前進的動力！

2014 年 5 月 1 日凌晨

於南京大學南苑 7 舍 110 室

補　記

　　筆者的博士論文有幸被台灣花木蘭文化出版社選中出版，感謝貴社社長高小娟女士、總編輯杜潔祥先生和楊嘉樂女士，以及承擔本書編輯的貴社諸位同仁，沒有您們的支持，該書不能以現在這種形式與讀者見面，當然，書中的一切學術失誤由作者負責，歡迎讀者提出批評和教導！

霍賀

2015.5.24

於鄭州寓所